Jeffrey A. Krames

Jack Welch kompakt

Jeffrey A. Krames

Jack Welch kompakt

Über 250 Innovationen und Strategien
des legendären Managers

Aus dem Amerikanischen
übersetzt von Thomas Pfeiffer,
Karlheinz Dürr und Heike Schlatterer

REDLINE WIRTSCHAFT
bei verlag moderne industrie

Die Deutsche Bibliothek – CIP-Einheitsaufnahme

Krames, Jeffrey A.:
Jack Welch kompakt : über 250 Innovationen und Strategien des legendären Managers / Jeffrey A. Krames. Aus dem Amerikan. übers. von Thomas Pfeiffer, Karlheinz Dürr und Heike Schlatterer. – München : Redline Wirtschaft bei Verl. Moderne Industrie, 2002
Einheitssacht.: The Jack Welch lexicon of leadership <dt.>
ISBN 3-478-37860-5

Internet: http://www.redline-wirtschaft.de

Titel der amerikanischen Originalausgabe: The Jack Welch Lexicon of Leadership

Umschlaggestaltung: Atelier Seidel, Altötting
Satz: mi/ J. Echter
Bindung: Thomas, Augsburg
Druck: Himmer GmbH, Augsburg
Printed in Germany 37860/030203
ISBN 3-478-37860-5

Inhalt

Prolog

Im November 2000 bat mich das *Wall Street Journal*, einen Leitartikel über den Nachfolger auf dem GE-Chefsessel zu verfassen, für den Jack Welch sich entschieden hatte. In dem Essay, der unter dem Titel „Welch's Successor is likely to Succeed" erschien, schrieb ich unter anderem: „Welch hat mehr zum gegenwärtigen Managementwissen beigetragen als irgendeiner seiner Zeitgenossen. Er hat sozusagen ein neues Managementlexikon geschaffen." Diese Aussage war der Keim, aus dem dieses Buch hervorging, beziehungsweise die Idee, dass die Begriffe, Worte und Ausdrücke, die Jack Welch am häufigsten benutzte – 250 insgesamt – die Grundlage für ein Managementbuch bilden könnten. Es versteht sich von selbst, dass mein Interesse an Jack Welch über das Beiläufige hinausgeht. Nach einem Jahrzehnt der intensiven Beschäftigung mit Jack Welch und der redaktionellen Betreuung von vier Büchern über den CEO von General Electric und die Kultur des Lernens, die er gefördert hatte, stellte ich fest, dass ich unbewusst begonnen hatte, Welchs Ziele und Anliegen in meinem alltäglichen Leben zu übernehmen.

Bei McGraw-Hill wurden die Bücher über Jack Welch, die ich akquiriert und lektoriert hatte, zu so etwas wie einem Phänomen. Die Auflagen gingen in die Hunderttausende. Jedes neue Buch verkaufte sich besser als sein Vorgänger, und zwar nicht nur in Nordamerika, sondern – übersetzt in fast ein Dutzend Sprachen – auch im Ausland. Dank Welchs zielstrebigen Globalisierungsfeldzuges ist GE in allen 32 Ländern, in denen McGraw-Hill Niederlassungen unterhält, aktiv.

Die erste konkrete Vision dieses Buches hatte ich drei Monate nach Erscheinen des Artikels im *Wall Street Journal,* und genau genommen verdanke ich sie einer Kindheitserinnerung. Ich erinnerte mich daran, dass ich als Kind oft durch die Seiten einer dicken Enzyklopädie, der *World Book Encyclopedia,* geblättert hatte und jedes Mal aufs Neue erstaunt darüber war, wie man so viele Informationen in ein Buch packen konnte.

Die Enzyklopädie versetzte mich nicht nur an exotische Orte wie Tanger oder Jerusalem, sie lieferte zu jedem Eintrag auch Hintergrundinformationen über seine Geschichte, seine Ursprünge, seine Bedeutung für die Region und so weiter. *Das ist es,* dachte ich. Wenn es mir gelänge, Jack Welchs Ideen und Visionen in Form einer *World Book*-Enzyklopädie wiederzugeben, könnte ich den Leser mit auf eine einzigartige, geführte Tour durch Welchs zwei Jahrzehnte langen Kreuzzug an der Spitze von GE nehmen.

Auf dieser Tour werden Sie nicht nur Erklärungen von Konzepten wie Six Sigma (Welchs Qualitätsinitiative) begegnen, sondern auch die *Ursprünge* des Programms, seine *Evolution,* die *Rolle der Mitarbeiter* und vieles mehr kennen lernen – im letzten Teil ergänzt durch *Lektionen,* die Ihnen zeigen, wie Sie Welchs Erkenntnisse auf Ihre eigene Organisation anwenden können. Diese, wenn Sie so wollen, Jack-Welch-Enzyklopädie, stellt eine Beziehung zwischen Welchs Strategien und Initiativen her und gibt dem Leser eine Art Landkarte zur Hand, an der er sich bei der Umsetzung dieser Strategien und Initiativen orientieren kann. Wer das *Lexikon* gelesen hat, wird verstehen, wie aus dem Sohn eines Lokomotivführers einer der großen Unternehmensführer unserer Zeit – vielleicht sogar aller Zeiten – wurde.

Danksagung

Die ganzen 1980er-Jahre hindurch verfolgte ich aufmerksam die Berichte über einen höchst unkonventionellen CEO in Fairfield, Connecticut, der offenbar dabei war, die traditionellen Regeln der Unternehmensführung auf den Kopf zu stellen. Diese Berichte inspirierten mich zu einer Buchidee, mit der ich auf den Autor Robert Slater zuging. Das war das Vorspiel zu dem 1992 erschienen Buch *The New GE,* in dem Slater sich mit den ersten zehn Jahren Welchs als CEO von General Electric befasste. Im Laufe der nächsten neun Jahre folgten aus dieser Kooperation drei weitere Bücher, darunter der US-Bestseller *Jack Welch and the GE Way [*Deutsch: *Wer führt, muss nicht managen*: *die unschlagbaren Erfolgsstrategien von Jack Welch].* Dabei saßen Slater und ich häufig Seite an Seite und arbeiteten gemeinsam Konzepte, Entwürfe und Manuskripte durch. Einige dieser Arbeitstreffen, so wie jenes im Juni 1999 am Lake George (während der Entstehung von *The GE Way Fieldbook*, deutsch: *Das Jack-Welch-Strategiebuch),* zogen sich über mehrere Tage hin. Während dieser Treffen und der nachfolgenden Marathon-Lektoratssitzungen bestand ich meine erste Prüfung in Sachen Jack Welch. Dafür schulde ich dem Autor, mit dem ich seit 1985 gearbeitet habe, Dank und Anerkennung.

Ich schätze mich glücklich, für ein Unternehmen zu arbeiten, das sich seit über einem Jahrhundert der Verbreitung von Wissen verpflichtet ist. McGraw-Hill war und ist Heimat von vielen der begabtesten Wirtschaftsautoren und ich bin stolz, in ihre Reihen aufgenommen worden zu sein. Ganz besonders danken möchte ich den folgenden Menschen bei McGraw-Hill, ohne die dieses Buch wohl niemals Wirklichkeit geworden wäre: Philip Ruppel, Lydia Rinaldi, Lynda Luppino, Allyson Arias, Chitra Bopardikar, Peter McCurdy sowie dem gesamten Team von Burr Ridge für seinen niemals nachlassenden Enthusiasmus.

Mein Dank gilt auch all denen, die das Manuskript in seinen frühen Phasen kritisch durchgelesen und wertvolle Verbesserungsvorschläge gemacht haben: John H. Zenger, Executive Vice President von Provant Inc., und John Ivanevich, seines Zeichens Managementprofessor an der University of Houston und Autor zahlreicher Wirtschaftsbücher.

Nicht zu vergessen Nancy, die mich seit dem schicksalsträchtigen Abend auf der Navy-Pier inspiriert und begeistert. Der Weg dorthin führte über Belmont, der ich für ihre unermüdliche Ermutigung und für das Licht danke, mit dem sie die vielen langen Nächte, an denen ich am Schreibtisch saß, erleuchtet hat.

Und natürlich danke ich meiner Familie für die Liebe und die Weisheit, die sie mir gegeben hat – und dafür, dass sie aus ein paar kleinen Zimmern und einem Ladenlokal in der Kingsbridge Road eine eigene lernende Organisation erschaffen hat.

Teil 1

Entwicklung einer Führungspersönlichkeit: Die Welch-Jahre

Jack Welch kompakt – ein Nachschlagewerk

In den zwei Jahrzehnten, die Jack Welch am Ruder von General Electric war, hat er mehr als jeder andere moderne CEO zur Literatur über Unternehmensführer und -führung beigetragen. Welch hat sich nicht nur viele Gedanken darüber gemacht, was es heißt, ein Unternehmen zu führen, er hat auch Prinzipien, Strategien und Ziele aufgestellt und entwickelt, an denen sich andere Unternehmensführer orientieren können.

Während Welch dabei war, einen der wettbewerbsfähigsten Konzerne der Welt aufzubauen, schuf er sein eigenes Lexikon, eine neue Sprache, in der sich die innovativen Methoden und Strategien ausdrücken ließen, die aus einer 100 Jahre alten Bürokratie den Weltkonzern machten, der General Electric heute ist.

Das *Jack Welch kompakt* umfasst über 250 alphabetisch angeordnete Einträge der Begriffe, Konzepte, Instrumente und Strategien, die Welch und GE zwischen 1981 und 2001 benutzten oder entwickelten. Einige Einträge wie beispielsweise „Grenzenlosigkeit" haben bereits Eingang in die Alltagssprache der Wirtschaft gefunden. Dutzenden anderen Begriffe dagegen wurde weitaus weniger Beachtung geschenkt, obwohl sie gleichfalls eine zentrale Rolle auf Welchs Leadership-Agenda spielten. So haben die meisten Manager zwar schon von Six Sigma gehört, aber kaum jemand von Konzepten wie *Master Black Belt* (Schwarzer Meistergürtel) oder *Green Belt* (Grüner Gürtel). Und während Welchs unternehmensweite *Work-Out*-Initiative zur Mitarbeiterbeteiligung zum Gegenstand zahlloser Bücher und Artikel wurde, sind andere mit dem Programm in Verbindung stehende Konzepte wie „Harte Nüsse" und „Klapperschlangen" weitgehend unter den Tisch gefallen.

Viele Einträge in diesem Lexikon sind geistige Kinder von Jack Welch und GE. Allerdings sollte darauf hingewiesen werden, dass dieses Buch auch Dutzende von Einträgen enthält, die nicht vom GE-Chairman erfunden, doch auf eine spezielle und einzigartige Weise von Welch angewendet wurden. Unter dem Eintrag *Vertrauen* beispielsweise findet sich keine wörtliche Definition, sondern wird erklärt, warum es Welch für eine seiner wichtigsten Aufgaben hielt, „Vertrauen einzuflößen". Um verstehen zu können, warum der GE-Chairman dem Aufbau von Vertrauen einen solch hohen Stellenwert einräumte, erfährt der Leser, worauf sich Welchs eigenes Selbstvertrauen gründet und welche Rolle es bei der Entwicklung der GE-Vision spielte.

Die drei Ziele des Welch-Lexikons

1. **Den Leser in die Sprache und die Strategien von Jack Welch einführen.** Das Lexikon bietet dem Leser nicht nur wertvolle Einblicke in die zentralen Managementideen, mit denen Welch sich auseinander setzte, sondern vermittelt ihm auch die Bedeutung dieser Konzepte und Programme. Da zudem die wichtigsten Begriffe unmissverständlich markiert sind (durch das Six-Sigma-Icon), erkennen Sie genau, welche Termini und Strategien das Kernstück von Welchs Führungsideal ausmachen. Zum Beispiel:

σσσσσσ
Bürokratie

Der Feind der Produktivität. Welch forderte seine Mitarbeiter auf, die Bürokratie wo immer nur möglich zu bekämpfen. Der GE-CEO führte mit Strategien und Initiativen wie Grenzenlosigkeit und Work-Out einen zwei Jahrzehnte langen Kampf gegen die Bürokratie. In der Liste der GE-Werte wird die Intoleranz gegenüber der Bürokratie explizit aufgeführt (sie stand viele Jahre sogar an der Spitze der Liste). Gleichzeitig wird betont, wie wichtig es ist, eine Organisation auf Vertrauen und Begeisterung ohne Formalismus aufzubauen. Welch war sich der negativen Folgen der Bürokratisierung bewusst und erkannte, dass GE erst dann erfolgreich auf globaler Ebene konkurrieren konnte, wenn er die Organisation von den schlimmsten Auswüchsen der Bürokratie befreit hatte.

2. **Dem Leser zusätzliche Einsichten in Welchs unternehmensweite Initiativen vermitteln.** Während seiner Zeit als GE-CEO startete Welch vier Wachstumsinitiativen (Globalisierung, Six Sigma, Produktservice und die E-Initiative) und eine Verhaltensinitiative (Work-Out). Alle Schlüsselinitiativen werden ausführlich vorgestellt, dasselbe gilt für die mit den einzelnen Initiativen verbundenen Begriffe. So wird beispielsweise nicht nur Welchs Six-Sigma-Initiative detailliert erläutert, sondern darüber hinaus werden auch über drei Dutzend mit der Qualitätsinitiative assoziierte Begriffe erklärt (wie etwa Fehler, Varianz usw.).

3. **Die Evolution von Jack Welchs Führungsdenken chronologisch darstellen.** Damit der Leser Welchs Evolution als Unternehmensführer nachverfolgen kann, enthalten die Einträge, wo immer möglich, die relevanten Zeitangaben und eine Chronologie. Viele von Welchs Schlüsselkonzepten und -programmen entwickelten sich über Jahre hinweg, und diese spezielle Chronologie spielte in vielen Fällen eine wichtige Rolle bei der Implementierung eines Programms. So erklärte Welch etwa, dass Six Sigma niemals möglich gewesen wäre ohne Work-Out, das verhaltensorientierte Programm, mit dessen Hilfe GE in den späten achtziger und frühen 90er-Jahren die Umgestaltung des Konzerns in ein grenzenloses Unternehmen betrieb.

Das ultimative Ziel lautet, ein Nachschlagewerk zu erstellen, eine Art Landkarte der Sprache und Programme, die Jack Welch bei seinen vielen Revolutionen benutzte und die seinen Ruf als bester Manager der Welt begründeten (auch wenn Welch selbst den Begriff Manager nicht mag – er bevorzugt „Führer"). Dieses Lexikon ist ein umfassendes Kompendium in Sachen Welch, das Sie in einem Zug durchlesen oder in dem Sie gezielt einzelne Einträge nachschlagen können.

Eine unglaublich kurze Jack-Welch-Geschichte

Jack Welch wurde als einziges Kind seiner Eltern 1935 in Salem, Massachusetts, geboren. Welch, der als Kind begeistert Sport trieb, führt seine Führungsfähigkeiten auf die Lektionen zurück, die er beim Spielen und Raufen in der „Grube" gelernt hatte, einer alten, zu einer Art Spielplatz umfunktionierten Kiesgrube in der Nachbarschaft seines Elternhauses. Nach der Schulzeit führte ihn sein Weg von der University of Massachusetts in Amherst zur University of Illionois, wo er seinen Doktor der Chemie machte. Im Oktober 1960 fing Welch im GE-Unternehmensbereich Kunststoffe in Pittsburgh an und dort, in einer aufregenden und von hoher Geschwindigkeit dominierten Arbeitsumgebung, war es auch, wo er sein Führungsideal entwickelte. „So, wie sich in einem schnell fließenden Fluss kein Eis bilden kann, konnte sich in dieser Umgebung auch keine Bürokratie entwickeln", erklärte Welch. (Trotzdem hätte er 1961 fast das Handtuch geworfen, als er eine, wie er meinte „lausige", Gehaltserhöhung von 1000 Dollar erhielt, die sein Jahreseinkommen auf gerade einmal 11.500 Dollar anhob.)

Anfangs gab es nur zwei Mitarbeiter, was Welch dazu veranlasste, seinen Arbeitsbereich bei GE mit einem „Gemischtwarenladen" zu vergleichen. Der Verkäufer in einem Gemischtwarenladen kennt die Namen der Kunden, weiß, was sie kaufen und wer sie sind. Welch war überzeugt, dass in einer informellen Umgebung Vertrauen wächst, eine Überzeugung, an der er während seiner gesamten Karriere festhielt. Im Jahr 1968, mit 33 Jahren, wird er zum jüngsten General Manager innerhalb des Konzerns berufen. Dann, 1974 – volle sechs Jahre vor der Pensionierung – fing der damalige GE-CEO Reg Jones an, sich nach einem geeigneten Nachfolger umzusehen. Obwohl Welch nicht auf der ursprünglichen, 96 Kandidaten umfassenden Liste stand, wurde sein Name zu der Liste der Bewerber in der Endausscheidung hinzugefügt (siehe *Nachfolgeplanung*).

1980 gab Reg Jones den Namen des achten GE-CEO bekannt: John Francis Welch, 45 Jahre alt. In diesem Jahr befand sich die amerikanische Wirtschaft in einer schweren Krise. Die Zinsen kletterten auf immer neue Rekordmarken und die Wirtschaft litt unter zwei Rezessionen. Die Aktienmärkte lagen nach den schwersten Kursverlusten seit den 30er-Jahren am Boden. Der Dow 30, der Mitte der 60er-Jahre erstmals die 900-Punkte-Grenze überschritten hatte, notierte bei 937 Punkten. GE, einem der größten Unternehmen der Vereinigten Staaten, ging es nicht viel besser. Obgleich Reg Jones von den CEOs der Fortune-500-Unternehmen zum besten CEO des Landes gewählt worden waren, hatte die GE-Aktie inflationsbereinigt im Laufe der vorangegangenen zehn Jahre die Hälfte ihres Wertes eingebüßt.

Was danach passierte, ist gut dokumentiert: Welch legt einem Kollegen seinen ehrgeizigen Plan vor, eine „Revolution“ zu starten, und verwendet seine ersten Jahre an der Spitze von GE darauf, das Unternehmen neu zu erfinden. In den frühen 80er-Jahren baute er den Konzern so radikal um, dass sogar GE-Insider geschockt reagierten. Insgesamt stieß er über 200 GE-Unternehmen ab und übernahm 70 Unternehmen, darunter für 6 Milliarden Dollar den Medienriesen RCA. Welch verwandelte den in die Jahre gekommenen Industriekonzern in einen stark diversifizierten, global handelnden und denkenden Giganten – und half der amerikanischen Wirtschaft, ihren verloren gegangenen Ruf als Konkurrenzchampion zurückzuerobern. Seit Alfred Sloan ein halbes Jahrhundert zuvor General Motors von Grund auf umgekrempelt hatte, hat kein Unternehmensführer einem Konzern so sehr seinen Stempel aufgedrückt wie Jack Welch.

Während viel über die Initiativen geschrieben wurde, die zum Markenzeichen von Welch wurden (zum Beispiel Work-Out und Grenzenlosigkeit), fanden seine grundlegenden unternehmerischen Ansichten und Meinungen vergleichsweise wenig Beachtung. Welch hat immer wieder betont, dass das „Business simple“ ist und „Informalität eine große Rolle spielt“. *Einfachheit* und *Informalität* sind ebenso wichtige Konzepte des Welch-

Lexikons wie „Work-Out“ oder „Grenzenlosigkeit“. Wenn Welch über seine größten Erfolge spricht, dann redet er nicht über die finanziellen Ergebnisse von General Electric, sondern über die „weicheren“ Aspekte der Unternehmensführung.

Die Geburt eines neuen Paradigmas: Grenzenlosigkeit

Die Geschichte wird zeigen, dass Welch genau der richtige Führer zu genau der richtigen Zeit war. Das Unternehmensmodell, an dem sich die amerikanische Wirtschaft in den 80er-Jahren orientierte, hatte sich seit Jahrzehnten nicht wesentlich verändert. In dieser Welt der rigiden Hierarchien beschränkte sich die Rolle der Mitarbeiter darauf, sicherzustellen, dass die gewaltige Maschinerie der Wirtschaft gut geschmiert war. Diese Fließbandmentalität war auf dem besten Wege, zum Totengräber der amerikanischen Wirtschaft zu werden, doch nur wenige CEOs erkannten dies auch. Obgleich GE weithin als eine Modellorganisation galt, wusste Welch, dass die globale Wirtschaft sich in einer dramatischen Umbruchphase befand. Seiner Überzeugung nach blieb ihm keine andere Wahl: GE musste sich verändern. Wenn nicht, lief der Konzern Gefahr, bedeutungslos zu werden. Vor diesem Hintergrund initiierte Welch seine kompromisslose Kampagne, das wettbewerbsstärkste Unternehmen der Welt zu erschaffen.

Welch kannte die dazu notwendigen Schritte dazu – er wusste aber auch sehr genau, dass der Prozess schmerzhaft werden würde. Während er die Belegschaft um über 150.000 Mitarbeiter reduzierte, ließ er die Anlagen stehen, ein Vorgehen, das ihm den ihm verhassten Spitznamen „Neutronen-Jack“ einbrachte. Er „verschlankte“ den Konzern und baute eine Managementebene nach der anderen ab. Er veränderte die fundamentale Struktur des Unternehmens und gab das Konzept der strategischen Geschäftseinheiten zugunsten seiner „Drei Kreise“-Strategie auf, die alle GE-Unternehmen in drei Kreise –

Kernbereich der Fertigung, High-Tech-Bereich und Dienstleistungsbereich – unterteilte.

Um das Unternehmen fit für die Zukunft zu machen, kündigte er an, er werde alle vor sich hin dümpelnden Geschäftsbereiche „sanieren, schließen oder verkaufen“. Mit dem Verkauf von 200 Unternehmen, die seiner Auffassung nach keine Chance hatten, in ihren Märkten den ersten oder zweiten Rang zu erobern (darunter eine australische Kokerei, die sein Vorgänger erworben hatte), versetzte er die GE-Mitarbeiter in Angst und Schrecken. Aber er wusste, dass ein halbherziges Vorgehen nur in einem Fehlschlag enden würde. 1989 waren 12 von 14 GE-Einheiten Marktführer in ihren Märkten, und zwar sowohl in den Vereinigten Staaten wie auch international.

Das Besondere an Jack Welch war, dass er über die Weitsicht verfügte, die Situation zu erkennen (oder sich „der Realität zu stellen“), bevor das andere Unternehmensführer taten. Und auf der Grundlage dieser Erkenntnis modellierte er eine Organisationsarchitektur, mit deren Hilfe er sein Unternehmen transformieren konnte. Seine „Urknall-Theorie“ bestand darin, dass er die Lösungen für die Misere der amerikanischen Unternehmen nicht in neuen Managementmethoden oder Technologien suchte, sondern im kollektiven Intellekt seiner Mitarbeiter. Dieser Gedanke spielte eine wichtige Rolle bei der Abrechnung mit dem Zeitalter der industriellen Revolution, in der Arbeiter lediglich als notwendiges Übel galten.

Indem Welch dazu beitrug, die Fließbandmentalität auszumerzen, half er mit, eine neue Ära einzuläuten, in der sich die „befreiten“ Mitarbeiter als eine wirksame Waffe im Kampf gegen Trägheit und Selbstgefälligkeit erweisen sollten. Er glaubte daran, dass „der Fluss der Ideen, der dem menschlichen Geist entspringt, absolut unerschöpflich“ ist. Dass es ihm damit auch wirklich ernst war, bewies er mit den zahlreichen Initiativen, die explizit darauf abzielten, das geistige Potenzial der riesigen GE-Belegschaft zu erschließen.

Bei der Umsetzung dieser Erkenntnis – was vor allem darauf hinauslief, Leuten das Wort zu erteilen, die jahrzehntelang zum

Schweigen verurteilt waren – entpuppte sich Welch als Meister der Improvisation und Flexibilität, der ein Programm nach dem anderen auf den Weg brachte, neu entstehende Probleme überwand und Hindernisse beiseite räumte. Gleichzeitig initiierte er Programme und Projekte, die GE halfen, überkommene Konzepte und Denkweisen über Bord zu werfen und neue Unternehmensmodelle (beispielsweise Globalisierung, E-Initiative) zu entwickeln.

Ein weiteres wichtiges Merkmal von Welchs Vermächtnis ist das breite Spektrum, über das sich seine Errungenschaften erstrecken. Manche Unternehmensführer werden gerühmt und geachtet, weil sie sich in ein oder zwei Aufgabenbereichen eines CEO als Meister bewiesen. Aber kein anderer CEO hat eine so meisterhafte Fähigkeit in allen kritischen Aspekten der Unternehmensführung – Menschen, Prozesse, Strategien und Struktur – an den Tag gelegt wie Jack Welch. Welchs Lehrbuch ist voll von Beispielen, mit welch traumwandlerischer Sicherheit er es verstand, GE zu transformieren (Belege, die Sie auch in den meisten Einträgen in diesem Lexikon finden werden). Und Welchs Denken und Handeln wirkte und wirkt sich weit über die Büros und Fertigungshallen von GE hinaus aus. Als eine der besten Kaderschmieden für Führungstalente hat GE zahlreiche Topmanager hervorgebracht, von denen nicht wenige bis an die Spitze anderer Fortune-500-Unternehmen (darunter Home Depot, 3M und AlliedSignal) aufgestiegen sind. Diese Führungskräfte übertrugen Jack Welchs Führungsphilosophie auf ihre neuen Organisationen und halfen mit, seine Lehren in die Herzen und Köpfe von tausenden von Managern auf der ganzen Welt zu tragen.

Auf der anderen Seite kann kein Führer eine große Organisation über einen so langen Zeitraum hinweg lenken, ohne Fehler zu machen oder Rückschläge hinnehmen zu müssen. 1986 setzte Welch gegen den Rat des Board die Übernahme der Investmentbank Kidder Peabody durch – eine Entscheidung, die er später als den schlimmsten Fehler seiner gesamten Karriere bezeichnete. (Die Unternehmenskultur von Kidder Peabody stand der von GE diametral entgegen und die Insider-trading-Skandale, von denen die Bank erschüttert wurde, waren auch nicht gerade hilfreich.) Vier Jahre später, im Oktober 2000, nahm Welch die größte Übernahme seiner Karriere in Angriff: den 45 Milliarden Dollar schweren Kauf von Honeywell. Doch während die Regulierungsbehörden Kanadas und der USA die Übernahme genehmigten, blockierte die Europäische Union – nach letztendlich fruchtlosen Bemühungen beider Seiten, sich in letzter Minute auf einen Kompromiss zu verständigen – im Juli 2001 den Deal. (Die Europäische Union widersetzte sich dem Merger mit der Begründung, dass GE einen marktschädigenden Wettbewerbsvorteil in der Luftfahrtindustrie erhalten würde.) Auch wenn Welch sich das Ende um den Kampf um Honeywell sicherlich anders gewünscht hat – der Fehlschlag kann seine Erfolgsstory nicht schmälern und dürfte seinem Vermächtnis keinen dauerhaften Schaden zufügen (siehe *Honeywell)*.

Welchs Schlüsselinitiativen

In seinen zwei Jahrzehnten am Steuer von General Electric brachte Jack Welch mehrere umfassende Initiativen auf den Weg, die sich auf alle Teile der Unternehmensorganisation auswirkten. Welch selbst bezeichnete diese Generalinitiativen als äußerst wichtige Waffen in seinem Feldzug zur Neuerfindung von GE. Diese Schlüsselinitiativen zielten – unter anderem – darauf ab, die Produktivität zu erhöhen, den Lagerumschlag zu beschleunigen und die Qualität sowie die Kundenzufriedenheit zu verbessern. Schlussendlich waren sie entscheidend mit dafür verantwortlich, dass der Konzern zweistellige Wachstumsraten erreichte und das Tempo vorgab, dem andere Unternehmen nacheiferten.

Um die Umsetzung dieser Initiativen sicherzustellen, wurden sie quasi in das GE-Betriebssystem einprogrammiert (siehe *Betriebssystem)*. Mit diesen Initiativen – und den anderen in diesem Buch vorgestellten Konzepten und Strategien – erzeugte Welch mehr Shareholder Value als irgendein anderer Unternehmensführer vor ihm. (Bei seinem Amtsantritt betrug die gesamte Marktkapitalisierung von General Electric 13 Milliarden Dollar. In der ersten Jahreshälfte 2000 durchbrach GE als weltweit erstes Unternehmen die Schallmauer von 600 Milliarden Dollar, bevor die Marktkapitalisierung wieder auf einen Wert unter 500 Milliarden Dollar sank.)

Mitte der 80er-Jahre: Der Blick nach außen – die Globalisierung beginnt. 1987 markierte mit der Übernahme des größten französischen Elektronikunternehmens Thomson S. A. den Beginn von Welchs Globalisierungsrevolution. Dem GE-CEO war klar, dass GE nur dann ein zweistelliges Wachstum erreichen konnte, wenn es sich in Europa und Japan stärker engagierte.

1989: Hierarchie auf den Kopf gestellt – die Ursprünge von Work-Out. Nachdem Welch festgestellt hatte, dass seine Manager ihren Mitarbeitern kein Gehör schenkten, initiierte er ein später als Work-Out bezeichnetes Programm. Im Prinzip lief Work-Out darauf hinaus, dass die Mitarbeiter ihren Bossen sagten, was ihrer Ansicht nach im Unternehmen falsch lief, und eigene Ideen und Vorschläge zur Lösung dieser Missstände und zur Ausmerzung überflüssiger Arbeitsschritte unterbreiteten.

1995: Qualitätsverbesserung – die Evolution der Six-Sigma-Initiative bei General Electric. 1995 wiesen Mitarbeiter Welch darauf hin, dass die Qualität der GE-Produkte schlicht nicht ausreichte. Welch, der „Qualität hasste", reagierte darauf mit einem unternehmensweiten Qualitätsprogramm, das unter dem Namen Six Sigma in den USA erstmals von Motorola eingesetzt worden war. Als das größte jemals in der Geschichte von GE initiierte Projekt hat Six Sigma die Kosten um mehrere Milliarden Dollar jährlich gesenkt.

1995: GE lebt nicht von der Fertigung allein – die Produktservice-Initiative. Im selben Jahr, als Six Sigma eingeführt wurde, läutete Welch eine weitere Initiative ein, die den Konzern von Grund auf transformieren sollte. Unter der Bezeichnung Produktservice startete GE einen Feldzug zur

Einkommenserzeugung aus den installierten industriellen Anlagen (zum Beispiel Turbinen). Innerhalb von fünf Jahren verdoppelten sich die Einnahmen, die GE im Dienstleistungsbereich erzielte, auf 17 Milliarden Dollar im Jahr 2000.

1999: Die Mitarbeiter als Vorbild – Welchs E-Initiative. Im Dezember 1999 fiel Welch auf, dass viele GE-Mitarbeiter ihre Weihnachtsgeschenke online bestellten. Welch, der seine Karriere bei GE 1960 begonnen hatte, war der Erste, der zugab, ein Computer-„Neandertaler" zu sein. Doch das hielt ihn nicht davon ab, eine E-Business-Initiative auf den Weg zu bringen, die binnen kürzester Zeit auf jeder Ebene dieses Unternehmens Früchte trug.

Sind es nun vier Initiativen oder fünf?

Obwohl Welch zwischen 1987 und 1999 den Startschuss für fünf unternehmensweite Initiativen gab, spricht und schreibt er üblicherweise von den „vier Initiativen". Was ist mit der fünften Initiative?

Die Antwort findet man, wenn man die Evolution von Welchs Initiativen verfolgt und die Rolle untersucht, die sie bei der Umgestaltung des Konzerns spielten. Work-Out, die zweite große, unternehmensweite Initiative bei GE, ist die einzige, die auf die *Kultur* oder, anders gesagt, das Verhalten abzielte. Das 1989 gestartete Programm sollte überflüssige Arbeit ausmerzen, Vertrauen innerhalb der Belegschaft aufbauen und die Manager dazu bewegen, mit ihren Mitarbeitern zu sprechen.

Die anderen vier Initiativen – Globalisierung, Produktservice, Six Sigma und die E-Initiative – waren *Wachstums*initiativen, die explizit darauf ausgelegt waren, eine Schlüsselkennzahl des Unternehmenserfolgs zu verbessern (Einnahmen und Gewinnspanne steigern, Kosten reduzieren und so weiter).

Laut Welch schuf Work-Out das kulturelle Fundament, auf dem er seine grenzenlose Organisation aufbaute. Ohne Work-Out wären Generalinitiativen wie Six Sigma nicht umsetzbar gewesen. Ende der 90er-Jahre, als Six Sigma sich wie „ein Flächenbrand" ausbreitete, verlor Work-Out an Bedeutung. „Work-Out definierte, wie wir uns verhalten, Six Sigma definiert, wie wir arbeiten", erklärte Welch. Work-Out war zwar immer noch ein wichtiger Bestandteil der GE-Kultur, doch das Unternehmen hatte die Lektionen des Programms schon seit vielen Jahren verinnerlicht. Der Großteil des Konzerns benötigte keine besondere „Initiative" mehr, um Manager und Mitarbeiter dazu zu bringen, miteinander zu reden. Das erklärt auch, warum Welch im Jahr 2000 nicht von fünf, sondern von „vier Initiativen" sprach, die GE ins neue Jahrhundert katapultieren würden.

Wiederkehrende Welch-Themen

Bei der Lektüre des *Lexikons* werden Sie immer wieder auf bestimmte Themen stoßen – eben die Themen, die Jack Welchs Geschichte und Denken bestimmten. So hat Welch von Anfang an den Bürokratismus als ein das Unternehmen verzehrendes Krebsgeschwür verdammt – eine Haltung, die über die Jahre hinweg in seinen Aussagen und Handlungen zum Ausdruck kam. Welch verabscheut nicht nur Formalismus und Bürokratismus, ihn zeichnet eine Leidenschaft für das Lernen und das Geschäft aus sowie die Überzeugung, dass der Intellekt seiner Mitarbeiter der Schlüssel zur Produktivität ist. Zum besseren Verständnis stelle ich Ihnen kurz diese und andere zentrale Themen vor, die Welch während seiner Zeit als CEO von General Electric vorrangig beschäftigten (beachten Sie die Vielzahl so genannter „weicher" Themen, die dieses Buch – und Welchs Denken – auszeichnen):

- ***Das Kommando/Kontroll-Modell ist nicht die beste Methode, ein Unternehmen zu führen:*** Obwohl Welch es immer verstand, die schiere Größe von GE als Machtfaktor zu nutzen, widerlegte er viele Ansichten darüber, was man braucht, um ein großes Unternehmen zu führen. Seiner Überzeugung nach war es wichtiger, alle Mitarbeiter zu beteiligen, als an einer rigiden Hierarchie festzuhalten.

- ***Der Schlüssel zur Produktivität besteht darin, jeden Einzelnen zu beteiligen:*** Diese Erkenntnis ist einer der wichtigsten Beiträge Welchs. Er bewies, dass es darauf ankommt, die Ansichten aller zu berücksichtigen. Mehr Menschen bedeuten mehr Ideen, und mehr Ideen bedeuten, dass das Unternehmen über eine größere intellektuelle Kapazität verfügt.

- ***Ideen und Intellekt sind wichtiger als Hierarchien und Traditionen:*** Für Welch sind neue Ideen und die Entwicklung der geistigen Kapazität des Unternehmens Schlüsselvoraussetzungen für den Erfolg. Das mag einfach klingen, doch 1981 war die Vorstellung, dass Ideen vor Hierarchien rangieren, ebenso revolutionär, wie sie es heute noch ist. Menschen haben, sagte Welch, „eine unbegrenzte Fähigkeit“ zu lernen, und die „Qualität einer Idee wird von der Idee bestimmt, nicht von Hierarchieebene, auf der jemand angesiedelt ist“.

- ***Marktführerschaft garantiert langfristiges Wachstum:*** Mit seiner „Nummer 1, Nummer 2“-Strategie und der „sanieren, schließen oder verkaufen“-Devise wandte Welch die Doktrin Darwins auf die GE-Geschäftsbereiche an. Mit der Umsetzung dieser Strategien während der Hardware-Phase (der Periode, in der Welch das GE-Geschäftsportfolio neu ausrichtete; siehe *Hardware-Phase*), positionierte der GE-CEO den Konzern für zweistellige Wachstumsraten in den 90er-Jahren und darüber hinaus.

- ***Es ist wichtiger, Führungskräfte zu finden, die die Werte leben, als solche, die die Zahlen bringen:*** Dies war eine weitere, für einen Unternehmensführer bahnbrechende Idee. Welch wies immer wieder auf die Bedeutung der Werte hin und aktualisierte die Liste der GE-Kernwerte alle paar Jahre (siehe *Werte*). Eine Führungskraft, die nicht an die GE-Werte glaubte (die Bekämpfung des Bürokratismus, eine kundenorientierte Vision usw.), hatte für Welch nichts bei GE verloren, selbst wenn sie die finanziellen Leistungsziele erfüllte. Für Welch hatten nur „A“-Führungskräfte einen Platz bei GE.

- ***Ein wettbewerbsfähiges Unternehmen zu erschaffen setzt voraus, eine Kultur des Lernens zu entwickeln:*** Viele Unternehmen betrachten Lernen und Training als einen notwendigen Schritt zur Erreichung eines bestimmten Ziels (einen Abschluss, den Erwerb einer bestimmten Kompetenz usw.). Welch erklärte, Lernen sei der Job eines jeden GE-Mitarbeiters, und wenn er selbst seine Gier nach neuen Ideen verlieren würde, wäre der Zeitpunkt für seinen Rücktritt gekommen. „Wir behaupten nicht, die weltweit ergiebigste Quelle neuer Managementgedanken zu sein, aber ich halte es für möglich, dass wir weltweit am meisten nach neuen, großen Ideen dürsten." Die soziale Struktur von General Electric erlaubte es ihm, sein jahrzehntealtes Ziel zu erfüllen, das wettbewerbsfähigste Unternehmen der Welt zu erschaffen.

Welch als Paradoxon

Ein Paradoxon ist laut Wörterbuch „eine scheinbar unsinnige, falsche Behauptung oder Aussage, die aber bei genauerer Analyse auf eine höhere Wahrheit hinweist". Welch baute seine Karriere auf einer Reihe von Aktionen und Aussagen auf, die „scheinbar unsinnig" waren – denken Sie nur an einen seiner oft zitierten Leitsprüche: „Weniger managen heißt mehr managen."

Auch wenn Welch selbst dieses Axiom keineswegs für sonderlich tiefsinnig hielt, kam in vielen seiner Lehrsätze eine neue Sichtweise der Unternehmenswelt zum Ausdruck. Selbst eine der wichtigsten neuen Perspektiven, die wir Welch verdanken – die Gleichsetzung von Unternehmensführung mit Intellekt –, ist vor dem Hintergrund des traditionellen Managementdenkens scheinbar unsinnig. Gemäß der konventionellen Managementlehre ist die primäre Funktion einer Organisation mechanischer Natur, das heißt, die Rolle des Individuums innerhalb eines Unternehmens besteht darin, bestimmte Aufgaben auszuführen und bestimmte Produkte herzustellen. Welch bewies, dass Unternehmen viel mehr sein konnten, und indem er dies tat, bewies er, dass viele mit Inbrunst verfochtene Managementlehren (wie die Vorstellung, dass Management Kontrolle bedeutet) nur noch antiquierte Lehr- und Glaubenssätze waren.

In den Jahren vor Welch, den 60er- und 70er-Jahren, wurden viele amerikanische Konzerne im Stile exklusiver Countryclubs geführt. Die Arbeiter arbeiteten, die Manager managten, und was an Kommunikation zwischen beiden Lagern stattfand, war kaum der Rede wert. Als Welch zu der Einsicht gelangte, dass General Electric sich solche schädlichen und unproduktiven Blockaden nicht länger leisten konnte, wollte es auf Dauer wettbewerbsfähig bleiben, stellte er eine Reihe von absurden Details des traditionellen Unternehmenslebens bloß. Es gab schlicht keine Entschuldigung dafür, dass Manager und Arbeiter *nicht* miteinander redeten. Denn: Mit wem sonst sollten sie zusammenarbeiten, um die Dinge besser zu machen?

Für Welch war dies eine Sache des gesunden Menschenverstandes. Für den Rest der Welt dagegen war es, als hätte der Präsident dieses exklusiven Countryclubs die Tore aufgestoßen und alle und jeden zum Eintreten aufgefordert. Auch wenn sich anfangs kaum jemand über die Schwelle wagte, nach und nach übernahmen immer mehr Unternehmen Welchs Führungsstil und Millionen strömten durch die offen stehende Tore.

Sowohl von seinem Stil als auch von seinem Ansatz her repräsentierte Welch eine neue Generation der Unternehmensführer. Im Gegensatz zu den meisten CEOs, die in Bürokratismus und formalen Prozessen schwelgten, war Welch aus einem gänzlich anderen Holz geschnitzt. Seine unkonventionelle Art hätte ihn fast den Spitzenjob bei GE gekostet, da viele der damaligen Board-Mitglieder fürchteten, dass er zu radikal für den Posten sei. In der Unternehmenswelt herrschte eine „gentlemanlike" Ordnung und allgemein war man der Auffassung, dass kein Grund bestehe, an den Dingen zu rühren. Welch sah das anders. Ein Unternehmen hieß nicht notwendigerweise, dass Männer mit gestärkten Hemdkragen und dunklen Anzügen mit Argusaugen über einfache Arbeiter wachten um sicherzustellen, dass die täglichen Produktionszahlen erfüllt wurden.

Business, das hieß für Welch Geschwindigkeit und Leidenschaft, Begeisterung und Ideen. Kaum einer der anderen Clubmitglieder hatte bis dahin Business mit Leidenschaftlichkeit gleichgesetzt, was auch erklären mag, warum die Wirtschaftssprache zu begrenzt war, als dass Welch in ihr seinen Gedanken und Gefühlen hätte wirklich Ausdruck verleihen können. Der GE-Boss, ein leidenschaftlicher Golfspieler, behalf sich mit der Sprache des Sports, um sein Führungsideal in Worte zu fassen, sprach von „Spielern" und „Teams", davon, alle „mit ins Spiel zu bringen", von „Gewinnen" und „die Latte höher legen" und griff damit zu einer Terminologie, die eher in einer Sportarena als in Führungsetagen der Wirtschaft zu Hause war. Er war überzeugt, dass sich, wenn er andere dazu inspirieren konnte, seine Hingabe an Unternehmensführung und Lernen zu teilen, ein höheres, fortschrittlicheres organisatorisches Denken würde durchsetzen können. Allerdings war dies ein Ziel, zu dem kein direkter, unmittelbarer Weg führte. Die Reise sollte Jahre, nicht Monate, dauern und ihn mit vielen „Realitäten" konfrontieren, an die Welch heute lieber nicht erinnert werden mag.

Eine der ersten „Realitäten", der er sich stellen musste, war ein Paradoxon, das auf den ersten Blick unsinnig erschien und für das damals kaum jemand eine Notwendigkeit erkannte: Welch war von Anfang an klar gewesen, dass er GE nur dann neu aufbauen konnte, wenn er die alte Organisation abriss. Die Konsequenz waren Sparprogramme, heftige Kontroversen und der Verkauf von GE-Geschäftsbereichen, die so uramerikanisch waren wie Baseball – Maßnahmen, die zwar schmerzhaft waren, aber auch absolut unerlässlich, sollte der gewaltige Marsch, zu dem er aufgebrochen war, Erfolg haben. Welch wusste selbst nicht, wohin der Weg, den er eingeschlagen hatte, ihn letztendlich führen würde, aber wie es scheint, zweifelte er keinen Moment daran, in die richtige Richtung aufgebrochen zu sein.

Auf dieser Reise erwies Welch sich als ebenso aufrichtig wie unnachgiebig, als ebenso streitbar wie fürsorglich. Auch wenn er bei den „harten" Entscheidungen (beispielsweise dem Verkauf eines GE-Unternehmens) niemals auch nur mit der Wimper zu zucken schien, waren es die „weichen" Entscheidungen (etwa solche, die Werte betrafen), die seinen Führungsstil definierten. Welch ist ein echtes Original, zieht seinen größten Stolz aber daraus, von den Ideen *anderer* Leute lernen zu können. Diesen scheinbaren Widersprüchen verdankte Jack Welch, dass er nicht nur erfolgreich, sondern auch auf Außenstehende so faszinierend wirkte. Jeder seiner Schritte wurde in den Medien dokumentiert, die zuerst über ihn herfielen, nur um ihn dann später in umso höheren Tönen zu loben. Er machte Fehler – und nicht nur einen –, wie beispielsweise die Übernahme der Investmentfirma Kidder Peabody. Aber er stand auch zu seinen Fehlern und zog seine Lehren daraus: In einer lernenden Organisation sind Fehler erlaubt, solange sie den Weg zu einer besseren Lösung weisen.

Auf der sprachlichen Ebene finden wir auch ein Paradoxon in dem Kommunikator Welch. Der GE-Chairman, der zu einem Meister der Kommunikation wurde, hatte die gesamten 41 Jahre seiner Laufbahn hindurch mit einem Sprachfehler zu kämpfen. Welch verkündete seine Botschaften mit einem leichten Stottern: „Soll eine Organisation sich selbst verwirklichen (sprich, das ihr innewohnende Potenzial erreichen), müssen Ideen und Lernen Vorrang vor Traditionen und dem Status quo haben." Eine solch zeitlose Aussage würde man vielleicht aus dem Mund von Peter Drucker oder Michael Porter erwarten, nicht aber von dem kantigen Sohn eines Lokomotivführers aus Salem, Massachussetts, dem „Sport über alles andere" ging.

Einige Aspekte von Welchs Bilanz erscheinen so widersprüchlich, dass selbst die Medien, die ihn mit der Zeit regelrecht verehrten, seine Logik nicht nachvollziehen konnten. Jack Welch war der anerkannte Champion der Ideen und Menschen und dennoch entließ er Jahr für Jahr 10 Prozent der GE-Belegschaft (alle GE-Mitarbeiter werden jährlich bewertet und die schlechtesten 10 Prozent entlassen). Als er im Frühjahr 2001 darauf angesprochen wurde, wehrte er sich gegen jeden Vorwurf der Widersprüchlichkeit. Wieder einmal bediente er sich einer Metapher aus dem Sport und sagte, dass alle Teams die schlechtesten 10 Prozent ihrer Spieler auswechseln. „That's Business", fügte der GE-Chairman in einem Tonfall hinzu, der klar machte, dass die Sache für ihn damit abgehakt war.

Welch sah in diesem Vorgehen nichts Falsches, genauso wenig wie er die Entscheidungen, die er zwei Jahrzehnte zuvor in der Hardware-Phase getroffen hatte, für ungerecht oder unfair hielt. Downsizing und der Abbau von Managementebenen waren absolute Notwendigkeiten, und Arbeiter, die in einem Verlust erwirtschaftenden Geschäftsbereich tätig waren, zu halten, bis sie über 50 waren, wäre für ihn noch „herzloser" gewesen, als sie gleich auf die Straße zu setzen. Welch ist Selbstverwirklicher und Pragmatiker und er begreift diese Entscheidungen als notwendige Bestandteile des Geschäftslebens. Einmal mehr erleben wir, dass Welch sich „der Realität stellt", die Dinge sieht, wie sie sind, nicht, wie andere sie sich wünschen.

Für Welch mochte Unternehmensführung einfach sein, aber leicht war es niemals. Immer und immer wieder wurde er als ein rücksichtsloser Führer porträtiert, doch das konnte ihn nicht von seinem Kurs abbringen. Wenn General Electric drohte, unter dem Gewicht der eigenen Bürokratie in die Knie zu gehen, nun, dann musste er den Konzern umbauen, eine neue Organisationsform und ein Verhaltensmodell entwickeln, die seiner Vision entsprachen. Allein dass er damit Erfolg hatte, hebt ihn aus der Masse heraus. Doch indem er sein Führungsideal formulierte, hob er auch eine neue Wirtschaftssprache aus der Taufe. Jack Welch ist beides, Komponist und Dichter, und eben dies unterscheidet ihn von anderen herausragenden Unternehmensführern. Dass er dabei rhetorisch hin und wieder über das Ziel hinaus schoss („Ich hielt das für die beste Idee der Welt"), mag ihm verziehen werden. Immerhin greift selbst der genialste Musiker gelegentlich daneben. Was folgt, ist die Sprache, der sich der achte Chairman von General Electric auf seinem Kreuzzug bediente, mit dem er das Schicksal eines der größten Unternehmens der Welt in neue Bahnen lenkte.

Teil 2

Das Jack Welch Führungs-Lexikon

Benutzungshinweise für das Lexikon

Das *Jack Welch Führungs-Lexikon* ist so aufgebaut, dass es allen Lesern gerecht wird. Denjenigen, die Wirtschaftsbücher wie einen Roman (von Anfang bis Ende) lesen, bietet das Buch einen detaillierten Einblick in die zahlreichen Begriffe und Programme, die Jack Welchs Ruf als einer der besten Unternehmensführer aller Zeiten begründen. Diejenigen, die sich dem Buch mit einem bestimmten Interesse nähern („Was ist Six Sigma?"), können nach dem Vorbild normaler Nachschlagewerke auf das Lexikon wie auf ein Wörterbuch oder eine Enzyklopädie zugreifen und gezielt spezielle Einträge abfragen.

Ein Wort vorab für diejenigen unter Ihnen, die das Buch von der ersten bis zur letzten Seite lesen: Stellen Sie sich darauf ein, häufiger auf bestimmte für Welch kennzeichnende Themen, Begriffe und Konzepte zu stoßen. Jeder Eintrag im *Lexikon* ist als vollständiger und eigenständiger Eintrag verfasst (und setzt nicht voraus, dass irgendein anderer Eintrag zuerst gelesen wurde).

Das *Lexikon* nimmt nicht in Anspruch, eine erschöpfende Analyse des Arbeitens und Denkens von Jack Welch darzustellen. Vielmehr will es eine prägnante Zusammenfassung der Begriffe, Strategien und Initiativen liefern, die GE transformiert haben. (Detaillierte Informationen finden sich in den am Ende des Buches aufgeführten Werken und Aufsätzen.)

Was das „Six Sigma"-Symbol bedeutet

σσσσσσ

Die mit dem „Six Sigma"-Symbol *(siehe oben)* markierten Begriffe beinhalten die Konzepte, Themen, Modelle und Initiativen, die das Kernstück von Welchs Leadership-Kreuzzug ausmachen. Da Six Sigma das Programm war, das sozusagen die „DNA" von GE veränderte, erscheint es mir angemessen,

Welchs wichtigste Begriffe mit dem „Six Sigma"-Symbol zu kennzeichnen. Es sind die Begriffe und Strategien, mit deren Hilfe Welch GE in eines der wettbewerbsfähigsten Unternehmen umbaute (was bedeutet, dass sie sehr wichtig sind, um Welch zu verstehen, nicht jedoch, dass sie notwendigerweise in Zusammenhang mit dem Six-Sigma-Qualitätsprogramm stehen). Nachfolgend einige Beispiele:

σσσσσσ

Konzepte

Grenzenlosigkeit ist das beste Beispiel eines Konzepts, das sechs Sigmas verdient hat. Das Prinzip der Grenzenlosigkeit wurde zu Welchs bevorzugter Doktrin. Grenzenlosigkeit beschreibt das Leadership-Ideal einer lernenden Organisation, die frei ist von eingrenzenden Mauern, eine Organisation, in der Ideen und Praktiken von Mitarbeitern und Kollegen über das gesamte Unternehmen hinweg geteilt werden.

σσσσσσ

Themen

Konsistenz war eine der herausragenden Tugenden von Welch in seiner Zeit als GE-Chairman – eine Tugend, die nicht nur in seiner Vision der GE-Geschäftsbereiche (als Marktführer) zum Ausdruck kam, sondern auch in seinem unerschütterlichen Bestreben, eine Kultur des Lernens und der intensiven Beteiligung aufzubauen.

σσσσσσ

Modelle

„Das authentische Leadership-Modell" ist zweifelsohne ein Beispiel für ein Modell, das sechs Sigmas verdient hat. Welchs

Leadership-Ideal waren Manager, die nicht nur voller Energie und Hingabe die Werte des Unternehmens vertraten und lebten, sondern die auch konkurrenzorientiert dachten und die Fähigkeit besaßen, ihre Mitarbeiter und Kollegen mitzureißen.

σσσσσσ

Initiativen

Die *E-Initiative* war Welchs vierte große Wachstumsinitiative. Welch selbst sagte, dass die E-Initiative die DNA des Unternehmens verändert und ihm hilft, schneller zu werden, obwohl es immer größer wird.

A

A-Führungskräfte/A-Spieler

Die ganzen Jahre hindurch legte Welch die Latte bei GE immer höher, verlangte immer mehr von seinen Managern und Mitarbeitern. Mit Six Sigma etwa forderte er GE auf, in allen Produkten und im Umgang mit den Kunden Perfektion anzustreben. Da Welch sichergehen wollte, dass das Unternehmen jeder noch so herausfordernden Aufgabe gewachsen war, gab er die Devise aus, dass GE nur die besten Mitarbeiter tolerieren durfte. Für den GE-Chairman waren A-Führungskräfte Menschen mit der Fähigkeit, Visionen zu entwickeln, zu artikulieren und andere dafür zu begeistern, so dass sie sie als ihre eigenen annahmen. Er erwartete von A-Führungskräften, dass sie die Werte einer Kultur des Lernens lebten, mit einer Leidenschaft für das Siegen in den Wettbewerb gingen und sich weniger als Boss, sondern vielmehr als Coach verhielten. Welch beschrieb A-Spieler als diejenigen, die die „Vier *E*s der Führung" erfüllten.

A-Lektionen: Regeln für die Entwicklung von Führungskräften

1. **Geben Sie sich mit keinem zufrieden, der kein A-Spieler ist:** Welch war klar, dass er GE nur mit Mitarbeitern, die den höchsten Anforderungen genügten, zu einem wirklich globalen Wettbewerber machen konnte, und räumte dem Aufbau eines A-Teams höchste Priorität ein. GE, erklärte er, könne es sich nicht leisten, etwas anderes als ausschließlich aus A-Spielern bestehende Teams auf das Spielfeld zu schicken.

2. **Achten Sie darauf, dass alle Führer die Vision leben:** Der Lackmus-Test einer A-Führungskraft ist ihr Verhalten. „As" leben die Werte und für Welch bedeutete das Menschen mit großer Begeisterung und der Fähigkeit, ihre Energie und Leidenschaft auf die gesamte Organisation zu übertragen.
3. **Stellen Sie sich Ihr Managementteam als ein Olympiateam oder eine Fußballmannschaft im Endspiel um die Meisterschaft vor:** Welch griff oft zu Analogien aus der Welt des Sports und verglich zum Beispiel die ideale GE-Führungskraft mit einem Olympiatrainer, der Topathleten ins Rennen schickt. Wer um den Sieg mitlaufen will, braucht ein Team mit demselben bedingungslosen Willen zum Sieg wie ein Olympiasportler oder Nationalspieler.

After Sales Service

Als Teil seines Plans, GE als Anbieter von Dienstleistungen und Lösungen zu positionieren, beauftragte Welch die großen Fertigungsbereiche Stromerzeugung, Flugzeugtriebwerke und Medizintechnik, ihren Servicebereich massiv auszubauen, eine Vorgabe, die das Wachstum von GE noch mehr beschleunigte. Das umfasste unter anderem den Aufbau eines eigenständigen Geschäftsbereichs, der Dienstleistungen für die von GE hergestellten Produkte anbot. Vor dem massiven Feldzug zum Ausbau des Servicegeschäfts spielte der Dienstleistungsbereich bei GE keine sonderlich große Rolle (ein Topmanager meinte einmal, der „After Sales Service" sei eben ein Anhängsel). Das alles änderte sich 1995, als der GE-Chairman den Produktservice zur Top-Priorität erhob. Seitdem gehört der Produktservice zu den am schnellsten wachsenden Geschäftsbereichen des Konzerns.

Agilität oder Agiler Wettbewerber

Agilität war das Ideal, das Welch für GE anstrebte. Mit dem Abbau von Hierarchieebenen und Grenzen versuchte er, eine schlankere, flexiblere Organisation zu erschaffen. Welch wusste, dass der immense bürokratische Apparat des Unternehmens, ein Produkt der zahllosen Führungsebenen, alles andere als agil war. Seine Vision für GE lautete, „den Geist eines kleinen Unternehmens in den Körper eines Großunternehmens“ hineinzuverpflanzen, und das bedeutete, eine agile und höchst bewegliche Organisation zu erschaffen. Viele von Welchs Schlüsselkonzepten und -initiativen zielten speziell darauf, die „Fesseln“ abzustreifen, den wettbewerbsorientierten Geist der Arbeiter freizusetzen und dadurch GE in ein schlankeres, schnelleres Unternehmen zu verwandeln. Mit der E-Initiative, die Welch 1999 auf den Weg brachte, stellte er klar, dass Geschwindigkeit und Agilität im neuen digitalen Zeitalter eine noch größere Rolle spielen.

A-Ideen

Welch benutzte den Buchstaben „A“ häufig dazu, das Beste von etwas zu bezeichnen. A-Ideen sind neue Ideen mit dem Potenzial, das Unternehmen zu verändern. Welch ermutigte Mitarbeiter auf allen Ebenen, ihre Meinung kundzutun und neue Ideen vorzubringen. Jahrelang schien man bei GE kein Interesse an der Meinung der Mitarbeiter gehabt zu haben. Mit Programmen wie Work-Out baute Welch Vertrauen in die Organisation auf und ermutigte die Mitarbeiter, ihre Ansichten offen zu äußeren. Im letzten Jahr seiner Amtszeit erklärte er, wie GE die Belegschaft überzeugt, dass ihre Ideen zählen: „Wir zelebrieren die Ideen, wir schreiben über sie und wir stellen sie ins Netz.“

σσσσσσ

Akquisitionsstrategie

Akquisition war einer der wichtigsten Faktoren hinter dem zweistelligen Wachstum von GE unter der Führung von Welch. Seit 1985 hat GE massiv Unternehmen zugekauft und die Zahl der Übernahmen hat sich in den letzten Jahren noch erhöht. In den letzten vier Jahren von Welchs Amtszeit hat GE pro Jahr mehr als 100 Unternehmen übernommen. Insgesamt hat der Konzern unter Welchs Regie über 1700 Unternehmen gekauft, allein 1999 waren es 134 Übernahmen mit einem Buchwert von 17 Milliarden Dollar. Im Oktober 2000 nahm Jack Welch die größte Akquisition in der Geschichte von General Electric in Angriff: Honeywell. Obwohl der 45 Milliarden Dollar schwere Deal letztendlich am Widerstand der europäischen Regulierungsbehörden scheiterte, demonstrierte er den aggressiven Expansionskurs des Konzerns.

Die Ursprünge von Welchs Akquisitionsstrategie

Welchs Bereitschaft, von den „alten Pfaden" abzuweichen, bildete das Fundament seiner vielen großen und kleinen Revolutionen. Das galt vor allem für seine Akquisitionsstrategie. Bevor er das Ruder übernahm, waren Akquisitionen kein Bestandteil der GE-Kultur. Seine gesamte Zeit als GE-Chairman hindurch bewies er immer wieder, dass er nicht davor zurückschreckte, mit lieb gewonnenen GE-Traditionen zu brechen. Ein, wie er es ausdrückte, „Quantensprung" war dabei die Übernahme von RCA (mit der NBC zu GE kam), die er im Dezember 1985 bekannt gab. Für ebenso große Aufregung unter Insidern sorgte im Oktober 2000 Welchs Ankündigung, für 45 Milliarden Dollar Honeywell übernehmen zu wollen. Auch wenn der Deal schlussendlich nicht zustande kam, demonstrierte dieser kühne Vorstoß einmal mehr viele seiner Schlüsselprinzipen, darunter „Geschwindigkeit" und die Bereitschaft, „jeden Tag zuzuschlagen".

Akquisitionskriterien

In seinem letzten Jahr als CEO erklärte Welch, dass die Entscheidung zu einer Übernahme nicht auf „irgendwelchen albernen Rechenübungen" basiert, bei denen man abgezinste Renditen kalkuliert. Welch gründete seine Akquisitionsentscheidungen vielmehr auf Intuition; was für ihn zählte, waren „die Nase, der Bauch, das Gefühl". Auf die Frage nach den Schlüsselkriterien, die er zur Bewertung potenzieller Übernahmekandidaten heranzog, listete der GE-Chairman vier simple Punkte auf:

1. Erzielt das Unternehmen Gewinne?
2. Können wir es managen?
3. Passt seine Kultur zu unserer?
4. Können wir es vergrößern?

Dass die Kultur zur GE-Kultur passte, spielte bei allen von Welch betriebenen Akquisitionen eine zentrale Rolle. Er selbst hat gesagt, dass er 1986 mit der Übernahme der – später wieder abgestoßenen – Investmentbank Kidder Peabody den größten Fehler seiner Laufbahn begangen habe. Die Unternehmenskultur von Kidder, erklärte er, hatte sich einfach nicht mit der von GE vereinen lassen und er war überzeugt, die kulturellen Unterschiede nicht sorgfältig genug berücksichtigt zu haben, als er die Entscheidung traf (siehe *Kidder Peabody*).

Akquisitionen und Welchs Globalisierungsinitiative

1987 übernahm GE von der französischen Thomson S.A. die Medizindiagnostik-Tochter CGR (genau genommen war es ein Tauschgeschäft). Auf diesen ersten großen Brückenkopf in Europa folgte 1989 mit dem Kauf des ungarischen Beleuchtungsunternehmens Tungsram eine weitere wichtige Akquisition auf dem europäischen Markt. Seit 1990 hat GE über 133 Unternehmen in Europa mit einem Marktwert von 30 Milliarden Dollar übernommen, 2001 beschäftigte der Konzern 85.000 europäische Mitarbeiter. Eines der Grundprinzipien der GE-Akquisitionsstrategie lautet, die Talente vor Ort zu nutzen. Obwohl GE sich sehr schnell daran macht, seine Kultur auf das übernommene Unternehmen zu übertragen, zieht man es vor, lokale, mit der jeweiligen Landeskultur vertraute Manager einzustellen (siehe auch *Globalisierung).*

Das GE-Integrationsmodell

Im Laufe der Jahre tätigte GE unter Welch hunderte von Übernahmen in den Vereinigten Staaten, Europa, Asien und anderen Teilen der Welt. Mit ausschlaggebend für den Erfolg der Globalisierungsinitiative war das Akquisitions-Integrationsmodell, das zu großen Teilen von GE Capital entwickelt wurde (dem GE-Geschäftsbereich, der in Bezug auf Akquisition am aktivsten ist). Obgleich nicht alle Akquisitionen nach demselben Muster ablaufen, gibt es bei GE einige allgemeine Richtlinien, die bei Akquisitionen beachtet werden.

Erstens: Der Integrationsprozess beginnt üblicherweise bereits, bevor die Übernahme abgeschlossen ist. Zweitens: GE beschränkt das so genannte *Due-Diligence*-Team nicht auf seine Finanzexperten, sondern bezieht auch die Humanressourcen und das General Management in den Prozess mit ein. Darüber hinaus stellt der Konzern einen Integrationsmanager, der Vollzeit an der Integration arbeitet. Welch zog eine wertvolle Lehre aus den zahllosen Übernahmen, die GE unter seiner Führung durchführte: zu Beginn ging GE den Integrationsprozess relativ langsam an. Heute dagegen lautet das meist gehörte Mantra nach GE-Akquisitionen: „Macht es schneller!“ Im Allgemeinen erstrecken sich die Integrationspläne über einen Zeitraum von knapp über drei Monaten. Nach Ablauf dieser Frist sind viele Schlüsselaktivitäten bereits integriert (der Außendienst verschmolzen, die Werte artikuliert usw.), das heißt zu dem Zeitpunkt, zu dem mit der „GE-fizierung“ erst richtig ernst gemacht und die soziale Architektur von GE auf das neue Unternehmen übertragen wird.

Die Rolle von Akquisitionen für die Zukunft von GE

Monate vor seinem Rücktritt deutete Welch an, dass GE in Zukunft eine noch aggressivere Übernahmepolitik betreiben würde. GE, kündigte er an, werde „vier pro Woche" machen, das wären auf das Jahr hochgerechnet 200 Übernahmen (und fast das Doppelte des Durchschnitts der vorangegangenen vier Jahre). Diese Zahl mag sehr hoch klingen, erscheint in Wahrheit aber gar nicht so außergewöhnlich, insbesondere wenn man den gescheiterten Honeywell-Deal berücksichtigt. Mit einem Jahresumsatz von inzwischen nahezu 150 Milliarden Dollar bleibt GE praktisch nichts anderes übrig, als die Übernahmegeschwindigkeit zu erhöhen, sollen die angestrebten zweistelligen Wachstumsraten tatsächlich erreicht werden.

Akquisitions-Lektionen

GE gehörte heute nicht zu den weltweit erfolgreichsten Unternehmen, hätte Welch davor zurückgeschreckt, mit den in über einhundert Jahren gewachsenen Traditionen zu brechen – Traditionen, die den Konzern in der Vergangenheit vor Akquisitionen hatten zurückscheuen lassen.

Welch verfolgte an der Akquisitionsfront eine aggressive Politik. Ein gutes Beispiel dafür war die versuchte Übernahme von Honeywell. Auch wenn der Deal letztendlich von der EU blockiert wurde, hätte Welch mit seinem entschlossenen, schnellen Vorgehen Honeywell doch fast noch dem Zugriff eines Konkurrenten entwunden.

Seit der Übernahme von Thomson 1987 spielen Akquisitionen im Ausland eine zentrale Rolle in der GE-Wachstumsstrategie, und das Unternehmen erzielt seine beeindruckendsten Wachstumszahlen auf Märkten außerhalb der Vereinigten Staaten.

Aktienoptionen

Als Welch das Steuer übernahm, kamen nur die obersten Führungskräfte von GE in den Genuss von Aktienoptionsprogrammen. In seinem letzten Amtsjahr schätzte Welch, dass sich 30.000 GE-Mitarbeiter am Aktienoptionsplan beteiligten.

(Welch erklärte auch, der Wert dieser Aktienoptionen habe 19.000 Mitarbeiter im Unternehmen zu Millionären gemacht.) Welchs Bereitschaft, das Vermögen des Unternehmens mit so vielen Mitarbeitern zu teilen, stimmt völlig mit seiner Führungsphilosophie überein. Das ist ein weiteres Beispiel dafür, dass der Chairman auch wahr machte, was er sagte. Schließlich hatte sich Welch einem Unternehmen verschrieben, das sich des Werts seiner A-Spieler bewusst war, und voller Stolz verkündete er, das Unternehmen sei eine Meritokratie.

Wenn der gesamte Reichtum des Unternehmens auf die Führungskader beschränkt geblieben wäre, hätte es wenig Sinn gemacht, Konzepte wie Vertrauen verwirklichen und den Konzern wie eine Familie führen zu wollen. Welch bezog so viele Mitarbeiter in den Aktienoptionsplan ein, dass er seine Worte mit einer wertvollen Währung untermauern konnte: mit den Aktien von GE. Das motivierte viele nicht nur dazu, weiterhin auf „A-Niveau" zu arbeiten, sondern ermöglichte es GE auch, die besten Talente in der Organisation zu halten. Das war für den Erfolg des Konzerns entscheidend, denn Welch betrachtet das geistige Potenzial des Unternehmens als sein unersetzliches Vermögen.

Aktionärsreichtum

Jack Welch schuf mehr Aktionärsreichtum als jeder andere CEO in der Geschichte. Seit er 1981 die Leitung des Konzerns übernahm, stieg der Kurs der GE-Aktie um mehr als 3000 Prozent bei einer jährlichen Anstiegsrate von 23 Prozent (verglichen mit 896 Prozent beziehungsweise 12,2 Prozent für die S&P 500). Anders ausgedrückt, betrug 1981 der Wert der Marktkapitalisierung von GE 13 Milliarden Dollar. Im Jahr 2000 war GE das erste Unternehmen, das die Schwelle von 600 Milliarden Dollar überschritt (wobei es aber 2001 wieder auf weniger als 500 Milliarden Dollar zurückfiel). Welch ist sehr stolz darauf, dass der größte GE-Aktionär die Konzernmitarbeiter sind. Laut Welch besaßen die Mitarbeiter im Jahr 2001 ungefähr 35 Milliarden Dollar in Aktien (und dazu gehören auch die Teilzeitkräfte).

„All Inclusive"-Strategie

In einer seiner ersten Reden als CEO legte Welch im Dezember 1981 das Fundament für einige bahnbrechende Ideen, mit deren Hilfe er später GE transformieren sollte. Er sprach von dem allgemein langsamen Wachstum und davon, dass die Gewinner diejenigen sein würden, die sich auf wachstumsstarke Industrien konzentrierten. Welch umriss Schlüsselstrategien wie „Nummer 1, Nummer 2" und zitierte den von Peter F. Drucker formulierten Test zur Bewertung von Geschäftsfeldern: „Angenommen, Sie wären nicht bereits in diesem Geschäft tätig, würden Sie heute einsteigen?" Allerdings mag das, was er sich weigerte zu tun, ebenso wichtig gewesen sein wie das, was er tat. In seiner Rede erklärte Welch, er habe keinen „Generalplan" für GE, den er fix und fertig aus seiner Tasche ziehen könnte. „Es macht einfach keinen Sinn (...) diese Initiativen und zahllose andere individuelle Geschäftspläne in eine ‚All Inclusive'-, GE-weite Zentralstrategie – einen Generalplan – hineinzuzwängen", erklärte er an diesem schicksalsträchtigen Tag.

Was es bedeutet, dass es bei GE keine „All Inclusive"-Strategie gab

Von der Warte derjenigen aus, die nach 20 Jahren zurückblicken, wissen wir, wie wichtig es für Welch war, dass er in seinen ersten Jahren keine vollkommen durchdachte beziehungsweise weitgehend konstruierte Strategie vorlegte. Wir wissen, dass bei Welch jede Phase auf der unmittelbar vorangegangenen aufbaute. Wir wissen auch, dass Welchs Erfolg zu einem erheblichen Teil darauf gründete, dass er jede Phase eigenständig anging. So wurde ihm erst nach der Umsetzung der Hardware-Phase und nachdem die Auswirkungen dieser Phase auf die Psyche von GE klar waren, bewusst, wie dringend notwendig die Software-Phase war.

Dasselbe Muster lässt sich bei allen Strategien und Initiativen von Welch beobachten. Der GE-Chairman erwies sich als ein Meister der Anpassung, der auf neue Situationen blitzschnell mit neuen Ideen und Aktionen reagieren konnte. Es ist bezeichnend, dass Welch, der in seiner Rede vom Dezember 1991 auch Clausewitz zitierte, feststellte, dass eine „Strategie kein langatmiger Handlungsplan“ ist. Er wusste um die „unausweichlichen Reibungen“, die jedem langfristigen Plan das Kreuz brechen konnten und beschränkte sich darauf, nur ein paar Schlüsselideen zu umreißen. Vielleicht die größte Ironie dabei war, dass die einzige Schlüsselstrategie, die er in dieser Rede vorstellte, „Nummer 1, Nummer 2“, über zwei Jahrzehnte überleben sollte und das Unternehmen noch heute prägt.

Antriebskräfte

Welch sagt, der GE-Konzern werde von zwei grundlegenden Kräften vorangetrieben – seiner sozialen Architektur und seinem Betriebssystem. Die soziale Architektur sei besonders durch die grenzenlose Kultur charakterisiert. Welch bezeichnete die Entwicklung von GE zu einem von hochgradigem Engagement und Lernkultur geprägten Unternehmen als radikale Transformation. Die soziale Architektur und das Betriebssystem entwickelten sich nicht über Nacht. Vielmehr waren sie das Ergebnis der von Welch eingeleiteten Software-Phase und der Revolution der Grenzenlosigkeit, die mehrere Jahre beansprucht haben.

In seinem letzten Jahr als CEO sprach Welch sehr beredt darüber, wie GE sein Betriebssystem nutze, um großartige Ideen im ganzen Unternehmen zu verbreiten. Als Beispiel schilderte der GE-Boss, wie schnell er sein Mentorenprogramm umsetzte, nachdem er von einem britischen Manager der GE-Sparte Versicherungen von dieser Idee erfahren habe. Innerhalb einer Woche hatte Welch einen Mentor für sich selbst ernannt und innerhalb von zwei Wochen hatten alle 1000 GE-Führungskräfte ebenfalls einen Mentor. Genau das sei es, was GE zu einem einzigartigen Unternehmen mache, sagt Welch. Dank seiner sozialen Architektur und seinem Betriebssystem sei das Unternehmen in der

Lage, eine gute Idee von irgendwoher aufzunehmen und sie in all den unterschiedlichen GE-Bereichen zu realisieren.

Aufrichtigkeit und Offenheit

Aufrichtigkeit nahm einen prominenten Platz in der ersten Liste der GE-Werte ein, die Welch 1983 für GE aufstellte. Welch erwartete von allen Managern und Mitarbeitern Offenheit und Aufrichtigkeit, und seine Initiativen zielten darauf ab, alles aus dem Weg zu räumen, was eine offene Kommunikation zwischen den Menschen behinderte. Aufrichtigkeit und eine die Entstehung von Vertrauen fördernde Arbeitsumwelt waren zwei zentrale Elemente von Work-Out, der 1989 von Welch eingeleiteten Initiative zur Förderung des Dialogs zwischen Managern und Mitarbeitern über die beste Art und Weise, das Unternehmen zu führen. Ohne Aufrichtigkeit konnte es kein Vertrauen geben und ohne Vertrauen wären Welchs Bemühungen, die Unternehmenskultur von GE zu reformieren, zum Scheitern verurteilt gewesen. Damit Aufrichtigkeit und Vertrauen entstehen können, müssen die Manager zeigen, dass die Organisation bereit ist, jederzeit jedem zuzuhören, der eine neue Idee hat.

Außen-innen-Perspektive

Im Jahr 1999 sprach Welch darüber, dass GE seine Perspektive ändern und anstatt von *innen nach außen* von *außen nach innen* blicken müsse: „Die Außen-innen-Perspektive ist eine große Idee. Über 100 Jahre lang haben wir von innen nach außen geblickt. Die Außen-innen-Perspektive wird alles verändern." Welch bezog sich darauf, dass die Kunden die Effekte von Six Sigma nicht spürten. Diese Erkenntnis löste eine wahre Kettenreaktion an kundenzentrierten Maßnahmen von Welch aus. Es war fast, als ob Welch das Gefühl hatte, über all den Initiativen und Pressemeldungen die wichtigste Regel jedes Geschäfts vergessen zu haben: Letztlich zählt nur der Kunde. Welch sorgte dann dafür, dass der Kunde bei allen Maßnahmen des Unternehmens im Mittelpunkt stand. Selbst die GE-Werte wurden umgeschrieben, um den Kunden zu berücksichtigen (nach der Änderung wurde bei drei der neun Werte der Kunde erwähnt).

σσσσσσ

Authentisches Führungsmodell

Die ideale Führungskraft besitzt über ein Dutzend Schlüsselqualifikationen, darunter: Integrität, Scharfsinn, globale Perspektive, Kundenfokus und eine Leidenschaft für den Wandel. Er verfügt über Selbstvertrauen, eine ausgeprägte Kommunikationsfähigkeit, die Fähigkeit, Teams aufzubauen, er kann andere beflügeln, er besitzt einen ansteckenden Enthusiasmus, er liefert finanzielle Ergebnisse und hat Spaß dabei. Dass Welch den Begriff *Führer* (Leader) dem des *Managers* vorzieht, liegt daran, dass er „Manager" mit den Untugenden assoziiert, die er GE von Anfang an auszutreiben versuchte, beispielsweise Kontrolle und die Herrschaft durch Einschüchterung.

Die Bedeutung von Welchs Führungsideal

Welch hat eine sehr klare Vorstellung davon, was eine ideale Führungskraft ist. Im Gegensatz zum „Kommando/Kontroll-Stil" der autokratischen Führung umfasst Welchs Führungsideal eine breite Palette von eng mit einer lernenden Organisation zusammenhängenden Qualitäten.

GE als eine Kaderschmiede für Führungskräfte

Dank seiner Fähigkeit, Managementtalente heranzuziehen, wurde der Konzern zu einer Art Kaderschmiede für Führungskräfte. Viele der unter Welch groß gewordenen Topmanager wurden zu CEOs anderer Fortune 500-Unternehmen, darunter Larry Bossidy (AlliedSignal), Robert Nardelli (The Home Depot) und James McNerney (3M). Nardelli und McNerney verließen GE, nachdem sie erkannt hatten, dass sie keine Aussichten auf die Welch-Nachfolge als GE-CEO hatten.

Lektionen für die Entwicklung von Führungskräften

1. **Fördern Sie nur Manager, die hinter der Unternehmensvision stehen:** Eine der schwierigsten Entscheidungen, erklärte Welch, besteht darin, Manager des Typs C zu feuern, Manager also, die zwar die finanziellen Erwartungen erfüllen, nicht aber die GE-Werte vertreten.
2. **Suchen Sie nach Führungskräften, die die Kraft der Veränderung zu nutzen verstehen:** Welch hatte keine Angst vor Veränderungen, schreckte niemals davor zurück, der Realität ins Auge zu blicken. Suchen Sie nach Führungskräften, die die Dinge sehen, wie sie sind, und die keine Angst haben, auch unpopuläre Entscheidungen zu treffen.
3. **Halten Sie Ausschau nach den „Vier *Es*“:** Welch suchte gezielt nach Managern, die alle vier Schlüsselqualifikationen besaßen.
4. **Suchen Sie Manager mit großem Selbstvertrauen:** Welch hielt es für eine seiner wichtigsten Aufgaben, seinen Mitarbeitern „Selbstvertrauen einzuflößen“. Für ihn gab es nur wenige Menschen, die über wirkliches Selbstvertrauen verfügten, und das war eine Eigenschaft, nach der er in GE-Managern suchte.
5. **Suchen Sie Manager, die dem Kunden höchste Priorität einräumen:** Kunden und Kundenfokus nahmen unter Welchs Leitung eine einzigartige Stellung im Wertesystem von GE ein. In der jüngsten Aufstellung der GE-Werte (den Werten, die Welch in seinem letztem Jahr als GE-CEO propagierte) bezogen sich ein Drittel aller Aussagen auf die Kunden.

B

Baumdiagramm

Ein weiteres Instrument der Six-Sigma-Bewegung. Es handelt sich dabei um die graphische Darstellung eines allgemeinen Zieles, das in verschiedene Ebenen konkreter Aktionen aufgefächert wird. Das Baumdiagramm ist hilfreich, um allgemeine Merkmale und Zufriedenheitskomponenten mit bestimmten Charakteristika und konkreten Anforderungen zu verbinden.

Belohnungen

Welch glaubt, dass es zu den wichtigsten Funktionen eines Unternehmensführers gehöre, das erwünschte Verhalten mit Belohnungen zu verbinden. Deshalb machte er 40 Prozent der Bonuszahlungen für Führungskräfte von den durch Six Sigma erzielten Ergebnissen abhängig. Welch sprach oft von der Bindung des Bonussystems an die Leistungsbeurteilungen: „Sie müssen ein Belohnungssystem haben, das Ihre Beurteilungsverfahren unterstützt ... Solange Sie das nicht haben ..., können die Leute die Beurteilung austricksen."

Bessere Ideen

Welch ist der Meinung, dass irgendwo irgendjemand immer eine „bessere Idee" hat: „Wir wachen jeden Tag mit der Angst auf, dass irgendjemand sich mit uns anlegt und eine bessere Idee hat." Dieser Gedanke wurde zur Grundlage von Welchs lernender Organisation. In einer lernenden Organisation werden die Mitarbeiter dazu angehalten, gute Ideen aufzugreifen, egal woher diese stammen. Für GE kam das fast einer Kulturrevolution gleich. Vor Welch galt bei GE die Losung, dass nur Ideen weiterverfolgt werden, die innerhalb der Organisation entwickelt worden waren. Welchs Ideal dagegen war eine Organisation, die keine Grenzen, Revierkämpfe und keine Autokratie kennt. Er verwendete Jahre darauf, dem Konzern eine neue soziale Architektur und ein neues Betriebssystem zu verpassen, die Grundsteine, auf denen er seine lernende Organisation errichtete. Welchs erster Angriff richtete sich gegen die Grenzen: die Grenzen, die Manager von Mitarbeitern trennten, solche, die zwischen den unterschiedlichen Kulturen bestanden, und die „NIH"-Grenzen, die GE vom Rest der Welt abschotteten. Das GE-Entlohnungssystem belohnt gezielt die Mitarbeiter, die gute Ideen aufspüren und diese ins Unternehmen einbringen.

σσσσσσ

Best Practice

Die effizienteste Methode, etwas zu tun und eine Schlüsselkomponente von Welchs Kultur des Lernens: „GE fing an, sich systematisch in der Welt umzuschauen, von den besten Unternehmen der Welt zu lernen, wie man etwas besser tun kann." Welch wandte sich insbesondere gegen eine NIH genannte Einstellung (Not Invented Here – „Stammt nicht von uns") und forderte seine Mitarbeiter auf, auch jenseits der Grenzen von GE nach guten Ideen zu suchen. Im Dezember 1989 gab er den Startschuss zu einem kompromisslosen Best-Pratice-Feldzug, der dreitägige Workshops umfasste. Im Bemühen, von überall her die besten Ideen zu sammeln, beauftragte er einen seiner Business Development Manager damit, Unternehmen zu identifizieren, von denen GE lernen konnte. (Zu den Unternehmen, die Ende der 80er-Jahre auf dieser Liste standen, gehörten unter anderem Ford und Hewlett-Packard). Welch setzte sich – nicht zuletzt im Interesse einer Kultur des Lernens – vehement dafür ein, Best Practices im gesamten Unternehmen bekannt zu machen. Er liebte A-Ideen und hielt seine Mitarbeiter an, die besten Ideen zu kopieren, unabhängig davon, woher sie stammten.

Best Practices: Ein essenzielles Element lernender Organisationen

Welch scheute nie davor zurück, den vielen Firmen, deren Best Practices GE kopierte, dafür öffentlich Anerkennung zu zollen. Die Erfahrungen von IBM und Johnson & Johnson hatten, verkündete er, GE geholfen, in den chinesischen Markt vorzudringen. Motorola lobte er als den eigentlichen Six-Sigma-Pionier und Unternehmen wie Canon und Chrysler dankte er dafür, dass sie GE Strategien zur effizienten Produkteinführung gezeigt hätten. Best Practices zu identifizieren und sie unternehmensweit bekannt zu machen ist eine der fundamentalen Voraussetzungen einer lernenden Organisation.

Best-Practices: Lektionen für die Wissensverbreitung

1. **Die Best Practices-Idee geht davon aus, dass kein Unternehmen alle Antworten kennt:** Ironischerweise war es GE, wo das Schlagwort „NIH“ (Not Invented Here - „Stammt nicht von uns“) geprägt wurde. Mit Welch, der stets der Erste war, der zugab, nicht alle Antworten zu kennen, war das Ende von NIH gekommen.
2. **Beteiligen Sie alle:** Um sicherzustellen, dass alle Mitarbeiter in den Prozess der Entwicklung neuer Ideen und der Suche nach besseren Methoden mit einbezogen wurden, forderte Welch das gesamte Unternehmen auf, „jeden Kopf bei GE zu aktivieren und zu beteiligen“.
3. **Entwickeln Sie ein System zur Identifikation von Best Practices:** Bei GE wurde es zum Bestandteil der Unternehmenskultur, auch jenseits der Unternehmensgrenzen nach besseren Methoden zu suchen, wie sich etwas bewerkstelligen ließ. Im Laufe der Jahre adaptierte GE beispielsweise Best Practices von Unternehmen wie Sanyo, Toshiba, AMP, Xerox und Honda.

4. Bitten Sie „Konkurrenten“, Ihre Manager zu unterrichten: Welch lud andere CEOs, darunter auch Cisco-CEO John Chambers, ein, vor seinen Managern zu reden und sie in einen fruchtbaren Dialog einzubinden. So wurde etwa der ehemalige GE-Topmanager Larry Bossidy eingeladen, vor GE-Managern über Qualitätsprogramme zu referieren. Bossidy hatte auch großen Anteil daran, Welch von der Bedeutung des Six-Sigma-Qualitätsprogramms zu überzeugen.

Beteiligung

Für Welch war die Einbeziehung jedes Mitarbeiters einer der Grundsteine für den Aufbau einer lernenden Organisation. Er forderte seine Manager auf, „sich die Finger wund zu arbeiten, um jeden zu beteiligen“. Unternehmen sollen alle möglichen Methoden anwenden, damit sich jeder Beschäftigte mit Kopf und Herz engagiert. Bei GE feierte Welch Ideen, indem er sie sichtbar machte, veröffentlichte und online bekannt gab. Für Welch ging es darum, den Verstand jeder Person zu nutzen, denn: „Je mehr Leute beteiligt sind, desto besser ist der Intellekt, desto höher legt man die Messlatte“. Die intellektuelle Beteiligung aller beschleunigt das Wachstum des Unternehmens, sagt Welch.

σσσσσσ

Betriebssystem

Welch bezeichnet das Verfahren, über das GE Wissen und Ideenaustausch im ganzen Unternehmen vorantreibt, als Betriebssystem: „Es handelt sich um eine Reihe intensiver Lern-Sitzungen das ganze Jahr hindurch, bei denen sich Business-CEOs, Vorbilder und die Champions der Initiativen versammeln und ihr geistiges Kapital austauschen.“ Das Betriebssystem umfasst die mittlerweile berühmten unternehmensweiten Initiativen von GE (wie etwa Work-Out und Six Sigma), Meetings und Schulungen (Crotonville), die der Fortbildung und dem Informationsaustausch zu einem bestimmten Thema oder Programm dienen. Im Mittelpunkt des GE-Betriebssystems stehen die gemeinsamen Unternehmenswerte – Kundenzentrierung, Vertrauen, Einfachheit, Grenzenlosigkeit und die Offenheit gegenüber Veränderungen. Nach Angabe des Unternehmens wurde das Betriebssystem geschaffen, um „den Fluss von Ideen und Informationen zu kanalisieren und zu fokussieren". Das GE-Betriebssystem ist das wichtigste Instrument zur Verbreitung des Wandels in jedem Geschäfts- und Unternehmensbereich. So erlebte etwa die Globalisierungsinitiative mehr als ein Dutzend Durchläufe im Betriebssystem.

Betriebssystem: GE ist „kein Konglomerat"

In den 80er-Jahren zog man sich sofort den Unmut Welchs zu, wenn man GE als Konglomerat bezeichnete. Welch betrachtete diese Bezeichnung als ungerecht, da GE weit mehr war als eine Ansammlung unzusammenhängender Unternehmensbereiche. Das GE-Betriebssystem trug nicht nur dazu bei, GE auf drei Bereiche zu konzentrieren (Kernbereiche, Technologie und Service), sondern förderte auch eine einzigartige Kultur, in der Ideen in die „DNA" des Unternehmens integriert werden. Das Betriebssystem unterstützt GE bei seiner Entwicklung zu einem Unternehmen, das von seiner „integrierten Diversifikation" profitiert.

Die beiden Facetten des GE-Betriebssystems

Die Wissensvermittlung bei GE erfolgt hauptsächlich über zwei Wege: regelmäßige Besprechungen/Meetings und mitreißende, unternehmensweite Initiativen.

1. **Regelmäßig angesetzte Meetings und Besprechungen:** Welch nutzte beispielsweise die alljährlich im Januar stattfindende Versammlung in Boca Raton, um seine Vision für die E-Initiative, den vierten und letzten unter-

nehmensweiten Feldzug unter Welch, vor 600 Unternehmensführern aus aller Welt vorzustellen. (Welch initiierte die meisten wichtigen Bewegungen bei der alljährlichen Versammlung im Januar.) Darauf ließ der Chairman regelmäßige vierteljährliche Meetings folgen, bei denen die Fortschritte geprüft wurden. Andere Meetings, Kurse in Crotonville, Personalbesprechungen etc. zielen darauf, die Begeisterung für eine Schlüsselidee oder ein wichtiges Programm (z.B. Grenzenlosigkeit, Six Sigma) zu wahren.

2. **Unternehmensweite Initiativen:** In seiner Rolle als Sanierer nutzte Welch unternehmensweite Initiativen zur Verbreitung des Wandels und zur Erzeugung von Enthusiasmus, um so Einfluss auf die Unternehmenskultur zu nehmen. Globalisierung, Work-Out, Six Sigma und die E-Initiative wurden unternehmensweit gestartet und spielten eine wichtige Rolle bei der Umgestaltung von GE zu einem konkurrenzlosen globalen Wettbewerber.

Die Bedeutung des Betriebssystems

Welch ist sehr stolz, dass er neben der sozialen Architektur von GE ein System schuf, das den Wandel im gesamten Unternehmen verbreitet. Es ist eine der Stärken von Welch, dass er Veränderungen stets annimmt und weiß, dass der Wandel eine Konstante ist, die man nicht so einfach abhaken kann. Das Betriebssystem von GE bietet ein ideales Forum für den Austausch von Ideen und Informationen in allen Unternehmensbereichen von GE. Das Unternehmen hat seinem Betriebssystem die Förderung und Weiterentwicklung von GE´s „Lernmotor“ zu verdanken. Welch meint, dass mithilfe des Betriebssystems alle unternehmensweiten Initiativen bereits einen Monat nach ihrem Start umgesetzt wurden.

Die Verbindung von Belohnungen mit der GE-Architektur und dem Betriebssystem

Ein Grund für den Erfolg der unternehmensweiten Programme war, dass Welch Belohnungen mit den Resultaten verknüpfte, die seine Unternehmensführer erreicht hatten. So hingen beispielsweise 40 Prozent der Bonusleistungen für Führungskräfte von den Ergebnissen bei Six Sigma ab. Welch hat gelernt, dass man Mitarbeiter für genau die Resultate belohnen muss, die das Unternehmen wünscht.

Lektionen für den Aufbau eines Betriebssystems

1. **Ein Betriebssystem ist eine Organisationsmethode zur Verbreitung von Wissen im gesamten Unternehmen:** Welch sprach erst nach über zehn Jahren vom GE-Betriebssystem. Der Aufbau der Infrastruktur braucht Zeit und erfordert langfristiges Engagement.
2. **Beginnen Sie mit den Unternehmenswerten:** Für die Entwicklung eines effektiven Betriebssystems müssen die Mitarbeiter wissen, dass Lernen und Wissen bei Ihnen oberste Priorität genießen. Welch sprach bereits in den 80er-Jahren von GE-Werten, daher kannten die Mitarbeiter seine Vision für das Unternehmen. Die Werte wiesen auf das zukünftige Betriebssystem und die soziale Architektur von GE hin.
3. **Halten Sie regelmäßig Meetings ab:** Häufige Meetings und Bewertungen (Session-C-Konferenzen) sind zwei wichtige Bestandteile des Betriebssystems. Ermutigen Sie Manager, mit ihren Teams zu kommunizieren. Schließlich lautet eines der Ziele von Work-Out, den Dialog zwischen Managern und Mitarbeitern zu fördern.

4. **Fördern Sie das Lernen durch unternehmensweite Programme:** Welch besaß die Fähigkeit, umfassende Initiativen, die jeden Winkel des Unternehmens erreichten, zu entwickeln und umzusetzen. Diese Umsetzung war eine der wichtigsten Aufgaben des GE-Betriebssystems.
5. **Fortbildung als oberste Priorität:** In schlechten Zeiten werden oft zuerst die Mittel für die Mitarbeiterschulung gekürzt, doch das ist ein Fehler. Welch hätte zu Beginn seiner Amtszeit Crotonville schließen und damit Millionen einsparen können. Stattdessen investierte er in das berühmte Schulungsinstitut. Im Lauf der Jahre kam der Anstoß für viele Ideen und Strategien aus Crotonville.

Black Belts

Zentrale Führungskräfte in der Six-Sigma-Qualitätsrevolution. Black Belts führen Six-Sigma-Teams und sind verantwortlich für das Messen, Analysieren, Verbessern und Kontrollieren der Schlüsselprozesse. Black Belts sind Vollzeit-Qualitätsmitarbeiter, die nach einem Minimum von zwei durchgeführten Projekten ihre Zertifizierung erhalten.

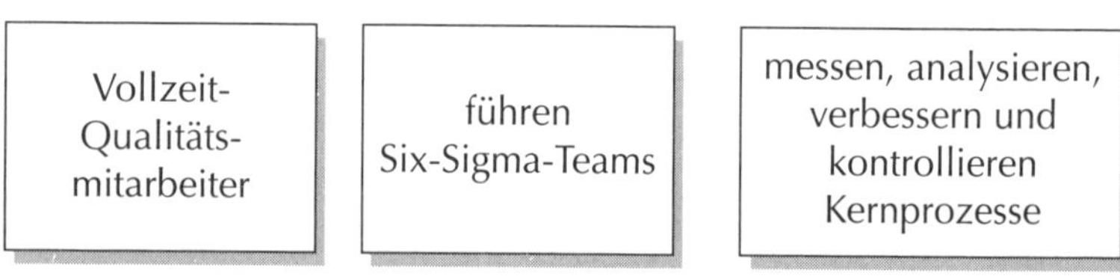

Blinder Gehorsam

Zitat Welch: „Wir streben die Antithese des blinden Gehorsams an." Bevor Jack Welch ans Ruder kam, waren die GE-Mitarbeiter kaum mehr als bloße Befehlsempfänger. Der Arbeitsablauf wurde vor den 80er-Jahren einzig und allein von Managern und Führungskräften bestimmt. Mit Work-Out und den anderen Initiativen, die darauf abzielten, das im Kopf jedes einzelnen Mitarbeiters schlummernde Wissen zu aktivieren, stellte Welch dieses alte Prinzip auf den Kopf. Wie überflüssige Bürokratieebenen war „blinder Gehorsam“ ein Konzept der Vergangenheit. Welch hatte nichts übrig für Konzepte oder Prinzipien, die das Lernen behinderten. Unbeirrt suchte er nach Mitarbeitern und Managern, die eine Kultur des Lernens förderten. In Welchs GE war kein Platz für Leute, die nur blindlings der Masse hinterherrannten.

Blue Books

1951 beauftragte der damalige GE-CEO Ralph Cordiner ein Team von Führungskräften, Beratern und Professoren (darunter auch der Managementguru Peter Drucker), eine Anleitung zur Verbesserung des GE-Managements zu erstellen. Nachdem die Experten GE und 50 weitere Unternehmen unter die Lupe genommen und zahllose Untersuchungen durchgeführt hatte, verfassten sie die so genannten „Blue Books“. Die 1953 vorgelegten Blue Books umfassten 50 umfangreiche Bände mit zusammen 3500 Seiten. Ihr Anliegen war, das „menschliche Element“ im Entscheidungsprozess zu minimieren, und sie enthielten hunderte von Theorien und Rezepten, die den GE-Managern helfen sollten, mit jeder unternehmerischen Situation umzugehen.

Die Worte und Ideen der Blue Books diktierten die Prozesse, Prozeduren und Hierarchieregeln des Unternehmens. Für Welch war der Gedanke, sich auf Bücher statt auf den eigenen Kopf zu verlassen, ein Gräuel. Er schrieb die GE-Methoden um und ersetzte die Prinzipien des strikt wissenschaftlichen Managements und des Taylorismus (die das Kommando/Kontroll-Modell favorisierten) durch stärker partizipatorisch ausgerichtete Managementmodelle (siehe auch *Wissenschaftliches Management*). Seine lernende Organisation basierte auf der Annahme, dass nicht vorgefertigte Rezepte und 1000 Seiten dicke Bücher Organisationen wachsen und gedeihen lassen, sondern die Kreativität und die Ideen selbstständig denkender Menschen.

Bonusse

Dem GE-CEO war klar, wie wichtig es ist, Entlohnung und Bonusse mit den Kernzielen des Unternehmens zu verknüpfen. „Man kann eine ‚lernende Organisation' predigen, aber die für die Umsetzung entscheidenden Elemente sind entsprechende Entlohnungssysteme und die Anerkennung durch das Management." Auch um den Erfolg des Six-Sigma-Programms sicherzustellen, setzte Welch auf Bonusse. Er machte 40 Prozent der Bonuszahlungen für Führungskräfte von den tatsächlich mit Six Sigma erzielten Verbesserungen abhängig und sorgte so dafür, dass seine wichtigste Initiative ganz oben auf der Prioritätenliste der Führungskräfte stand. Außerdem erhöhte Welch die Zahl der Mitarbeiter, die vom GE-Aktienoptionsprogramm profitierten. Unter Welch kamen über 30.000 GE-Mitarbeiter in den Genuss des Programms, das zuvor nur der obersten Managementebene vorbehalten war.

Boss-Element

Eines der vielen Elemente der alten Kommando/Kontroll-Struktur, die Welch auszumerzen versuchte. Wenn GE Erfolg haben wollte, dann brauchte es „Ideen", nicht rigide Hierarchien. Die Software-Phase bei GE zielte explizit darauf ab, die Mitarbeiter zu „befreien" und ihnen die Chance zu geben, ihren Bossen zu sagen, wie die Arbeit ihrer Meinung nach gemacht werden sollte. Welch hat nicht nur einmal betont, dass autokratische Manager, die ihre Mitarbeiter einschüchterten, nichts bei GE verloren hatten, auch dann nicht, wenn sie die finanziellen Vorgaben erfüllten. Diese Art Manager entsprach schlicht nicht der GE-Vision einer Führungskraft. Welchs idealer Manager musste die „vier *E*s" besitzen: enorme Energie, die Fähigkeit, andere zu begeistern, sich dem Wettbewerb zu stellen und schnell zu handeln, und Ergebnisse zu liefern.

Die Bedeutung von Work-Out für die Ausmerzung des Boss-Elements

Work-Out spielte eine entscheidende Rolle in Welchs Kampf gegen das Boss-Element. Jahrzehntelang wurde GE wie die meisten anderen Unternehmen geführt. Die Bosse hatten das Sagen und die Truppen gehorchten oder bekamen die Knute zu spüren. Work-Out stellte mit dem Empowerment der Mitarbeiter, die jetzt mit darüber bestimmen konnten, wie gearbeitet wurde, die alte Hierarchie auf den Kopf. Die Institutionalisierung des Prozesses stärkte den Glauben der Mitarbeiter daran, dass die Dinge sich verbessern würden. Indem Welch dafür sorgte, dass die Manager den Leuten zuhörten, die am unmittelbarsten mit den Arbeitsabläufen befasst waren, trug er entscheidend mit dazu bei, eine Kultur auszumerzen, in der Bosse mit autokratischen Mitteln führten.

Lektionen: So beseitigen Sie das Boss-Element

1. **Tolerieren Sie keine Manager, die durch Einschüchterung führen:** Viele große Unternehmen fördern falsche Verhaltensweisen, weil sie Mitarbeiter und Manager behalten, die nicht nach den Unternehmenswerten leben – für Welch eine der schlimmsten Sünden überhaupt. Wer das Boss-Element wirklich ausmerzen will, dem bleibt keine andere Wahl, als die „Tyrannen“ und „großen Tiere“ loszuwerden.
2. **Vereinfachen Sie Praktiken und Prozesse:** Mit der Vereinfachung der Praktiken in Ihrer Organisation beschleunigen Sie nicht nur die Arbeitsabläufe, Sie senden Ihren Mitarbeitern auch eine klare Botschaft. Vereinfachen Sie die internen Genehmigungsverfahren und misten Sie den Formularwust aus, der Ihre Organisation schon so lange bremst.

3. Stellen Sie „As“ und „Es“ ein: Welch wurde nie müde zu erklären, welche Art von Führungskräften seiner Meinung nach eine Kultur der Grenzenlosigkeit förderten: die, wie er sie nannte, „A“-Manager. Für ihn waren das Manager, die Visionen entwerfen und ihre Mitarbeiter dazu motivieren können, diese Visionen Realität werden zu lassen, also Manager, die die „vier Es“ besitzen.

Buckets

Ein Begriff, den Welch benutzte, wenn die Sprache auf den Einfluss des Internets auf GE kam. Um die volle Bedeutung seiner E-Initiative zu begreifen, forderte er seine Manager auf, die folgenden drei „Buckets“ (Bereiche) zu betrachten:

1. **Beschaffung,** für die die täglichen Online-Auktionen mit Lieferanten auf der ganzen Welt heute eine vitale Rolle spielen.
2. **Produktivität,** die durch das internetfähige Unternehmen dramatisch gesteigert wird.
3. **Der Kunde,** der eigentliche Nutznießer der E-Initiative. Dank Internet konnte GE seine Kunden-Reaktionszeit verkürzen und seiner wichtigsten Interessengruppe – den Kunden – schneller und mehr Informationen zur Verfügung stellen.

Budget

Jack Welch hasst Budgets und sähe es am liebsten, wenn sie nie erfunden worden wären. „Budgets sind das Gift, das das amerikanische Unternehmertum lähmt“, erklärte er. Anstelle von Budgets plädierte Welch für so genannte „Stretch“-Ziele, Ziele und Vorgaben also, die an das Unerreichbare grenzten. Lieber das Unmögliche versuchen und ihm nahe kommen, als einfach ein weiteres bescheidenes Budget erfüllen. Budgets, sagte Welch, bringen das Schlechteste in den Menschen zum Vorschein, und er nannte sie eine „Übung in Minimierung“, da sie den Leuten keinen Anreiz lieferten, das Mittelmaß übertreffen zu wollen. *Stretch* wurde zu einem weiteren für Welch charakteristischen Konzept, für dessen Entstehung Welchs Verachtung für Budgets mit verantwortlich war.

Budgets und Welchs Stretch-Strategie

Anfang der 90er-Jahre sprach Welch davon, wie wichtig es sei, nach den Sternen zu greifen. Er sei, erklärte er, „gelangweilt“ von Dezimalstellen und drängte seine Manager, mehr als nur inkrementelle Budgetsteigerungen anzustreben. Wer sich so verhält, argumentierte Welch, begnügte sich mit dem Mittelmaß, statt herauszufinden, wozu das Unternehmen wirklich in der Lage ist. Statt sich auf Budgets und willkürliche finanzielle Kennzahlen zu konzentrieren, zog Welch es vor, über seine Schlüsselinitiativen oder andere „weiche“ Themen wie die GE-Werte zu sprechen, die ihn in seiner Arbeit inspirierten.

Budget-Lektionen

1. **Geben Sie sich nicht mit dem Mittelmaß zufrieden:** Welchs Abneigung gegen Budgets rührte daher, dass sie die Mitarbeiter lediglich auffordern, ein wenig besser zu sein. Viel wichtiger war dem GE-Chairman, nach dessen Überzeugung Stretch-Ziele weitaus stärker als traditionelle Budgets eine grenzenlose Leistung fördern, die Frage „Wie gut kannst du sein?“.
2. **Formulieren Sie gemeinsam mit anderen Managern Stretch-Ziele für die Organisation und übertragen Sie diese dann auf die Ebene von Einheiten oder Segmenten:** In einer Kultur, die von Engagement und Lernwillen geprägt ist, muss sich jeder mit dafür verantwortlich fühlen, nach dem Unerreichbaren zu greifen. Stellen Sie sicher, dass alle Unternehmensbereiche und -ebenen hinter dem Konzept stehen.

3. **Bleiben Sie nicht in den Fallstricken des Budgetierungsprozesses hängen:** Für Welch lief der Budgetierungsprozess auf eine „Übung in Minimalisierung" hinaus – verbunden mit der Gefahr, die gesamte Organisation zu vereinnahmen. Seiner Meinung nach gibt es Dinge, auf die zu konzentrieren für ein Unternehmen weitaus wichtiger ist, beispielsweise die Förderung neuer Ideen, die Qualitätsverbesserung, die Suche nach und Umsetzung von Best Practices und so weiter.

σσσσσσ

Bürokratie

Der Feind der Produktivität. Welch forderte seine Mitarbeiter auf, die Bürokratie mit allen Mitteln zu bekämpfen. Der GE-CEO selbst führte mit Initiativen wie Grenzenlosigkeit und Work-Out einen zwei Jahrzehnte währenden Krieg gegen die Bürokratie. Der GE-Wertekatalog nennt explizit die Intoleranz gegenüber Bürokratie (ein Wert, der die Liste viele Jahre anführte) und betont die Notwendigkeit, eine Organisation auf Vertrauen, Begeisterung und Informalität aufzubauen. Welch erkannte die negativen Folgen der Bürokratie und wusste, dass der Versuch, GE in einen wirklich globalen Wettbewerber umzubauen, fehlschlagen musste, wenn es ihm nicht gelang, wenigstens die schlimmsten Auswüchse des Bürokratismus innerhalb der Organisation auszumerzen.

Die Ursprünge der Bürokratie bei GE

Alle große Organisation weisen ein gewisses Maß an Bürokratie auf. Das ist schon in der Organisationsform angelegt, die in weiten Teilen von Alfred P. Sloan geprägt wurde, der 1923 sein Amt als Präsident und CEO von General Motors antrat. Angesichts des wild wuchernden Unternehmens, das dringend einer Organisation benötigte, erkannte der GM-CEO die dringende Notwendigkeit einer kohärenten und vereinheitlichenden Ordnung, und es war Sloan, der GMs lose verbundene, weit reichende Abteilungen zu einer kohärenten Organisation zusammenfasste.

In seinen gefeierten Memoiren *Meine Jahre mit General Motors* erklärte Sloan zu diesem Thema Folgendes: „Ich gelangte zu der Überzeugung, dass das Unternehmen ohne eine bessere Organisation nicht weiter wachsen und überleben konnte, und es war unverkennbar, dass niemand dem Thema die ihm gebührende Aufmerksamkeit widmete.“ Sloan widmete dem Thema die ihm gebührende Aufmerksamkeit und half mit, das noch heute gültige Modell der modernen Organisationsform zu entwickeln. Doch so prächtig Sloans Organisationsmodell über viele Jahre hinweg funktionierte, mit der zunehmenden Globalisierung und den steigenden Anforderungen in den 80er-Jahren fing es an, an seine Grenzen zu stoßen.

Sloan und Welch: „Bürokraten“ ihrer Tage

Will man ein vollständiges Bild von Welchs Nemesis (der Bürokratie) zeichnen, ist es hilfreich, die beiden CEOs und die Umstände, unter denen sie arbeiteten, einander gegenüberzustellen. Wenn man so will, dann war Sloan einer der Geburtshelfer der modernen Organisationsform, Welch dagegen einer ihrer Totengräber. In Sloans Modell ist die Kommandozentrale (das Hauptquartier) der Ort, an dem gedacht wird und Wettbewerbsvorteile erzeugt werden.

Gleichzeitig jedoch behinderte das Modell die Unternehmen, da es den näher an den tatsächlichen Arbeitsabläufen – und den Kunden – stehenden Einheiten nicht erlaubte, für sich selbst zu denken. Schließlich gab es in der Zentrale jetzt Manager, die die Entscheidungen für die Arbeiter treffen konnten. Sloan hatte mit seiner bahnbrechenden Schöpfung zwar mit dazu beigetragen, eine effiziente Finanz- und Führungskontrolle zu etablieren, doch spätestens nach einem halben Jahrhundert zeigte sich, welchen Preis das auf einer strengen Hierarchie basierende Modell gefordert hatte. In der sich immer schneller verändernden wirtschaftlichen Umwelt lähmte Sloans Organisationsmodell Kreativität und Innovation. Welch erkannte das und sagte den Auswüchsen der Bürokratie den Kampf an, als er 1981 zum GE-CEO ernannt wurde.

Welchs Krieg gegen die Bürokratie

Welch brauchte nicht lange, um den Feind beim Namen zu nennen. Genau genommen kannte er ihn schon lange bevor er an die Spitze von GE aufstieg. Als er bei GE anfing, arbeitete er in einer quasi bürokratiefreien Umgebung, die mehr an einen Familienbetrieb und weniger an einen Konzern erinnerte. Nachdem er fast das Handtuch geschmissen hätte, weil er der Ansicht war, mehr als die üblichen 1000 Dollar Lohnerhöhung verdient zu haben (seiner Meinung nach hatte er mehr als seine Kollegen geleistet und deshalb auch mehr verdient), übertrug man ihm eine seinem Geschmack entsprechende Aufgabe: „Er [sein Boss] gab mir ein Projekt, dessen einziger Mitarbeiter ich selbst war. Ich konnte mich König nennen, Imperator oder was auch immer mir einfiel. Dann stellte ich einen Techniker ein und aus diesen Anfängen heraus bauten wir das Kunststoffgeschäft auf."

Für Welch stellte jene „Glanzzeit" in der GE-Kunststoffabteilung ein Führungsideal dar und er verbrachte Jahre mit dem Versuch, dieselbe Begeisterungsfähigkeit auf die gesamte GE-Organisation zu übertragen.

1968 wurde der damals 33-jährige Welch zum jüngsten General Manager in der Geschichte von GE ernannt. Auf seinem Weg die Hierarchieleiter hinauf begegnete er all den Dingen, die ihm an großen Unternehmen verhasst waren: Papierkrieg, überflüssige Managementebenen, Ausschuss, langsame Entscheidungsprozesse und so weiter. Als er im Chefsessel Platz nahm, hatte er die besten und die schlechtesten Seiten von GE kennen gelernt – und war entschlossen, die Ersteren zu fördern und die Letzteren auszumerzen. Ein Unternehmen, so war er seit jeher überzeugt, sollte auf Begeisterung, Leidenschaft und neuen Ideen basieren, nicht auf Bürokratie, Machtkämpfen und langsamen Entscheidungsprozessen.

Den Kampf gegen die Bürokratie vom Büro des Chairman aus führen

Von 1981 ab führte Welch mit seinen Programmen und Initiativen einen Feldzug gegen die tief verwurzelte GE-Bürokratie, ein Feldzug, von dem er wusste, dass er bis in alle Ewigkeit weitergeführt werden musste. Noch in seinen letzten Monaten als GE-CEO betonte er die Notwendigkeit, die Organisation von diesem krebsartig wuchernden Geschwür zu befreien. Er ging sogar so weit, die Bürokratie als den „Drakula des institutionellen Verhaltens" zu bezeichnen, womit er meinte, dass der Bürokratismus, egal wie oft man ihn umbrachte, immer wieder von den Toten auferstand.

In den späten 90er-Jahren, als GE vollauf mit Six Sigma beschäftigt war, sprach Welch von der Bedeutung, Work-Out nochmals und auf einer breiteren Ebene umzusetzen. Dahinter stand seine beständige Angst, dass der Bürokratismus sich langsam, aber sicher wieder in der Organisation ausbreitete. Die einzige Methode, eine große Organisation vor Bürokratismus und Mauern und Hierarchien zu bewahren, erklärte er einmal gegenüber einem jungen Arbeiter, bestehe darin, „eine Handgranate zu nehmen und das Ganze in die Luft zu sprengen" (ein Rezept, das er natürlich nicht wörtlich, sondern nur bildlich meinte).

Lektionen für den Kampf gegen die Bürokratie

1. **Sorgen Sie dafür, dass jeder den Feind kennt:** Welch ließ jeden wissen, dass der Bürokratismus der Tod des Unternehmens war, und er sorgte dafür, dass diese Botschaft von jedem Mitarbeiter gehört und verstanden wurde. Nachdem das gesamte Unternehmen mobilisiert worden war, war GE in der Lage, seine vielschichtige Bürokratie abzubauen.

2. **Nutzen Sie das Prinzip des Work-Out, um einen konstruktiven Dialog in Gang zu bringen:** Work-Out, Welchs Generalprogramm zur Eliminierung überflüssiger Arbeit, war der Garant dafür, dass die Manager ihren Mitarbeitern zuhörten. Darüber hinaus erzeugte es Vertrauen und setzte die Ideen frei, die in den Köpfen der Leute brachlagen, die die tatsächliche Arbeit machten. Work-Out-Sitzungen müssen nicht mehrere Tage dauern. Schon ein halber Tag, den Mitarbeiter und Manager zusammensitzen und reden, kann Erfolge bringen, und zwar insbesondere dann, wenn die Mitarbeiter wissen, dass dies ihre Chance ist, ihren Vorgesetzten zu sagen, wie man die Dinge besser machen könnte.
3. **Vergessen Sie nicht, dass selbst die besten Organisationen ein gewisses Maß an Bürokratie haben:** Ende der 90er-Jahre, lange nach Abschluss der Software-Phase, gestand Welch ein, dass seine unter Hochspannung stehende Organisation (selbst nach dem Start der Six-Sigma-Initiative) immer noch anfällig für den Bürokratismus war. Um den Papierkrieg unter Kontrolle zu halten, wiederholen Sie Punkt 2 in regelmäßigen Abständen (zum Beispiel viertel- oder halbjährlich).

σσσσσσ

„Business is simple" – die Kunst des Managements

Laut Welch besteht die Kunst, ein Unternehmen erfolgreich zu führen, darin, sich „der Realität zu stellen". Über die Jahre hinweg wiederholte Welch sein Mantra „Business is simple" und forderte seine Manager auf, die Dinge so zu sehen, wie sie sind, nicht so, wie sie sie gerne hätten. Das war eine der fundamentalen Lehren seiner Führungsphilosophie. Außerdem verlangte er von seinen Managern, sich offen zu äußern und die Kraft des Wandels einzusetzen (das heißt, sie als Chance und nicht als Bedrohung zu betrachten).

Die Ursprünge von Welchs Realität

Welch sagte, er habe von seiner Mutter gelernt, die Dinge so zu sehen, wie sie sind, und nicht, wie er sie gerne hätte. Sie lehrte ihn, sich nicht selbst „hinters Licht zu führen“, eine Lektion, die der GE-Chairman niemals vergessen sollte. So selbstverständlich das klingt, Anfang der 80er-Jahre weigerten sich die meisten Manager, sich der Realität zu stellen. Trotz der schlechten Rahmenbedingungen sahen viele Unternehmensführer keine Notwendigkeit für eine neue Organisationsform oder ein neues Managementmodell. Welch war es, der die drängende Notwendigkeit für neue Wege und Modelle erkannte, eine Einsicht, die mit dafür verantwortlich war, dass das *Fortune*-Magazin ihn im November 1999 zum „Manager des Jahrhunderts“ ernannte.

Lektionen in der Kunst des Managements

Eine von Welchs Stärken bestand in seiner Fähigkeit, sich der Realität zu stellen und dann entsprechende Maßnahmen zu ergreifen. In der Geschäftswelt ist kein Platz für Traumtänzer.

Auch nach den tief greifenden und schmerzhaften Kostensenkungs- und Umstrukturierungsprogrammen der frühen achtziger Jahre hörte Welch nicht auf, GE ständig neu zu „erfinden“. Machen Sie Ihren Mitarbeitern klar, dass der Wandel niemals vorbei ist. Nur so werden sie lernen, mit dem Wandel zu leben, und Veränderungen als Chance begreifen, eine bessere Organisation zu gestalten.

Welch verankerte die quartalsmäßigen Treffen mit seinen Senior-Managern in der GE-Kultur und ermutigte zum unternehmensweiten Lernen und Training. Dadurch, dass er informelle und häufige Treffen zu einem zentralen Bestandteil der GE-Kultur machte, schuf er ein Forum, das dem Unternehmen half, sich den zahlreichen „Realitäten“ zu stellen, mit denen es konfrontiert wurde.

C

Champions

Die auch „Sponsoren“ genannten Champions sind eine weitere Schlüsselgruppe der Six-Sigma-Revolution. Champions sind Senior-Führungskräfte, die die Verantwortung für die Definition von Six-Sigma-Projekten tragen. Zu ihren Pflichten zählen die Definition und Steuerung von Six-Sigma-Projekten, das Coaching, die Beschaffung von Ressourcen, die Lösung von Problemen und die Umsetzung von Prozessverbesserungsmaßnahmen in ihren jeweiligen Geschäfts- beziehungsweise Managementbereichen.

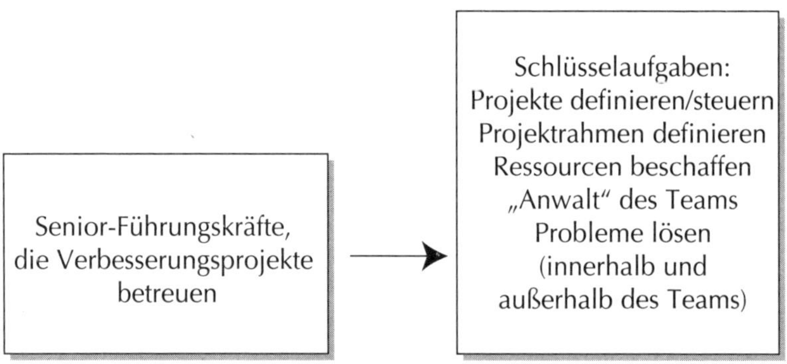

„Champions“/„Sponsoren“

Change Acceleration Program (CAP, Anpassung durch raschen Wandel)

Die dritte Phase von Work-Out. Anfang der 90er-Jahre, nach der Umsetzung des Work-Out-Programms, erkannte Welch, dass GE ein Team von speziellen Change Agents benötigte, die den Wandel vor Ort beschleunigten. Es reichte nicht, dass die Manager einfach ihre Abteilungen leiteten, sie mussten auch als Speerspitzen seiner Change-Initiativen agieren. Von den leitenden Führungskräften abwärts lernten die GE-Manager, wie sie die Veränderungen effektiv propagieren konnten, die Welchs Meinung nach erforderlich waren, um GE in ein schlankes und agiles Unternehmen zu verwandeln. Das Ziel von CAP bestand darin, Manager mit den Werkzeugen und den Informationen auszurüsten, die sie benötigten, um den unternehmensweiten Wandel antreiben und realisieren zu können.

Clausewitz, Karl von (1781 – 1831):

Welchs strategisches Denken wurde entscheidend von den Strategien des preußischen Generals und Militärtheoretikers Clausewitz geprägt. Clausewitz' Schriften, darunter sein Hauptwerk *Vom Kriege,* die nach seinem Tod von seiner Witwe bearbeitet und veröffentlicht wurden, machten ihn zum Begründer der modernen Kriegslehre. Welch zitierte häufig aus Clausewitz' Werk, der in seinen Ausführungen über Strategie und Kriegsführung unter anderem darlegte, warum ein Feldherr nicht den Fehler begehen darf, einen vollständigen Schlachtplan zu entwerfen und diesem dann blindlings zu folgen: „Man kann Strategie nicht auf eine Formel reduzieren. Aufgrund der unvermeidlich auftretenden Friktionen muss detailliertes Planen fehlschlagen", schrieb Clausewitz. „Eine Strategie ist kein weitschweifiger Handlungsplan, sondern vielmehr die Entwicklung einer Grundidee vor dem Hintergrund sich ständig verändernder Umstände." Welchs strategisches Denken entsprach dem des preußischen Generals und entsprechend den sich verändernden Umständen und der sich wandelnden Wettbewerbslage erfand er GE über die Jahre hinweg immer wieder neu.

Wie Welch Clausewitz auf GE übertrug

Natürlich plante der GE-Chairmam auch auf lange Sicht (beispielsweise beim Aufbau von langfristig überlebensfähigen Geschäftsbereichen), bei der Umsetzung seiner Strategien und Initiativen jedoch folgte er Clausewitz' Doktrin. In Welchs strategischem Denken vollzog sich eine Entwicklung, und jede größere Initiative basierte auf der vorangegangenen. Indem er den „Krieg" gegen die Bürokratie und die alten Verhaltensweisen Schritt für Schritt führte, errichtete Welch ein solides Fundament, auf dem er später die viel gerühmte lernende Organisation von General Electric aufbaute. Statt an allen Fronten gleichzeitig anzugreifen, schlug er eine „Schlacht" und wartete, wie die „unvermeidlichen Friktionen" sich auswirkten. Betrachtet man die Entwicklung der GE-Unternehmenskultur während seiner Amtszeit, wendete Welch eine Art Trittleiter-Strategie an. Work-Out schuf die Grundlage für Best Practices, die wiederum das Fundament für Prozessverbesserungen bildeten und so weiter und so fort.

Lektionen von Clausewitz

1. **Strategie lässt sich nicht auf eine einzige Formel reduzieren:** Clausewitz wusste, dass sich kein Krieg mit einem einzigen Rezept gewinnen ließ. Je nach den sich verändernden Umständen musste ein Feldherr seine Strategie nach Beginn der Schlacht anpassen. Dasselbe gilt für Unternehmen: Wenn die Umstände sich verändern, muss ein Unternehmensführer sich und seine Strategie auf die neuen Bedingungen (wirtschaftlich, technologisch, konkurrenzmäßig und so weiter) einstellen.
2. **Machen Sie niemals den Fehler, blindlings einem langfristigen Plan zu folgen:** Nur ein Narr, erklärte Clausewitz, folgt auf dem Schlachtfeld blindlings einem vorab ausgearbeiteten Plan: „Eine Strategie ist kein weitschweifiger Handlungsplan." Welch wusste, dass er als Führer anpassungsfähig sein und seine Strategie an den jeweiligen Bedingungen ausrichten musste.

3. **Gehen Sie nicht davon aus, dass Sie Welchs Strategien einfach so auf Ihre Organisation übertragen können:** Kaum jemand zieht Welchs Verdienste in Zweifel – aber blind jeden seiner Schritte zu kopieren funktioniert nicht. Wie gesagt, Welch nahm den Umbau von GE Schritt für Schritt, Initiative für Initiative in Angriff. Sein Erfolg beruhte darauf, dass er „eine zentrale Idee vor dem Hintergrund sich ständig verändernder Umstände weiterentwickelte". Ihr Unternehmen ist nicht GE, und die „unvermeidlichen Friktionen" in Ihrer Organisation werden je nach den sich verändernden Umständen andere sein. Welch brauchte viele Jahre, um die GE-Unternehmenskultur zu transformieren und den Konzern auf seine unternehmensweiten Initiativen vorzubereiten.

Cleverness

Welch sagt, die besten Leute seien jene, die die „cleversten Leute anheuern". Er gab immer zu, dass er selbst keine einzige Schlüsseltätigkeit bei GE beherrsche (zum Beispiel einen Flugzeugmotor bauen), aber er könne die richtigen Leute anwerben. Die „Mitarbeiterentwicklung" bezeichnete er als Kernkompetenz von GE. Er erklärte, solange das Unternehmen über großartige Leute verfüge, sei alles möglich und ein guter Mitarbeiter sei so viel wert wie fünf schwächere: „Wann immer Sie jemanden einstellen, der nicht besser ist als Sie selbst, haben Sie eine Chance vertan, denn wenn Sie schon alle Antworten kennen, braucht man ja niemand anders mehr einzustellen." Zum Vermächtnis von Welch gehört auch, GE in eines der besten Trainingscamps für Spitzenmanager auf der Welt verwandelt zu haben. Andere Topmanager mochten die Aufmerksamkeit der Medien besser auf sich ziehen, aber keinem Unternehmen gelang es so gut wie GE, die zukünftigen Führer der Fortune 500-Firmen hervorzubringen.

Corporate Executive Council (CEC)

Der Corporate Executive Council wurde 1986 als Forum gegründet, auf dem die GE-Topmanager im informellen Rahmen über wichtige Themen diskutieren können. Jedes Quartal versammeln sich die Leiter der GE-Geschäftsbereiche und sprechen über Ziele und Zahlen, Pläne und Probleme. Für Welch bestand eines der Hauptanliegen dieser Treffen darin, die Messlatte höher zu legen. Nach dem Board stellt der Corporate Executive Council die ranghöchste Versammlung von GE-Führungskräften dar. Der kurz vor Quartalsende zusammentretende CEC war, wie er selbst erklärte, Welchs wichtigstes Mittel, neue Ideen und Best Practices GE-weit bekannt zu machen: „Wir fragen die Teilnehmer nach ihren besten Ideen und nach der besten Idee der letzten drei Monate." Anfangs traf sich der CEC in der Unternehmenszentrale in Fairfield, Connecticut. Da Welch jedoch der Meinung war, dass ein so wichtiges Gremium nach Crotonville gehörte, wurde der CEC Anfang der 90er-Jahre in das GE-Führungsinstitut verlegt.

CEC: Informalität steht an erster Stelle

Auch im Hinblick auf den CEC achtete Welch darauf, dass er „seinen Worten Taten folgen" ließ, und sorgte für dasselbe Maß an Informalität, für das er auch in anderen Unternehmensbereichen eintrat. Bei den Zusammenkünften gab es weder eine detaillierte Tagesordnung noch einen fixen Zeitplan. Das entsprach nicht nur Welchs Vorliebe für informelle Treffen, bei denen sich jeder zu jedem Thema zu Wort melden kann, sondern war auch kennzeichnend für eine weitere Eigenschaft des GE-Chairmans: Konsistenz. Während seiner gesamten Amtszeit bewies er immer wieder, dass er nach denselben Werten lebte, die zu erfüllen er auch von anderen erwartete. Welch meinte einmal, dass der Teil der GE-Geschichte, der noch nicht geschrieben ist, die Überschrift „Informalität" tragen müsste; indem er bei Treffen mit seinen Managern nicht auf rigiden Tagesordnungen bestand, unterstrich er einmal mehr, dass er sich an seine eigenen Werte hielt.

CEC-Lektionen

1. **Setzen Sie sich mit Ihren Managern regelmäßig an einen Tisch:** Der CEC entwickelte sich zu einem wichtigen Instrument der Informations- und Wissensvermittlung auf der höchsten Unternehmensebene. Welch nutzte den Council als Diskussionsplattform für die unterschiedlichsten Themen, angefangen von neuen Ideen über Akquisitionen bis hin zu Fortschritten bei den neuesten Initiativen und so weiter. Gleichzeitig halfen ihm die Treffen, stets über die aktuellen Entwicklungen und Trends in den einzelnen GE-Geschäftsbereichen im Bilde zu sein.
2. **Geben Sie keine feste, nach Minuten unterteilte Tagesordnung vor:** Viele Manager neigen dazu, Treffen nach detaillierten Tagesordnungen zu gestalten, die jedes Thema und Unterthema festlegen. Widerstehen stehen Sie diesem Drang und begnügen Sie sich damit, ein paar grob skizzierte Ideen vorzugeben. Welch, der selbst die wichtigsten Geschäftstreffen informell gestaltete, sagte einmal, dass man dazu ein großes Selbstvertrauen besitzen muss.
3. **Sorgen Sie für ein angenehmes Umfeld außerhalb der Reichweite von E-Mail und Telefonen:** Dass die CEC-Meetings in Crotonville, bei denen die besten und intelligentesten Köpfe von GE zusammenkamen, so produktiv waren, lag auch daran, dass Welch für ein störungsfreies Umfeld sorgte. Welch wollte aus jedem dieser Treffen das Maximum herausholen und das erreichte er, indem er für ein entspanntes Zusammensein in einer den offenen Meinungsaustausch begünstigenden Umgebung sorgte. Berufen Sie wichtige Meetings außerhalb des normalen Arbeitsumfeldes ein, vorzugsweise an einem Ort, der eine entspannte Atmosphäre fördert.

Critical to Quality (CTQ)

Alles, was der Kunde verlangt, ist qualitätskritisch (CTQ, Critical to Quality). Bei diesen auch „Schlüsselergebnisse", „Akzeptanzgrenzen" oder „*Y*s" des Prozesses genannten Anforderungen handelt es sich um alles, was sich direkt auf die vom Kunden wahrgenommene Qualität eines Produkts oder Prozesses auswirkt. Welch sagte, dass alles, was für den Kunden „kritisch" ist, auch für GE kritisch ist. 1999 sprach er von einer „neuen, großen Idee", nämlich, dass GE eine „Außen-innen-Perspektive" übernehmen, das heißt, alles bei GE durch die Augen der Kunden sehen müsse.

σσσσσσ

Crotonville

Crotonville ist die berühmte GE-Führungsakademie in Croton-on-Hudson im Bundesstaat New York, die sich im Hudson Valley über einen zwei Hektar großen Campus erstreckt. Welch nannte Crotonville den „Kitt", der das Unternehmen inmitten der zahlreichen Change-Initiativen zusammenhielt. „Unsere Führungsakademie", erklärte Welch einmal, „ist ein Forum für den Austausch von Erfahrungen, Erwartungen und – oftmals – auch Enttäuschungen der zahllosen GE-Führungskräfte, die auf diesem Campus studiert haben." Das *Fortune*-Magazine nannte die Einrichtung gar das „Harvard der amerikanischen Industrie", und in der Tat entwickelte sich Crotonville unter Welch zu einer Unternehmensuniversität. Diesem Vorbild suchten später überall auf der Welt Unternehmen nachzueifern.

Die Geschichte von Crotonville

Die 1956 vom damaligen GE-CEO Ralph Cordiner gegründete Führungsakademie war Schauplatz vieler für die Entwicklung von GE ausschlaggebender Ereignisse. So verkündete Welch 1981, einige Monate vor seiner Ernennung zum

Chairman: „Ich will eine Revolution in Gang bringen. Und ich will diese Revolution in Crotonville beginnen.“ Welch kam oft in die „Grube“ („Pit“, das zentrale Auditorium), um vor GE-Managern zu reden, und er legte großen Wert darauf, Crotonville, das eher an einen Collegecampus als an das Ausbildungszentrum eines Konzerns erinnert, zweimal monatlich zu besuchen und Zeit mit jeder neuen Managerklasse zu verbringen. Schenkt man der Legende Glauben, dann hat Welch in einem Zeitraum von über 15 Jahren nicht eine einzige Crotonville-Sitzung verpasst. „Ich bin“, sagte der GE-Chef, „jeden Tag hier oder draußen in einer Fabrik. Warum? Weil ich die Leute riechen, fühlen, berühren und herausfordern will.“ Crotonville, heißt es bei GE, „dient als ein gemeinsamer Referenzrahmen“, über den Best Practices unternehmensweit verbreitet werden. Tausende von Mitarbeitern, vom neu eingestellten College-Absolventen an aufwärts, kommen jedes Jahr nach Crotonville, um den GE-Weg kennen zu lernen.

Die Bedeutung von Crotonville

Crotonville war in mehrfacher Hinsicht das Nervenzentrum der zahlreichen Revolutionen, die GE unter Jack Welch erlebte. So war es beispielsweise eine Sitzung in der „Grube“, auf der 1988 der Startschuss für Work-Out fiel. In der Anfangszeit, als es GE nicht sonderlich gut ging, hätte Welch ihm Rahmen des Downsizing Crotonville schließen können. Statt die Führungsakademie jedoch als unnötigen Luxus zu betrachten, war er von der Bedeutung des Managementtrainings für die Zukunft des Unternehmens überzeugt und investierte 45 Millionen Dollar in den Ausbau der Führungsakademie. Diese Investition inmitten einer massiven Umstrukturierungsphase sorgte zwar für einigen Unmut, doch Welch ließ sich nicht beirren. Er besaß ausreichend Voraussicht, um zu erkennen, dass er für den radikalen Umbau von GE eine Kommandozentrale benötigte, und Crotonville war dafür ideal geeignet.

Crotonville diente GE viele Jahre lang auch als „Denkfabrik“ (Think Tank) und als Verstärker der Unternehmenswerte. Hier wurden und werden tausende von GE-Führungskräfte ausgebildet und hier hielt Welch vor GE-Managern zahllose Vorlesungen und Seminare über seine Initiativen und Programme, angefangen von Six Sigma bis hin zur E-Initiative.

Crotonville war der Ort, an dem sich die Topmanager des Konzerns mit Nachwuchsführungskräften austauschten. Welch nannte Crotonville – „Hier können wir den Puls der Organisation fühlen“– den Ort, der ihm half, mit dem in Verbindung zu bleiben, was bei General Electric vor sich ging.

Ein Schwerpunkt des Unterrichts in Crotonville liegt auf Best Practices. In Übereinstimmung mit der globalen Perspektive des Unternehmens führte Welch die Praxis ein, Dozenten und Studenten aus allen Teilen der Welt an die Führungsakademie einzuladen. GE schickt regelmäßig ganze Klassen nach Europa oder Asien. Die Teilnehmer kehren mit wertvollen Informationen und Erkenntnissen zurück. Auf dieser Grundlage tragen sie regelmäßig Vorschläge und Ideen an ihre Vorgesetzten heran (die, ganz im Sinne von Work-Out, auf der Stelle darauf reagieren). „Crotonville“, erklärte Welch 1995, „vereint den akademischen Hunger nach Wissen mit einer zu sofortigem Handeln bereiten Umwelt, wie man sie normalerweise nur in kleinen, aggressiven Unternehmen findet.“

Lektionen aus Crotonville

1. **Machen Sie Training und Lernen zur Top-Priorität und sorgen Sie dafür, dass diese Botschaft alle erreicht:** Indem Welch in der Phase der Kostensenkung massiv in Crotonville investierte, machte er gegenüber seinen Mitarbeitern unmissverständlich klar: Wir wollen schlank sein, aber nicht auf Kosten unseres unternehmerischen Intellekts. Unter Welch war Crotonville mehr als einmal das Epizentrum seiner Schlüsselinitiativen, und von hier aus fanden Best Practices ihren Weg in alle Unternehmensteile.
2. **Beteiligen Sie so viele Führungskräfte wie möglich am Training und an der Wissensverbreitung:** Crotonville entwickelte sich zur Universität für ganz GE und Welch sorgte dafür, dass nicht nur die Topmanager, sondern auch viele tausend andere GE-„Leader“ mit einbezogen wurden. Jeder, der nach Crotonville kam, half mit, Welchs Botschaft innerhalb des Unternehmens schneller bekannt zu machen. Wäre die Führungsakademie nur den Spitzenkräften vorbehalten gewesen, hätten Initiativen wie Six Sigma kaum so schnell Fuß fassen können.
3. **Globalisieren Sie die Ausbildung:** Crotonville kennt keine Grenzen. Nicht nur werden GE-Manager aus allen Ländern in Crotonville trainiert, Crotonville wird auch häufig „exportiert“. Ganze Klassen werden um die Welt geschickt, um die GE-Lektionen und -Unternehmen zu globalisieren. „Den Intellekt globalisieren“, lautete Ende der 90er-Jahre eine von Welchs zentralen Direktiven, und Crotonville half General Electric, dieses Ziel zu erreichen.

D

σσσσσσ

Delayering – Abbau von Führungsebenen

Bei seinem Amtsantritt erkannte Welch das ganze Ausmaß der Bürokratie von GE. Über 500 Senior-Manager, über 100 Vice Presidents und etwa 25.000 Manager waren damals bei GE beschäftigt. Strategieplaner stellten Vice Presidents ein, und Vice Presidents stellten Strategieplaner ein. Diese Struktur unterschied sich erheblich von der GE-Struktur, die Welch noch aus seiner Zeit im Geschäftsbereich Kunststoff in Erinnerung hatte. Eine der ersten Maßnahmen von Welch war daher der Abbau des Verwaltungsapparats. Mit der Erklärung „Jede Ebene ist eine schlechte Ebene" reduzierte er die Managementebenen, die seiner Ansicht nach dem Unternehmen schadeten. Die Entfernung ganzer Führungsebenen war ein bestimmender Aspekt der Hardware-Revolution von Welch. Zusätzlich schaffte Welch auch die Trennung zwischen Schlüsselfunktionen (wie zum Beispiel Marketing und Herstellung) innerhalb des Unternehmens ab.

Die Ursprünge von Delayering

Als Welch zu GE kam, wusste er nicht, dass es im Unternehmen zahlreiche Führungsebenen und ein erhebliches Maß an Bürokratie gab. Welch begann in einem kleinen Labor in Pittsburgh mit nur einem Angestellten. In einem so kleinen Betrieb gab es keine Bürokratie. Erst als er zusätzliche Verantwortungsbereiche als General Manager übernahm, erkannte er die Probleme, gegen die er als CEO angehen musste – Uneinheitlichkeit, Kompetenzgerangel, eine schwerfällige Bürokratie, langsame Entscheidungsfindung etc. Diese hatten nach Welchs Ansicht nichts in einem

Unternehmen verloren. Er sah keinen Grund, warum es bei der Unternehmensführung nicht um Leidenschaft, Begeisterung und Lernen gehen sollte. Ein Großteil seiner Strategien und Initiativen zielte darauf ab, seine Vorstellung von Begeisterung bei GE einzubringen. Die frühen Delayering-Maßnahmen schufen die Grundlage für die lernende Organisation, die GE in den Neunzigerjahren wurde.

Die Bedeutung von Delayering

Der Abbau von Führungsebenen war eine Schlüsselstrategie bei der „Hardware-Revolution" von Welch, der ersten Phase der Umgestaltung von GE zu einem agilen Wettbewerber. Bei Welchs Antritt gab es bei GE 25.000 Manager und fast ein Dutzend Führungsebenen zwischen Unternehmensleitung und Herstellung. Welch schaffte die Ebenen ab, um eine grenzenlose Organisation zu erhalten. Dabei schreckte er nicht davor zurück, mit der über 100 Jahre alten Hierarchie von GE zu brechen. Welchs offene Missachtung der heiligen GE-Traditionen stieß auf Empörung, doch der neue CEO war davon überzeugt, dass GE nie zu einem globalen Wettbewerber aufsteigen würde, wenn es keine einfachere Struktur besaß und die Unternehmensführung nicht von Personen ausgeübt wurde, die das Unternehmen tatsächlich am Laufen hielten. (Vor dem Abbau von Führungsebenen waren strategische Planer und andere „Prozessblocker" an Schlüsselentscheidungen beteiligt.)

Delayering und die Auswirkungen auf Manager

Indem Welch Führungskräften, die in der Hierarchie weiter unten standen, mehr Autorität übertrug, schuf er ein Klima des Vertrauens und der Autonomie. Die meisten Manager reagierten darauf mit einer verbesserten Entscheidungsfindung und einer gesteigerten Produktivität, allerdings hatte Delayering auch den unbeabsichtigten Effekt, die Manager „bloßzustellen", die keine Führungskompetenzen besaßen. Vor dem Abbau von Führungsebenen überdeckte die ausufernde Bürokratie die Fähigkeiten der GE-Manager, danach erkannte Welch die Manager, die sich im Grunde in den Führungsebenen „versteckten". Welch hatte wenig Verwendung für Manager, die seinen Standards nicht entsprachen.

Lektionen in Sachen Delayering

1. **Begrenzen Sie die Zahl der Führungsebenen in einer Organisation:** Laut Welch sollte eine Organisation nicht mehr als fünf Führungsebenen aufweisen (und das auch nur in einem großen Unternehmen). Mit der Zahl der Ebenen wächst auch die Wahrscheinlichkeit für mehr Bürokratie, als erforderlich ist.
2. **Entlassen Sie die strategischen Planer:** Hinter der Umstrukturierung stand der Gedanke, die Entscheidungsfindung (einschließlich der entscheidenden Funktion der strategischen Planung) den Managern zu übertragen, die auch die Geschäfte von GE führen. Nur so konnten Flexibilität und Agilität des Unternehmens gewährleistet werden.
3. **Betrachten Sie die Umstrukturierung als Voraussetzung für Lernen und Selbstverwirklichung:** In einer Organisation, in der jede Entscheidung von verschiedenen Führungsebenen genehmigt werden muss, lassen sich Ideen nur schwer vermitteln. Ohne Delayering besäße GE nicht die erforderliche „Offenheit" für eine lernende Organisation. Ohne diese grenzenlose, lernende Organisation gäbe es jedoch keine Möglichkeit für die Implementierung von Six Sigma, der wichtigsten unternehmensweiten Initiative bei GE.

Destroy Your Business (DYB)

Anfänglich erkannte Welch nicht die Tragweite oder die Bedeutung des Internets. Doch 1998 „sprang es ihn von allen Seiten an", wie er es selbst formulierte. Nachdem Welch die Bedeutung des Internets bewusst geworden war, fürchtete er, dass Guerilla-Dotcoms auf den Markt drängen und die Business-Modelle von GE zunichte machen würden. Um ihnen einen Schritt voraus zu bleiben, richtete Welch in jeder Unternehmenseinheit so genannte „Destroy Your Business"-Teams ein. Die bereichsübergreifenden Teams (die sich aus so genannten „Entrepreneuren" zusammensetzten) hatten die Aufgabe, Wettbewerber und deren Angebote zu analysieren und so herauszufinden, wie sich die Konkurrenz verhalten würde. Dadurch sollte GE genau darüber informiert sein, welche Maßnahmen Wettbewerber ergreifen würden, um GE Aufträge und Kunden abzujagen.

In der zweiten Phase von DYB sollten die Teams dem Management mitteilen, wie sie das vorhandene GE-Modell als Reaktion auf echte Bedrohungen verändern würden. Dieser Teil des Plans wurde als GYB (Grow Your Business) bezeichnet, da das Hauptziel darin bestand, innovative Wege zu finden, neue Kunden zu gewinnen und die bestehenden Kunden besser zu bedienen.

Welch gab später zu, mit DYB den falschen Weg bei der Internet-Initiative eingeschlagen zu haben, daher stoppte er den Plan. Die Entrepreneure waren isoliert und nicht Teil des übrigen Unternehmens: „Wir dachten ursprünglich, wir müssten die Entrepreneure in separaten Gebäuden unterbringen, wo sie unabhängig vom übrigen Unternehmen wilde Web-Sachen machten."

Dezimalstellen

In seiner „Stretch"-Strategie wies Welch seine GE-Mitarbeiter an, nach den Sternen zu greifen und ihre Zeit nicht mit den Stellen hinter dem Komma zu vergeuden (sie sind „langweilig"). Er drängte alle Manager dazu, sich aggressive Wachstumsziele zu setzen und zu feiern, wenn sie erreicht sind. Durch den Verzicht auf die Dezimalstellen und die Umsetzung von Stretching im gesamten Unternehmen erreichten Welch und GE eine bemerkenswerte Reihe von Rekordjahren. Unter Welch war ein zweistelliges Wachstum Bedingung.

DFSS (Design for Six Sigma)

Eine systematische Methode unter Verwendung von Tools, Schulungen und Messungen, die dazu beiträgt, Produkte herzustellen, die den Six-Sigma-Qualitätsstandards entsprechen. Nach der Anfangsphase von Six Sigma, die darauf abzielt, Abweichungen bei den internen Abläufen von GE zu reduzieren, richtet das Unternehmen den Blick auf das Design Engineering.

Digitalisierung

Ein Ausdruck, den Welch für die Beschreibung der Internet-Initiative von GE verwendete. Im Rahmen der E-Initiative von GE empfahl Welch, jeden Prozess zu digitalisieren. Für den GE-CEO ist diese Maßnahme ein weiterer wichtiger Schritt zur Steigerung der Flexibilität und Agilität des Unternehmens. Im Jahr 2000 wurden dank der Digitalisierung Produkte und Dienstleistungen im Wert von über 8 Milliarden Dollar über das Internet verkauft. Nach den Berechnungen von Welch spart die Digitalisierung der Prozesse dem Unternehmen über 1,5 Milliarden Dollar bei der Operating Marge für das Jahr 2001.

DMADV (Definition, Messung, Analyse, Design und Verifikation)

Ein Schlüsselkonzept des Six-Sigma-Qualitätsprogramms. Dieses aus fünf Einzelschritten bestehende Modell zielt darauf ab, die Fehlervermeidung systematisch in den Designprozess zu integrieren.

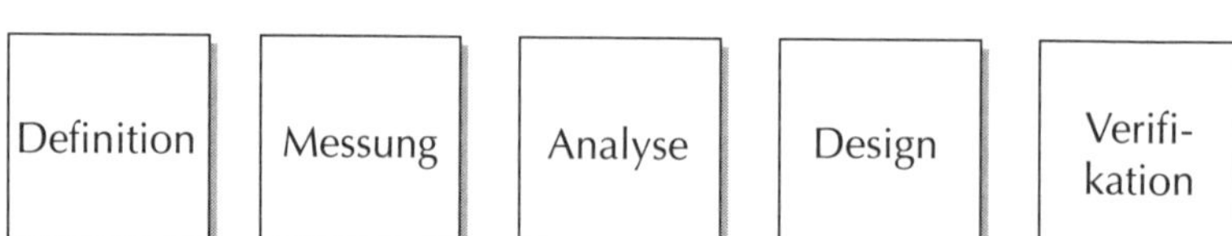

DMAIC (Definition, Messung, Analyse, Improve [Verbesserung] und Control [Kontrolle])

Diese Abkürzung steht für eines der wichtigsten Six-Sigma-Verbesserungsmodelle. Das ursprüngliche Modell bestand nur aus vier Schritten (Messung, Analyse, Verbesserung, Kontrolle).

DNA des Unternehmens

Für die Beschreibung dessen, was GE ausmacht (seine Grundstruktur), benutzte Welch den Begriff „DNA“. Er erklärte, dass sich zwei seiner Wachstumsinitiativen – Six Sigma (seine radikalste unternehmensweite Initiative) und die E-Initiative (der jüngste Kreuzzug von Welch) – direkt auf die „DNA“ des Unternehmens auswirkten. Die Zukunft wird wahrscheinlich bestätigen, dass es Jack Welch war, der achte CEO von GE, der die DNA des Unternehmens veränderte. Mit dem Abbau der umfangreichen Unternehmensbürokratie (z.B. Führungsebenen, Genehmigungsverfahren, Ausschuss), und der Forderung, dass alle GE-Unternehmen zu Marktführern werden sollten sowie dem Einsatz eines ausgedehnten Betriebssystems zur Schaffung einer lernenden Organisation drückte Welch dem über 100 Jahre alten Unternehmen seinen Stempel auf. Dabei waren die DNA-verändernden Maßnahmen nicht auf GE beschränkt. Die Managementmethoden von Welch und seine Vorstellungen von Unternehmensführung werden von Millionen Menschen auf der ganzen Welt studiert und nachgeahmt, was dazu beiträgt, dass Welch mit seinem Vermächtnis als einer der effektivsten CEOs gilt. Sein wichtigster Beitrag bestand darin zu zeigen, wie ein hochentwickeltes, lernendes Unternehmen zu einer sich selbst verwirklichenden Organisation führt.

Downsizing

Für die Umstrukturierung von GE zu einem globalen Wettbewerber reduzierte Welch im Rahmen der Hardware-Phase zu Beginn der 80er-Jahre die Belegschaft um über 150.000 Mitarbeiter. Um sicherzustellen, dass das Unternehmen für die Zukunft richtig positioniert war, setzte Welch die Strategie der *drei Kreise* ein, nach der alle GE-Unternehmen entweder zu den Kernbereichen, dem Technologiebereich oder dem Dienstleistungsbereich gehören mussten. Im Rahmen dieses Konzepts stieß Welch 117 Bereiche und Produktsektoren ab, da diese seiner Ansicht nach keinen anhaltenden Wettbewerbsvorteil besaßen oder weder die Nummer 1 noch die Nummer 2 in ihrer Branche werden konnten. Nach der Entlassung der Mitarbeiter erhielt Welch von den Medien den Namen, den er hasste: „Neutronen-Jack". Als es zu Beginn des Jahres 2001 Gerüchte gab, dass GE nach der Übernahme von Honeywell tausende von Arbeitern entlassen würde, grub die Presse den alten Spitznamen wieder aus.

σσσσσσ

Drei Kreise

Während der Hardware-Phase nahm Welch ein Blatt Papier und zeichnete drei Kreise: Kern-, Technologie-, Servicebereich. Als er die Zukunft des Konzerns entwarf, beharrte er darauf, dass sämtliche GE-Bereiche einem der Kreise zugeordnet werden konnten. Den Managern und Mitarbeitern, deren Geschäftsfelder in keinen der drei Kreise passten, wurde klar, dass ihre Zukunft bei GE bestenfalls begrenzt war. Alle Geschäftsbereiche, die sich in keinen der Kreise einfügen ließen, wurden entweder saniert, geschlossen oder verkauft. Die „Drei-Kreise"-Strategie war deshalb so wichtig, weil sie dem Unternehmen den dringend benötigten strategischen Fokus verschuf. Damals war der Konzern auf allen möglichen Märkten präsent, so dass er von Kritikern als „Konglomerat" bezeichnet wurde. Die „Drei-Kreise"-Strategie war ein wichtiger Schritt auf dem Weg des Konzerns zu einem globalen Wettbewerber.

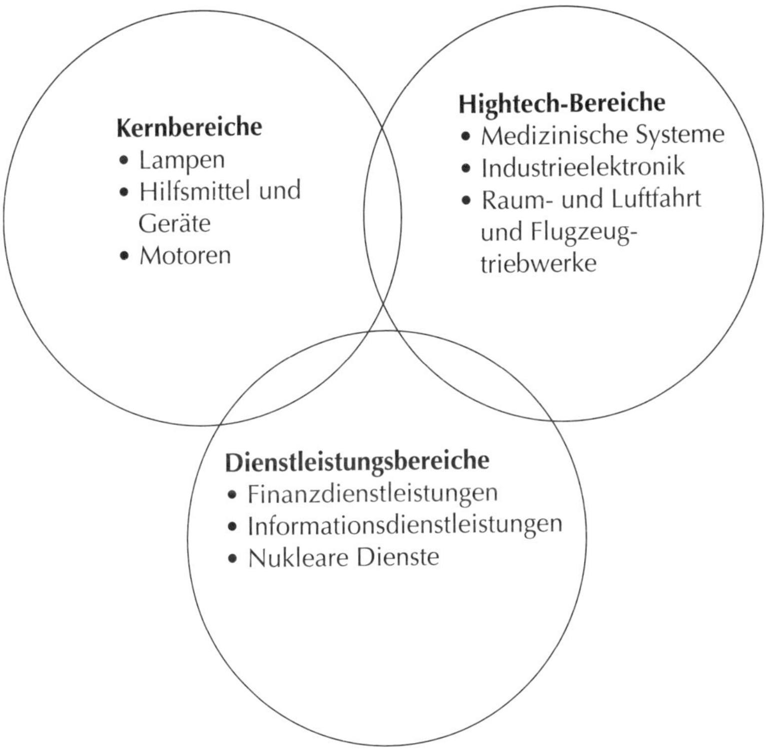

Drops

Dabei handelt es sich um Work-Out-Themen, die schwierig zu handhaben waren und sich kaum auszahlten. Die Regeln des Work-Out erforderten, dass diese Themen aus der Diskussion genommen wurden, damit man sich wichtigeren Fragen zuwenden konnte.

E

E³-Schlüsselqualifikationen

Eine Frühversion der „E⁴-Schlüsselqualifikationen für Führungskräfte". 1998 erwähnte Welch die „E³-Qualifikationen" – die persönliche Energie; die Fähigkeit, andere mit Energie aufzuladen und zu motivieren; und den „Biss", also die Bereitschaft, sich dem Wettbewerb zu stellen. Im Jahr darauf ergänzte Welch das Konzept um eine vierte Qualifikation: Durchführung und Ergebnisse. Durch diese Ergänzung hob Welch hervor, dass Führungspersonen über enorme Energie und über die Fähigkeit verfügen müssen, andere zu motivieren; sie müssen bereit sein, sich dem Wettbewerb zu stellen und schließlich auch Ergebnisse erzielen.

E-Arbeitsplatz

Eine weitere Bezeichnung für Welchs digitalisiertes GE. Durch die Einbeziehung des E-Business veränderte Welch die Infrastruktur von GE grundlegend.

E-Boardroom

So bezeichnet man bei GE die elektronischen Kommunikationsmethoden (Intranet und E-Mail) zur Übermittlung von Informationen über Geschäftsbereiche und Hierarchie-Ebenen hinweg.

Einblick ins Hauptbuch

Mit dieser Bezeichnung beschreibt GE den Prozess, allen Mitarbeitern Zugang zu wichtigen Informationen hinsichtlich der Finanzen des Unternehmens zu verschaffen. Man geht davon aus, dass diese Einblicke die Mitarbeiter motivieren und sich positiv auf die finanzielle Situation auswirken. Der Vorgang ist ein weiteres Beispiel für die Anwendung von Welchs lernender Organisation. Er zeigt, wie Welch den Informationsfluss fördert und Mitarbeiter befähigt, eigene Entscheidungen zu treffen und die Verantwortung bei Schlüsselprozessen zu übernehmen.

Einfachheit

Der Grundsatz „Business is simple“ gehört zu Welchs grundlegenden Überzeugungen. Schließlich „ist das keine Raketenwissenschaft“, betonte der GE-Chairman in den 80er-Jahren. Diesen Punkt betonte er mit der Bemerkung, dass eine Gruppe von Geschäftsleuten, die man mit denselben Informationen versorge, wahrscheinlich zu einem ihnen gestellten Problem dieselben Lösungen vorschlagen würden. Einfachheit und Informalität waren konstante Größen in Welchs Jahren bei GE und er wies häufig auf die Bedeutung dieser beiden Qualitäten hin. So sagte er beispielsweise, dass Einfachheit „enormes Selbstvertrauen“ voraussetze. In einer lernenden Organisation sind Einfachheit und Vertrauen wesentliche Elemente, und viele von Welchs Programmen zielten darauf, Vertrauen einzuflößen und gleichzeitig die Organisation zu vereinfachen.

Die Ursprünge der Einfachheit

Welchs Sehnsucht nach Einfachheit lässt sich in ihren Ursprüngen bis in seine ersten Tage bei GE in den 60er-Jahren zurückverfolgen. Er erklärt, er habe bei GE an einer Stelle begonnen, in der er „fast der einzige Angestellte“ gewesen sei. Sicherlich sind die Dinge einfacher, wenn man zu einem kleinen Team ohne Bürokratie gehört. Welch fühlte sich damals bei GE-Kunststoffe sehr wohl und bemühte sich später, dieses erregende Gefühl auch dem Rest des Unternehmens zu vermitteln. Von seinen ersten Tagen als CEO an hob er die Bedeutung der Einfachheit hervor und bemühte sich, diesen Grundsatz in der gesamten Struktur des Unternehmens zu verwirklichen. Die Hardware-Phase war vollgepfropft mit Welch-Aktionen, die der Vereinfachung der Betriebsabläufe dienen sollten: die Drei-Kreise-Strategie fokussierte alle GE-Geschäftsbereiche auf drei Felder (Kerngeschäft, Technologie und Service). Die Delayering-Initiative vereinfachte die Organisationsstruktur. Welch schaffte die Strategieplaner ab und beseitigte mehrere überflüssige Managementebenen; die Arbeit bei GE wurde dadurch einfacher und unmittelbarer.

Einfachheit und die Welch-Initiativen

Einfachheit spielte in mindestens einer von Welchs großen konzernweiten Initiativen eine Rolle. Der Kerngedanke des Work-Out-Programms war, das Unternehmen einfacher zu machen. GE eliminierte langwierige und überflüssige Arbeitsvorgänge und -verfahren, so dass die Operationen effizienter wurden, während gleichzeitig Zuversicht und Selbstvertrauen in der Organisation gestärkt wurden.

Lektionen zur Einfachheit

1. **Hören Sie niemals auf zu vereinfachen:** Die meisten Organisationen sind zu komplex strukturiert und würden wahrscheinlich von einem Umbau in Richtung Einfachheit profitieren. Komplizierte Formulare, archaische Verfahrensweisen und übermäßig komplexe Prozeduren machen ein Unternehmen langsamer. Ziehen Sie in Erwägung, eine Task Force einzuberufen, die sich mit dieser wichtigen Frage befasst.

2. **Starten Sie ein Work-Out-Programm in Ihrem Unternehmen:** Work-Out spielte eine wichtige Rolle bei der Beseitigung einer Reihe geradezu lächerlicher Verfahrensweisen bei GE. Erwägen Sie, Work-Out-Sitzungen einzuberufen, um unnötig komplizierte Praktiken und Verfahrensweisen auszumerzen.
3. **Vereinfachen Sie die Organisationsstruktur:** Als Welch das Sagen bei GE übernahm, drohte der Konzern beinahe an den vielen Managementebenen, antiquierten Traditionen und einer aufgeblähten Bürokratie zu ersticken. Welch vereinfachte die Organisation, indem er sie auf drei Schlüsselbereiche fokussierte und Abteilungen und viele Managementebenen abschaffte. Diese Rationalisierungsmaßnahmen trugen dazu bei, dass GE eine sehr viel produktivere Organisation wurde.

σσσσσσ

E-Initiative (von Welch auch als Digitalisierung bezeichnet)

Die vierte Wachstumsinitiative und die letzte Umstrukturierung Welchs. Der CEO räumt ein, dass er das Internet zunächst nicht als Wandlungsfaktor der Unternehmenswelt erkannte: „Es packte mich nicht mit der Intensität, die man erwartet hätte.“ Er sagte auch: „Zwei Jahre vor meiner Pensionierung war ich [in Bezug auf das Internet] ein Neandertaler, heute bin ich ein Freak.“ Doch sobald Welch die Vorteile des Internet erkannte, wurde er rasch zu einem überzeugten Anhänger. „Ich erkannte seine Macht“, erklärt er. „Es wird die Kultur jedes Unternehmens verändern.“ 2001 meinte Welch, das E-Business stelle die größte Chance dar, die sich dem Unternehmen je geboten habe. Er sieht im Internet eine Sprengkraft, die als Wegbereiter für das grenzenlose Unternehmen dient – „der letzte Nagel zum Sarg der Bürokratie bei GE“.

Obwohl Welch nach eigenen Angaben die Tragweite des Internets zunächst nicht erkannte, betrachtet er mittlerweile das E-Business als eine Initiative, die sich mit Six Sigma messen kann. 2001 erklärte er enthusiastisch: „E-Business ist das Elixier, das die DNA von GE für immer verändert." Diese Sprache kündet von Welchs Überzeugung und deutet an, dass die E-Initiative auch nach Welchs Rücktritt im Fokus des Unternehmens bleibt.

Welch erklärt sein Engagement für die E-Initiative folgendermaßen: Die neue digitale Realität sei wesentlich schneller als die Welt bisher. In diesem Bereich eröffne Geschwindigkeit, ein Schlüsselimperativ von Welch, neue Möglichkeiten. Wenn GE zögere, riskiere man, „vom eigenen Markt ausgeschlossen zu werden". In den Jahren 1999 und 2000 verlieh Welch diesem Argument Nachdruck: „Die Digitalisierung verändert unser gesamtes Tun, motiviert jeden Unternehmensbereich und erhöht die Geschwindigkeit." Dank dieses „Elixiers" und der daraus entstandenen Veränderungen im Unternehmen wickelte GE im Jahr 2000 Geschäfte im Wert von 8 Milliarden Dollar über das Internet ab (der Trend im vierten Quartal lag bei 11 Milliarden).

Die Rolle der Begeisterung beim Start unternehmensweiter Initiativen

Welch hat seine Leidenschaft für Unternehmensführung nie verhehlt. Im Gegenteil, er kommt stets rasch auf die Begeisterung zu sprechen, die er bei der Leitung einer Organisation wie GE empfindet. Welchs Rhetorik bei seinen Schlüsselinitiativen (z.B. „die DNA für immer verändern", „sich wie ein Lauffeuer verbreiten") wirft vielleicht die Frage auf, warum ihn seine Initiativen so stark in Anspruch nahmen. Dazu sagte der GE-Chairman: „Bei solchen Sachen darf man sich nicht zögerlich verhalten." Das ist eine für Welch typische Untertreibung. Er zeigte nie das geringste Zögern bei etwas, das seine Begeisterung weckte. Im Lauf der Jahre setzte er mit uneingeschränktem Enthusiasmus Work-Out,

Grenzenlosigkeit, die lernende Organisation, Six Sigma etc. um. Diese umfassenden Initiativen in Gang zu bringen erfordert Konzentration und Intensität. Welch ging bei seinen Initiativen stets mit gutem Beispiel voran. Er wusste, dass sich die Begeisterung auf das Unternehmen übertrug, wenn er nichts zurückhielt und mit voller Kraft voranstürmte.

In diesem Zusammenhang sollte die zweite Eigenschaft der „Schlüsselqualifikationen für Führungskräfte", *Energize,* also andere mit der eigenen Energie motivieren, hervorgehoben werden. Welch ist ein Meister darin und seine uneingeschränkte Begeisterung trug dazu bei, seine Botschaften allen Mitarbeitern zu verkünden. Wenn eine Initiative Welch fasziniert hatte, benutzte das Unternehmen das Betriebssystem von GE, um sicherzustellen, dass niemandem die Botschaft des CEO entging. Und diese Botschaft begriffen nicht nur die Manager. Jeder Mitarbeiter, vom Serviceangestellten, der Mikrowellen repariert, bis zum Mitarbeiter, der bei GE Capital das Autoleasing betreut, verstand die Bedeutung von Six Sigma und seiner Rolle beim Wandel von General Electric.

Wie wurde die E-Initiative gestartet?

Welch selbst, dessen Laufbahn bei GE 1960 begann, räumte als Erster ein, dass er kein Computergenie war. Er entdeckte das Internet erst spät, doch dann gab es kein Entkommen, da es „ihn von allen Seiten ansprang", wie der GE-Chairman es formulierte. Die Erkenntnis traf Welch im Dezember 1998, als er feststellte, dass Mitarbeiter von Fairfield ihre Weihnachtseinkäufe im Internet erledigten.

Auch Welchs Frau Jane nutzt begeistert das Internet, tätigt online Aktiengeschäfte und wählt Reiseziele aus. Sie zeigte ihrem Mann auch die Yahoo-Investor-Sites, wo Welch mitverfolgen konnte, was die Leute über GE und Jack Welch sagten. Aus Furcht, die Dotcoms könnten zu einer ernsthaften Bedrohung für GE werden, stellte Welch eine Gruppe von „Entrepreneuren in separaten Gebäuden“ zusammen und wies sie an, internetgestützte Business-Modelle zu kreieren, die Aufträge von GE abziehen könnten (anders ausgedrückt: sie sollten den Dotcoms zuvorkommen, indem sie deren Business-Modelle vorwegnahmen). Der Plan wurde „DYB“ genannt, „Destroy Your Business“. Nach einigen Monaten erfuhr Welch, dass die Dotcoms keine ernsthafte Bedrohung für GE darstellten (ihnen fehlten Produkte, Infrastruktur, Lagermöglichkeiten etc.).

Welch erkannte, dass mit DYB der falsche Weg bei der E-Initiative eingeschlagen worden war. „Wir machten jeden Fehler, den man machen kann“, räumte der GE-Chairman ein. Mitarbeiter, die abgeschieden vom übrigen Unternehmen neue Business-Modelle entwarfen, erbrachten nicht die Resultate, die er sich erhofft hatte. Dem GE-CEO wurde schnell klar, dass sich eine E-Business-Strategie nicht von anderen Strategien unterschied. Wie bei den anderen Strategien und Initiativen lag der Schlüssel in der Integration der neuen Idee in das Unternehmensmuster. Sobald Welch seinen Denkfehler eingestanden hatte, kam die E-Business-Initiative von GE in Gang.

Lektionen in Sachen DYB

Im Wissen, dass die Dotcoms keine ernsthafte Gefahr für die Unternehmen von GE darstellten, änderte Welch die Strategie und band das Internet in die Grundstruktur der Organisation ein. Erste Erfahrungen 1998 und 1999 lehrten, dass die Einrichtung von Websites und die Digitalisierung den „einfachen Teil“ ausmachten. Wesentlich anspruchsvoller war angesichts der bereits bestehenden Infrastruktur von GE (Bau von Werken, bereits vorhandene Produktionsstätten und Auslieferungskapazitäten etc.) die Integration des Wandels. Doch schließlich bezog GE das Internet in seine Kauf-, Verkaufs- und Herstellungsprozesse ein.

E-Business und die Herstellung

Nach eigener Aussage war Welch zunächst nicht klar, wie das Internet für die Produktion genutzt werden konnte. Speziell meinte er damit „die internen Prozesse, für die Unternehmen so viel Geld ausgeben“. Diese umfassen von der Nutzung des Internets zur Berechnung der Lagerbestände an Chemikalien bis zu digitalisierten Reisesystemen so ziemlich alles. Prüfvorgänge, die bisher von Menschen durchgeführt wurden, erfolgen nun online, ebenso wird das Internet zur besseren Überwachung der Geschäfte von GE-Kunden benutzt. Welch stellte fest, dass die größten Vorteile des Internets in seinem Nutzen für die internen Prozesse liegen.

Die Bedeutung der E-Initiative

Nach den Berechnungen von GE spart das E-Business dem Unternehmen über 1 Milliarde Dollar für das Jahr 2001 und bringt eine Kostenersparnis von 1,5 Milliarden Dollar. Laut Welch wird GE im Jahr 2001 Materialien im Wert von 12 Milliarden Dollar über das Internet kaufen und Online-Verkäufe im Wert von 20 Milliarden Dollar abwickeln. Mittlerweile bezeichnet er das Internet als „das Ding der Zukunft“ und sieht es als Produktivitätstool, mit dem „die Alten jung und die Langsamen schnell werden“. Das E-Business beflügelte Welch, er widmete sich seiner letzten großen, unternehmensweiten Initiative mit dem gleichen Eifer wie seinen drei anderen Feldzügen (Work-Out, Globalisierung und Six Sigma). Der E-Business-Erfolg von GE brachte dem Unternehmen im Jahr 2000 den ersten Rang unter den 100 führenden E-Businesses der Zeitschrift *Internet Week* ein.

Lektionen der E-Initiative von GE

1. **Im Zeitalter des Internets ist Geschwindigkeit nur eine Voraussetzung:** Welch weist seine Mitarbeiter an, „jeden Tag zuzuschlagen“ und sich nicht vom Markt drängen zu lassen. Jede Verzögerung kann den Ausschluss von einem wichtigen Markt nach sich ziehen. Es bleibt keine Zeit für eine langwierige Prüfung der Möglichkeiten.
2. **Digitalisieren Sie jeden Prozess, jeden Ablauf, jeden „Kundenkontakt“:** Dadurch hebt GE Produktivität und Leistung auf die nächsthöhere Ebene. Vergewissern Sie sich, dass kein Aspekt des Unternehmens ausgelassen wird.
3. **Nutzen Sie das Internet zur unmittelbaren Übermittlung von Informationen an den User:** Richtig angewandt kann das Internet sinnlose Datenansammlungen verhindern und den Aufwand für die Rückverfolgung von Bestellungen verringern, indem es Unternehmen die Möglichkeit bietet, direkt mit den Kunden und Zulieferern zu kommunizieren.
4. **Vergessen Sie nicht den eigentlichen Zweck des Internets:** die Kundenzufriedenheit zu erhöhen. Welch sorgte dafür, dass diese Lektion bei GE nicht in Vergessenheit geriet. Durch sein Eintreten für eine „Außen-innen-Perspektive“ stellte er sicher, dass die Kunden stets im Mittelpunkt jeder GE-Aktivität stehen.

E-Instruktionen

Obwohl Welch nach wie vor handschriftliche Notizen bevorzugt, verschickt er seine Anweisungen per E-Mail, um Mitarbeiter weltweit über wichtige Vorgänge auf dem Laufenden zu halten. Dies hat sich als wesentlich schnellere Methode erwiesen als die bisherige Informationsvermittlung. Vor den E-Instruktionen versandte Welch Video-Botschaften an die verschiedenen Bereiche von GE. Problematisch war bei dieser Methode jedoch die Zeitdauer, bis die Botschaften die zahlreichen GE-Unternehmen auf der ganzen Welt erreicht hatten. Dank Internet ist die Kommunikation bei GE fast unmittelbar geworden.

E-Kultur

Bereits zwei Jahre nach dem Start erreichte die E-Initiative ihr Ziel und trug so zu einem erneuten Wandel des Unternehmens bei. Im Jahr 2000 betrachtete Welch E-Business nicht mehr als eine Unternehmensinitiative, sondern schlicht und einfach als die Methode, nach der GE funktionieren sollte. Laut Welch wird die neue E-Kultur dazu beitragen, seine Vision für GE umzusetzen. Er sprach stets von einer schnell reagierenden Organisation, die sich mehr wie ein Kleinunternehmen und nicht wie ein schwerfälliger Verwaltungsapparat verhält. In der neuen Welt der digitalen Möglichkeiten sollen Manager laut Welch nichts verzögern, da jede Verspätung den Ausschluss von einem wichtigen Markt zur Folge haben kann.

E-Learning

Das Internet ist das ideale Instrument zur Vermittlung und zum Austausch von Wissen für alle Mitarbeiter im gesamten Unternehmen. Nicht viele Dinge sind Welch so wichtig wie die Schaffung einer lernenden Organisation. Das Internet bietet neue Möglichkeiten für alle GE-Mitarbeiter, ihr Wissen auszutauschen und weiterzugeben. Nach Ansicht von Welch tragen E-Learning und die Integration des Internets in das Unternehmen dazu bei, die Agilität von GE zu erhöhen.

Elfun

GE bezeichnet die Elfun Society als „globale Organisation von aktiven und pensionierten GE-Mitarbeitern, die sich freiwillig dafür engagieren, unsere Gemeinschaft, unser Unternehmen und unser Leben durch ehrenamtliche Tätigkeit, Führungsqualitäten und Kameradschaft zu verbessern". Welch hat sich der freiwilligen Arbeit bei GE verpflichtet und erkennt die Verantwortung von GE gegenüber der Gemeinschaft an. Bei seiner Rede vor den Aktionären anlässlich der Jahresversammlung 1999 gab er bekannt, dass GE sein Ziel, eine Million Stunden ehrenamtlicher Arbeit zu leisten, ein ganzes Jahr früher als geplant erreicht hatte.

E-Mentor-Programm

(gelegentlich auch „Geek Mentoring" genannt, auch wenn Welch diese Bezeichnung nicht gefällt)

Das „umgekehrte Mentorenprogramm für das Topmanagement". Damit die E-Commerce-Initiative von GE Fuß fassen konnte, stellte Welch einmal mehr die Hierarchie auf den Kopf. Die Manager von GE mussten rasch mit dem Internet vertraut werden. Das Problem dabei war laut Welch, dass „das Wissen über das Internet im umgekehrten Verhältnis zum Alter stand".

Der Vorschlag für ein Mentorenprogramm stammte von einem Manager aus der britischen Abteilung von GE Insurances und Welch setzte ihn umgehend in die Tat um. Binnen zwei Wochen brachte er 1000 Senior-Führungskräfte mit jüngeren Nachwuchsleuten aus dem Unternehmen paarweise zusammen. Auf diese Weise sollten die Jungen den „Alten" Internetkenntnisse beibringen, gleichzeitig hatten beide Kulturen Gelegenheit zum Austausch. „Wir brachten den unteren Bereich der Organisation, die Jungen, mit der Spitze der Organisation, den Älteren, ins Gespräch. Das zeigte ungeheure Wirkung." Auch Welch hatte eine Mentorin, wurde drei Stunden in der Woche von ihr unterrichtet und beauftragte sie schließlich mit der Leitung der GE Unternehmens-Website. Welch war sehr stolz darauf, dass die Idee für das Programm von einem GE-Kollegen stammte. Das sei „die beste Idee, die mir je zu Ohren gekommen ist", erklärte er.

Entscheidungsfähigkeit

Das erwartete Welch von Managern, wenn ihnen bei Work-Out-Sitzungen Vorschläge von Arbeitern vorgetragen wurden. Entschied sich ein Manager nicht sofort für oder gegen einen Vorschlag, dann war er verpflichtet, nach einer bestimmten Zeit (für die Recherche von Informationen) über den Vorschlag zu entscheiden. Work-Out war ein neuartiges Konzept und einigen Managern fiel es schwer, sich mit den neuen, nach dem Vorbild aus Neuengland gestalteten „Town Meetings" anzufreunden. Manager, die der neuen Linie nicht zu folgen vermochten – „der Tyrann, der Platzhirsch, der Autokrat" –, hatten in Welchs GE keine Zukunft. Obwohl Work-Out ein Schock für das kulturelle System war, das viele Jahrzehnte die Kommandohierarchie gestützt hatte, blieb den Managern kaum eine Wahl. Entweder sie nahmen an den Work-Out-Sitzungen teil und halfen mit, die lange Jahre in den Köpfen der Mitarbeiter zurückgehaltenen Ideen für das Unternehmen zu aktivieren, oder sie mussten sich nach einem neuen Arbeitgeber umsehen. Welch war jemand, der sich nur selten mit Halbherzigkeiten begnügte. Manager, die die GE-Werte nicht lebten, hatten seiner Ansicht nach nichts bei GE verloren.

E-Ökosystem

Nach der Einführung der E-Initiative im Jahr 1999 war Welch der Ansicht, dass GE für die neuen, vom Internet geschaffenen Möglichkeiten gut gerüstet war. Er bezeichnete das Internet als „Elixier" oder „Tonikum", das den Konzern für immer verändern würde. Die Bezeichnung E-Ökosystem bezieht sich auf die neue, digitale, lernende Infrastruktur. Die Zeitschrift *Internet Week* ernannte GE aufgrund seines E-Ökosystems zum E-Business des Jahres 2000.

„Erster, Zweiter – oder raus"

Ein anderer Ausdruck für die „Nummer 1, Nummer 2"-Strategie von Welch, nach der Unternehmen entweder die

Aussicht haben, Marktführer zu werden, oder riskieren, verkauft zu werden. Die Strategie wurde Anfang der 80er-Jahre Bestandteil der Hardware-Phase.

E-Volution bei GE

Im Jahr 2000 hatte man bei GE erkannt, dass das Internet das Potenzial für eine grundlegende Umwandlung des Unternehmens besitzt. In der Hoffnung, das gesamte Unternehmen zu mobilisieren, entwickelte man bei GE eine dreidimensionale Strategie namens „herstellen, kaufen und verkaufen". Zusammen konzentrierten sich die drei Schritte darauf, die Produktivität des Unternehmens zu steigern, den Einkauf und die Qualität der Kundenbeziehungen zu verbessern.

Die drei Schlüssel der E-Volution

Herstellen: Laut Welch trug die Digitalisierung der GE-Prozesse zu erheblichen Kosteneinsparungen im Unternehmen bei. GE rechnet mit bedeutenden Einsparungen für 2001 (1,5 Milliarden Dollar).

Kaufen: Im Bereich Einkauf setzte sich GE ein aggressives Ziel: 30 Prozent aller Bezugs- und Kaufvorgänge sollen über das Internet erfolgen.

Verkaufen: Der dritte Aspekt der E-Volutionsstrategie von GE. Welch legte das Ziel fest, dass im Jahr 2001 15 Prozent der Produkte und Dienstleistungen über das Internet verkauft werden. GE erwartet, dass das Internet einen verbesserten Kundenservice, geringere Kosten und einen höheren Marktanteil bietet.

Externe Hindernisse

Im Rahmen der Vision der Grenzenlosigkeit arbeitete Welch an der Beseitigung externer Hindernisse, die GE von Kunden, Zulieferern und anderen wichtigen Geschäftspartnern trennen.

F

Fachjargon

(und Jargon-Memos)

Welch hasst Fachsprache und bevorzugt stattdessen eine direkte, offene Kommunikation. Als Welch zum Beispiel in den 80er-Jahren erfuhr, wie viel Vorbereitungszeit auf ein Meeting mit dem Chairman verwandt wurde, machte er dem ein Ende. In einer grenzenlosen Organisation musste alles, was ehrliche, direkte Kommunikation und Offenheit behinderte, beseitigt werden (nicht einmal Notizen für eine Präsentation waren erlaubt). Während seiner gesamten Laufbahn zog Welch handschriftliche Notizen gegenüber E-Mails vor (auch 2001 nach dem Start der Digitalisierungsinitiative).

Fehler

Was Six Sigma eliminieren soll. Darunter versteht man „jeden Fall oder jedes Ereignis, bei dem das Produkt oder der Prozess nicht den Kundenanforderungen entspricht". In der Weltsicht von Welch sind Fehler der „Feind", den es zu beseitigen gilt, weil ein Defekt bedeutet, dass ein Kunde enttäuscht wird. Durch die Senkung der Zahl der Fehler auf weniger als 4 pro 1 Million (Six-Sigma-Qualität) kann GE seine Kunden besser bedienen und gleichzeitig Zeit und Geld sparen.

Fehlermessung

Ein wichtiger Schritt bei Six Sigma, denn dabei wird die Zahl der Fehler bei einem Produkt oder einem Prozess ermittelt. Defekte pro Einheit (oder DPU) dienen als allgemeiner Maßstab. Die Messung bei Six Sigma initiiert die Rückverfolgung und Reduzierung der Defekte bei einem bestimmten Prozess.

Fehlerquote: 3,4 pro Million

3,4 Fehler pro Million Vorgänge war das Maximum an Defekten, das bei GE nach den Maßstäben von Six Sigma zulässig war. Seit dieses Ziel erreicht wurde, produziert das Unternehmen zu 99,9997 Prozent fehlerfreie Produkte.

Fesseln

Wollte Welch allen GE-Mitarbeitern „abnehmen“. Alles, was die Menschen zurückhielt, musste verschwinden. In den 80er-Jahren, nachdem Welch seine Hardware-Phase mit Umstrukturierung, Downsizing und Delayering durchgeführt hatte, machte er sich daran, das Vertrauen der Überlebenden bei GE wieder aufzubauen (jener Mitarbeiter also, die ihre Jobs nach den Downsizing-Maßnahmen und dem „Sanieren, Schließen oder Verkaufen“ behalten hatten). Welch leitete die Work-Out-Initiative ein, um die Mitarbeiter zu „befreien“ und die Bürokratie zu reduzieren.

Führung (und Führer)

Welch hat die Bezeichnung *Manager* nie gefallen, er zog den Begriff Unternehmensführer vor. Mit „Manager“ brachte er lange Zeit Bürokraten in Verbindung, die zusätzlichen Aufwand, aber wenig Wert schufen. Für Welch war weniger Management das beste Management. Der GE-CEO verlangte von seinen Unternehmensführern stets, eine Vision zu entwickeln und dann aus dem Weg zu gehen. Wenn Welch um Rat für die Ausbildung zukünftiger Führungskräfte gefragt wurde, erklärte er, dass die Universitäten mehr Zeit darauf verwenden sollten, ihre Studenten auf die Realität der Führung vorzubereiten: „Wenn man sich den Studienplan von Harvard heute ansieht, gibt es fast keine Seminare über die tatsächlichen interpersonellen Beziehungen bei der Personalführung, zum Umgang mit Menschen, zum Umgang mit schwierigen Situationen anhand von Fallbeispielen ... solche Themen sollten jeden Tag gelehrt werden."

Führungsebenen abbauen (Delayering)

Welch hasste Bürokratie, denn er wusste, dass mehrere Ebenen Entscheidungsprozesse verlangsamen. Mit Delayering wollte er GE agiler und wettbewerbsfähiger machen.

Führungsparadoxon

„Wer weniger managt, managt besser", erklärte Welch schon am Anfang seiner Amtszeit. Am effektivsten arbeiteten Manager, die eine Vision artikulierten und dann ihren Mitarbeitern den Ball zuspielten. Bei GE – einem Unternehmen, das bisher auf seine vielschichtige Organisationshierarchie stolz gewesen war – stellte das ein völlig neues Führungsideal dar.

G

Geistiges Kapital

Laut Welch ist geistiges Kapital ein unersetzlicher Vermögenswert für ein Unternehmen. Der Schlüssel für ein erfolgreiches Unternehmen besteht darin, den kollektiven Intellekt der gesamten Belegschaft zu erfassen und zu nutzen. Je mehr Menschen, desto besser, denn dadurch erweitert sich der Verstand eines Unternehmens. Eine der größten Leistungen von GE ist in den Augen von Welch die Entwicklung großartiger Führungskräfte und Denkweisen.

GE-Kultur

Eine der wichtigsten Leistungen von Welch ist die grenzenlose Unternehmenskultur von GE. Während seiner 20-jährigen Amtszeit als CEO schuf Welch aus einer wild wuchernden Bürokratie die größte lernende Organisation der Welt. Die Unternehmenskultur ist für GE ein unersetzlicher Vermögenswert. Bei der Übernahme eines anderen Unternehmens „exportiert" GE seine Kultur in die neue Firma. Dies veranlasste einen GE-Insider zu dem Kommentar, wenn man die Kultur von GE nicht wolle, dürfe man einer Übernahme gar nicht erst zustimmen. Obwohl die Fusion mit Honeywell nicht zustande kam, kann man davon ausgehen, dass Welch die GE-Kultur in die Organisation von Honeywell eingebracht hätte. „Dies ist keine Fusion Gleichgestellter", verkündete Welch und zeigte damit seine Absicht, das Unternehmen nach dem Bild von GE zu formen.

„Gemischtwarenladen"

Welch stellte sich GE, eines der größten Unternehmen der Welt, gerne als kleinen Gemischtwarenladen an der Ecke vor. Welch ist ein Anhänger des Informellen und fand, das Modell des Gemischtwarenladens eigne sich perfekt, damit sich GE weiterhin auf das Wichtigste konzentriert. In einem Gemischtwarenladen kennt der Besitzer die Kunden beim Namen, weiß, wer sie sind und was sie kaufen.

Lektionen aus dem „Gemischtwarenladen"

1. **Vergessen Sie nie, dass die Kunden im Zentrum des Unternehmens stehen:** Welch, dem „besten Manager aller Zeiten", unterlief der Fehler anzunehmen, dass die Kunden von Six Sigma ebenso beeindruckt sein würden wie er selbst. Seien Sie sich Ihrer Kunden niemals allzu sicher. Es gibt immer ein anderes Unternehmen, dass Ihnen Ihre Kunden abspenstig machen möchte.
2. **Bringen Sie Ihrem Unternehmen bei, sich von außen zu betrachten:** Gegen Ende seiner Amtszeit sprach Welch davon, den Fokus von GE umzukehren, statt von „innen nach außen" von „außen nach innen" zu blicken. Diese Idee spiegelt zum Teil seine Ablehnung der „Not invented here"-Haltung wider. Vor Welch zählten bei GE nur Ideen, die innerhalb des Unternehmens entwickelt worden waren. Er dagegen forderte von seinen Mitarbeitern, die Bedürfnisse der Kunden zum zentralen Anliegen von GE zu machen, statt die Ideen des Unternehmens der Außenwelt aufzudrängen.
3. **Integrieren Sie den Kunden in Ihr Unternehmen**: Nach der Erfahrung während der Einführung von Six Sigma, als man die Kunden für selbstverständlich erachtet hatte, sorgte Welch dafür, dass kein Mitarbeiter jemals wieder den Fehler begehen würde, auch nur einen einzigen Kunden als zweitrangig zu betrachten.

Genehmigungen

Für Welch gehörten die exzessiven Genehmigungen und Freigaben mit zu den unwillkommenen Nebenwirkungen der Bürokratie. In seinem Kampf gegen den das Unternehmen lähmenden Bürokratismus zog er auch gegen überflüssigen Papierkram, Genehmigungen, Memos und so weiter zu Felde. Genehmigungsverfahren, die mehrere Hierarchieebenen durchliefen, waren ein hinderliches Relikt aus der Ära der von Welch so verachteten Kommando/Kontroll-Hierarchien. Die Reduzierung der Genehmigungen und anderer mit formalen Abläufen assoziierten Verhaltensweisen wurde zum Fokus des 1989 lancierten unternehmensweiten Work-Out-Programms. Die bloße Vorstellung eines formalisierten Genehmigungsprozesses stand in krassem Gegensatz zu Welchs Vision einer energiegeladenen Lernkultur, die ungeachtet von Rang und Namen nach neuen Ideen sucht und die besten Ideen auf das Unternehmen überträgt.

General Motors

Meine Jahre mit General Motors lautet der Titel von Alfred P. Sloans Memoiren (CEO von General Motors von 1923 bis 1946). Es ist das Buch, das Welch für seine eigenen Bücher über Unternehmensführung zum Vorbild nahm.

Gewinn

Das Ergebnis der gewöhnlichen Geschäftstätigkeit und ein Maßstab für Produktivität. In den 60er, 70er und 80er-Jahren lag der Gewinnzuwachs von GE bei etwa 10 Prozent. Tatsächlich wies GE im Jahr 2001 sogar darauf hin, dass das Unternehmen seit 111 Jahren darum „kämpfe“, einen Gewinnzuwachs von 10 Prozent zu erreichen. Ende der 90er-Jahre erlebte GE bedeutende Steigerungen bei der Gewinnzuwachsrate.

Stretch-Ziele und Gewinnzuwachs

1995 setzte Welch ein Stretch-Ziel von 16 Prozent. Obwohl das Unternehmen nur 14,4 Prozent erreichte, hatte es laut Welch eine „heroische" Leistung vollbracht. Das nächste Stretch-Ziel lautete 16 Prozent bis 1998. Im Jahr 1995 startete Welch das ehrgeizigste unternehmensweite Programm in der Geschichte von GE: Six Sigma. Dank dieser Wende verbesserte GE seinen Gewinnzuwachs bis 2000 um fast 90 Prozent – von 10 auf 18,9 Prozent. Fast 100 Jahre lang, so Welch, hatte der Gewinnzuwachs 10 Prozent betragen.

Globales Denken

Welch erwartete von allen Managern bei jeder Tätigkeit globales Denken. Im 20. Jahrhundert stand hinter dieser Haltung globales Marketing, im 21. Jahrhundert geht es laut Welch um „globale Produkte, die von global denkenden Ingenieuren für eine globale Welt entworfen wurden".

Globales Führungsprogramm

Dieses Programm wurde von Ram Charan und Noel Tichy für GE Medical Systems (GEMS) geschaffen. Es sollte Manager beim Umgang mit den „harten und weichen" Faktoren im Zuge des drastischen Wandels helfen.

Globales geistiges Kapital

Für Welch ist das globale geistige Kapital von GE ein wichtiger Vermögenswert, daher baut er verschiedene Teams auf, die dieses kollektive Wissen nutzen sollen. Zur Förderung seines geistigen Kapitals auf der ganzen Welt „exportiert" GE immer weniger Manager und investiert stattdessen in einheimische Mitarbeiter und lokale Schulungszentren. GE rechnet damit, dass in wenigen Jahren die Hälfte seiner Belegschaft außerhalb der USA wohnt.

σσσσσσ

Globalisierung

Die erste wichtige Wachstumsinitiative von Welch. Die Globalisierung trug wesentlich zum zweistelligen Wachstum von GE während Welchs Amtszeit bei. Heute lässt sich die Globalisierung aus der Struktur von GE nicht mehr wegdenken, daher heißt es im Unternehmen bereits, sie sei „weniger eine ‚Initiative' denn ein Reflex". Diese Denkweise ist weit von der Haltung entfernt, für die GE noch vor 20 Jahren stand.

Vor Welchs Amtsantritt bezog GE nur 20 Prozent seiner Einnahmen aus Märkten außerhalb der USA. 2001 werden über 40 Prozent des Umsatzes außerhalb der Vereinigten Staaten erwirtschaftet. Einer der Faktoren, der das Wachstum von GE auf den internationalen Märkten vorantrieb, ist die Bereitschaft des Unternehmens, von anderen zu lernen und deren Best Practices zu übernehmen. So verdankt GE etwa IBM und Johnson & Johnson seinen erfolgreichen Vorstoß auf dem chinesischen Markt. Asien und Europa waren schon immer Primärmärkte für GE, obwohl Welch oft davon sprach, wie schwierig die Situation für GE in Asien aufgrund der kulturellen Unterschiede, des Wettbewerbs und anderer Faktoren war. Welch: „Eine Geschäftstätigkeit in den asiatischen Schwellenländern ist für dieses Unternehmen etwa hundert- bis tausend mal schwieriger als in den USA."

Die Ursprünge der Globalisierung

Bei seinem Amtsantritt stand die Globalisierung nicht ganz oben auf Welchs Prioritätenliste. Es gab dringlichere Fragen, die seine Aufmerksamkeit beanspruchten. Er musste zunächst bei über 350 Geschäftsbereichen, von denen es um viele nicht gut bestellt war, zahlreiche Probleme angehen (d.h. die Hardware-Phase: Umstrukturierung, Delayering, Downsizing etc.). Nach Abschluss dieser Phase konnte sich

Welch darauf konzentrieren, aus GE ein wirklich globales Unternehmen zu machen. Der Wendepunkt kam 1987 mit der Übernahme des Medizingerätebereichs eines französischen Elektronikunternehmens.

Die Globalisierungsrevolution beginnt in Frankreich

Im Sommer 1987 schloss Welch bei einem Frankreichbesuch anlässlich der French Open ein Geschäft ab, das GE für immer verändern sollte. Er tauschte den 3 Milliarden Dollar schweren Geschäftsbereich Unterhaltungselektronik gegen den Bereich bildgebende medizinische Geräte des französischen Elektronikunternehmens Thompson und verkündete damit eine wichtige Botschaft: GE würde seine Geschäftstätigkeit nicht mehr länger auf die USA beschränken. Mit diesem Tausch (der noch eine Zahlung von 800 Millionen Dollar an GE umfasste) verstärkte Welch seine Verpflichtung gegenüber dem „Nummer 1, Nummer 2"-Imperativ. Das TV-Geschäft von GE war in Schwierigkeiten (es war nur Nummer 4 auf dem Weltmarkt). Obwohl die Presse Welch vorwarf, er habe ein „amerikanisches Erbe" verkauft, wusste der CEO, dass er richtig gehandelt hatte. Er konnte nicht verstehen, warum die Medien ihn kritisierten, denn für ihn war es eine leichte Entscheidung, ein angeschlagenes Unternehmen abzustoßen, wenn er dafür Fuß in Frankreich fassen konnte.

Die Drei Phasen der Globalisierung

Von seinen Erfahrungen zu Beginn seiner Zeit bei GE wusste der GE-Chairman, dass „die Geschäfte und nicht die Unternehmen global sind". Eine erfolgreiche Globalisierungsstrategie muss wesentlich mehr umfassen als nur den Export vorhandener Produkte. Dieser gehört oft zur ersten Phase, doch gleichzeitig müssen Unternehmen lernen, sich dem Wettbewerb zu stellen und sich auf lokaler Ebene durchzusetzen, bevor sie eine sinnvolle Globalisierungsanstrengung unternehmen. Welch konzentrierte sich auf Japan und Europa und implementierte seine globale Initiative in mehreren Phasen: Zuerst wurden GE-Produkte ins Ausland exportiert. In der nächsten Phase ging es um die Einrichtung „globaler Werke“ und die „Globalisierung von Komponenten und Produkten“. Diese Maßnahmen waren zwar notwendig, am wichtigsten war jedoch die dritte und letzte Phase der Globalisierung. Für Welch ist die eigentliche Globalisierung eines Unternehmens erst abgeschlossen, wenn sie auch die „Globalisierung des Denkens“ beinhaltet.

GE erreichte diesen Zustand nicht einfach durch weitere Akquisitionen, sondern durch Investitionen in das geistige Kapital seiner Mitarbeiter außerhalb der USA. Dazu gehören beispielsweise der Aufbau eines Forschungslabors in Indien oder Investitionen in die Schulung von Ingenieuren in Europa. Jede neue GE-Operation wird „GE-ifiziert“. Der Manager einer Kunststofffabrik in Spanien erläuterte, bei der GE-Erfahrung gehe es „weniger um die Errichtung eines Gebäudes als um den Aufbau einer Kultur“. Nach der Eröffnung einer Einrichtung für Forschung und Entwicklung in Schanghai im Jahr 2000 ist offensichtlich, dass GE die Rezeptur perfektioniert hat. GE verpflanzt seine einzigartige, auf Lernen basierende Kultur in den neuen Betrieb, stellt lokale Führungskräfte ein und lässt das Unternehmen in seiner natürlichen Umgebung wachsen und sich entwickeln.

Eine „dezentralisierte“ Globalisierungsstrategie

Welch besaß keinen einheitlichen Plan für die Strategie sämtlicher globaler Unternehmen von GE. Jeder Geschäftsbereich durfte seine eigene Strategie entwickeln. Welch: „Es gibt keine asiatische Strategie. Es gibt eine Strategie für jeden Geschäftsbereich in Asien. Wir gehen bei jedem Bereich individuell vor. Wir haben für GE auch keine chinesische Strategie. Der Bereich medizinische Geräte, der Bereich Kunststoffe hat eine China-Strategie. In gewisser Weise bilden wir die Summe der Unternehmensstrategien.“

Dies ist ein weiteres Beispiel dafür, wie Welch seine Vorstellungen von Empowerment und Verantwortung auf die Unternehmensführung übertrug. In diesem Fall wird das Welchsche Modell auf die Globalisierung angewandt. Indem Welch Mitarbeiter vor Ort einstellte und diesen Managern erlaubte, die Unternehmen auf ihre Weise zu führen, räumte er denjenigen, die am dichtesten am Geschäft sind, maximale Freiräume ein.

Die Strategie der „einheimischen Führungskräfte"

Eine Primärstrategie von GE zur Verbesserung des organisatorischen Lernens in Asien und generell im Ausland besteht in der Einstellung und Beförderung einheimischer Führungskräfte anstelle eines „Exports" von amerikanischen Managern. „Wir wollen nicht einfach irgendeinen Mitarbeiter aus unserem Betrieb schicken", erläuterte Welch. „Wir wollen Einheimische, die den Job meistern können. Wir sind dort seit Jahren. Jetzt haben wir dort Nachwuchskräfte. Ihnen wollen wir eine Chance geben, dieselbe Chance, die wir den Mitarbeitern hier bieten."

Der Effekt der Globalisierung auf das Wachstum von GE

Obwohl eine Geschäftstätigkeit in Asien sehr schwierig ist, wurden Welchs Globalisierungsanstrengungen belohnt. Der Globalisierung ist es laut Welch zu verdanken, dass die außeramerikanischen Vermögenswerte von GE dreimal so schnell wachsen wie die der amerikanischen Unternehmen von GE.

Lektionen der Globalisierung

1. **„Nicht Unternehmen, sondern Geschäfte sind global“:** Welch war klar, dass er nicht einfach eine umfassende globale Strategie über sämtliche Unternehmen und Bereiche von GE stülpen konnte. Erfolgreiche Globalisierungsbemühungen bedeuten, dass ein Unternehmen in internationale Märkte eintaucht und nicht nur Produkte im Ausland verkauft.
2. **Suchen Sie zweistelliges Wachstum auf globalen Märkten:** Welch schreibt den Globalisierungsbemühungen von GE einen Großteil seines Erfolgs zu. Mit seinem Vorstoß erweiterte Welch die Größe der Absatzmärkte erheblich (schließlich kann man in den USA nur eine begrenzte Zahl an Jet-Triebwerken absetzen).
3. **Machen Sie Joint Ventures und Übernahmen ebenso wie die internationale Expansion zum Mittelpunkt Ihrer globalen Bemühungen:** GE nutzte alle drei Strategien für den Plan, 50 Prozent seiner Einnahmen am ausländischen Markt zu verdienen.
4. **Stellen Sie einheimische Führungskräfte ein:** GE „exportiert“ heute weniger Manager als je zuvor und konzentriert sich stattdessen auf die Schulung einheimischer Führungskräfte.
5. **Globalisieren Sie das Denken des Unternehmens:** Die dritte Phase des Globalisierungsprogramms von GE verschaffte dem Unternehmen einen entscheidenden Wettbewerbsvorteil: Durch die Einrichtung von Forschungsinstituten und Investitionen in geistiges Kapital sicherte das Unternehmen seine Zukunft auf vielen Schlüsselmärkten weltweit (z.B. Indien und China).

Green Belts

Hauptverantwortliche für die Implementierung von Six Sigma. Green Belts sind zwar keine Qualitätsbeauftragten in Vollzeit, doch man erwartet von ihnen, dass sie Six-Sigma-Tools bei der Durchführung ihrer normalen Tätigkeit anwenden. Welch hat das Ziel gesetzt, dass jede Führungskraft zum Gürtelträger wird. Beförderungen hängen vom Gürtel ab (kein Gürtel, keine Beförderung). Im März 1997 versandte Welch ein Memo, in dem die Maßnahme verkündet wurde. Alle GE-Führungskräfte wurden aufgefordert, bis Januar 1999 ein Green-Belt- oder Black-Belt-Training zu absolvieren. Binnen drei Jahren hatte GE über 100.000 Green Belts.

Green-Belt-Training: Ein Muss für alle GE-Führungskräfte	Umfasst mindestens ein dreiwöchiges Training	Abschluss mindestens eines σσσσσσ-Six-Sigma-Projekts

Welchs Anweisung: Kein Grüner Gürtel, keine Beförderung

Grenzen

Alles, was die Leistung oder die offene Kommunikation behindert. Welchs Initiativen zielten darauf ab, die in großen Organisationen allgegenwärtigen Grenzen einzureißen: horizontale Grenzen, vertikale Grenzen und externe Grenzen. Er forderte seine Mitarbeiter auf, die Bürokratie zu „zerschlagen“ und alle Grenzen einzureißen. Vieles von dem, was Welch in den 80er-Jahren in Angriff nahm, vom Abbau der Hierarchieebenen bis zu Work-Out, war explizit darauf ausgerichtet, alle das Unternehmen lähmenden Grenzen zu beseitigen. Er machte sich mit eiserner Entschlossenheit daran, sämtliche Hindernisse aus dem Weg zu räumen.

Seine Vision vom grenzenlosen Unternehmen zielte vor allem darauf ab, jene Grenzen abzubauen, die GE-Mitarbeiter von neuen Ideen, von Kunden und untereinander trennten. Er verachtete Platzkämpfe und andere, vom überkommenen Spartendenken bestimmte Verhaltensweisen, die GE im Sumpf der Vergangenheit festhielten. Selbst in seinem letzten Jahr als CEO betonte er nochmals, wie wichtig es sei, alle Grenzen niederzureißen, die Einzelne und Organisationen davon abhalten, ihr volles Potenzial zu entfalten.

Grenzenlosigkeit

Das grenzenlose Unternehmen ist eines von Welchs wichtigsten Konzepten und der Begriff, der wohl am unmittelbarsten mit dem GE-Führer assoziiert wird. Um die Produktivität zu steigern und die Beschränkungen zu überwinden, die Welchs Auffassung nach das Unternehmen umzubringen drohten, setzte er sich zum Ziel, möglichst alle Mauern einzureißen, ob nun interne Barrieren wie die zwischen einzelnen Funktionen (beispielsweise zwischen Marketing und Produktion), oder externe Barrieren, wie die zwischen GE und seinen Kunden oder Lieferanten. Jede Mauer ist eine schlechte Mauer, wurde er nicht müde zu wiederholen. In einer grenzenlosen Organisation fließen Informationen frei, nichts behindert den nahtlosen Transfer von Entscheidungen, Ideen, Menschen und so weiter. Das Prinzip des grenzenlosen Verhaltens half GE, sich vom Ballast der in vielen Jahren erworbenen Gewohnheiten, der rigiden Hierarchien und aufgeblähten Bürokratie zu befreien. Alles, was dem freien Fluss der Ideen und dem Lernen im Wege stand, war destruktiv, erklärte Welch, und er verbrachte zwei Jahrzehnte damit, GE den Bürokratismus auszutreiben.

Die Bedeutung der Grenzenlosigkeit

Grenzenlosigkeit könnte der Begriff sein, der am zutreffendsten Welchs Beitrag zur Leadership-Diskussion umreißt. Für ihn führte Grenzenlosigkeit zur „Besessenheit, bessere Wege – bessere Ideen – zu finden, gleichgültig ob sie nun von einem Kollegen oder einem anderen GE-Betrieb stammen, von einem Unternehmen auf der anderen Seite der Straße oder der anderen Seite des Globus, die bereit sind, ihre besten Ideen und Praktiken mit uns zu teilen". Das Konzept der Grenzenlosigkeit wurde aus mehreren Gründen zu Welchs ureigenstem Programm: Er prägte nicht nur den (wie er selbst zugibt etwas schwerfälligen) Begriff, er erfand ein neues Führungsmodell für große Organisationen. Nachdem er das Modell entwickelte hatte, schuf er eine neue Sprache, um seiner Schöpfung eine Stimme zu verleihen.

Grenzenlosigkeit und NIH

Die Umstellung auf grenzenloses Denken bedeutete für GE einen radikalen Umbruch. Als Welch das Ruder übernahm, besaß GE eine typische Kommandostruktur und bestand aus 350 Unternehmen, die in 43 strategischen Geschäftseinheiten (SGEs) organisiert waren. Grenzenloses Denken war für ihn eine der wichtigsten Waffen im Kampf gegen die in Jahrzehnten der Hierarchie und Bürokratie entstanden Strukturen und Verhaltensweisen. Einer der wichtigsten Erfolge der Grenzenlosigkeit war, dass das Konzept mit dem „Not Invented Here"-Denken (NIH) aufräumte, der Einstellung also, dass GE an nichts interessiert war, wenn es nicht aus dem Unternehmen selbst stammte. NIH ist sozusagen die Antithese einer grenzenlosen Organisation. Wie gut das Konzept anschlug, lässt sich daran ermessen, dass Welch in den 90er-Jahren seine Mitarbeiter dafür rühmte, Ideen und Best Practices von anderen Unternehmen – beispielsweise von Wal-Mart, Toshiba, Chrysler und Hewlett-Packard – auf GE übertragen zu haben.

Unternehmen, die in einer grenzenlosen Umwelt operieren, werden infolge der internen Adaption von Best Practices produktiver. 1995 sprach Welch über den Effekt des grenzenlosen Verhaltens innerhalb von GE. Mit Stolz stellte er mehrere Unternehmensbereiche vor, die dem Gesamtunternehmen eine Best Practice „beigebracht" hatten, die dann in weiten Teilen des Unternehmens einführt wurde: Produktivitätslösungen aus dem Leuchtenbereich, Asset Management aus dem Haushaltsgerätesegment, Transaktionseffizienz von GE Capital, die Anwendung von „bullet train"-Kostensenkungsmethoden (bullet train = Hochgeschwindigkeitszug in Japan) aus der Flugzeugtriebwerkssparte und Global-Account-Management aus der Kunststoffabteilung. Die Organisation profitiert von grenzenlosem Verhalten also in mehrfacher Hinsicht. Dadurch, dass Welch die Mauern innerhalb von GE und zwischen GE und der Außenwelt einriss, schuf er eine Umgebung, in der Best Practices gedeihen konnten. GE war damit nicht nur in der Lage, von sich selbst zu lernen, sondern auch dazu, die besten Ideen und Praktiken auf das gesamte Unternehmen zu übertragen. Dieser Erfolg war eine wichtige Grundlage für die Entstehung einer Kultur des Lernens und für die Selbstverwirklichung von GE.

Der Weg zur Grenzenlosigkeit

Viele von Welchs Aktionen und Initiativen zielten konkret auf die Bekämpfung der Bürokratie und damit auf den Aufbau einer grenzenloseren Organisation ab. Die drei wichtigsten waren die folgenden Initiativen:

1. **Der Abbau von Führungsebenen und andere Hardware-Initiativen:** Durch den Anfang der 80er-Jahre erfolgten Abbau von Managementebenen bereitete Welch den Weg für eine offenere Organisation. Weniger Hierarchieebenen bedeuteten eine bessere Kommunikation, mehr Beweglichkeit und kürzere Reaktionszeiten (auf Märkte, Veränderungen und so weiter).

2. **Globalisierung:** Bis Ende der 80er-Jahre war Welch zu dem Schluss gekommen, dass GE sich auch jenseits der US-Grenzen engagieren musste, wollte das Unternehmen nicht riskieren, auf der globalen Ebene nur eine Nebenrolle zu spielen. Mit der 1987 erfolgten Übernahme der französischen Thomson-CGR gab Welch den Startschuss für die globale Expansion von General Electric, eine Expansion, die viele der geographischen Grenzen sprengte, die GE bis dahin vom Rest der Welt getrennt hatten.

3. **Work-Out:** Mit der Umsetzung von Work-Out zwei Jahre später verlieh Welch den am unmittelbarsten mit den Produkten und Prozessen befassten Mitarbeitern eine Stimme im Unternehmen. Die Work-Out-Initiative schuf Vertrauen und bereitete das Feld für die Revolution von Anfang bis Mitte der 90er-Jahre, die GE in eine grenzenlose Organisation verwandelte.

Eine grenzenlose Maschine: Das GE-Betriebssystem

Angesichts des breit gestreuten GE-Unternehmensportfolios bestand, wie Welch wusste, die Gefahr, dass jeder Unternehmensbereich seine eigene Kultur und Ideen ausbildete, etwas, das er um jeden Preis verhindern wollte. Nicht umsonst reagierte er die ganzen 80er-Jahre hindurch höchst allergisch, wenn ein Journalist (oder irgendjemand sonst) GE als Konglomerat bezeichnete. Um eine vereinheitlichte, sich an einem gemeinsamen Wertekatalog orientierende Organisation zu schaffen, hob er das so genannte GE-Betriebssystem aus der Taufe: der Prozess, mit dessen Hilfe GE sein kollektives Wissen bis in den letzten Winkel des Unternehmens verbreitet. Dazu gehören neben Meetings, Reviews und Trainings (siehe auch *Crotonville)* Schlüsselinitiativen wie Six Sigma und die E-Initiative. Das GE-Betriebssystem trug entscheidend mit dazu bei, GE in eine offenere, grenzenlosere Organisation zu verwandeln.

Lektionen in Sachen Grenzenlosigkeit

1. **Wer ein grenzenloses Unternehmen erschaffen will, muss auf die den Kunden am nächsten stehenden Mitarbeiter hören:** Welch brachte die Work-Out-Initiative in Gang, um sicherzustellen, dass die Leute, die die Arbeit machen, mit darüber bestimmen konnten, wie das Unternehmen geführt wird.
2. **Setzen Sie an allen vier Grenzen an – vertikal (Hierarchien), horizontal (zwischen Funktionen), extern (Kunden und Lieferanten) und geographisch (andere Länder):** Für Welch war jede Grenze eine schlechte Grenze und er arbeitete unermüdlich daran, alle das Unternehmen behindernden Grenzen einzureißen.
3. **Eliminieren Sie „NIH" (Not Invented Here):** Welch verachtete die engstirnige Einstellung der Organisation, die er übernommen hatte. Einer der Schlüsselpunkte auf dem Weg zu einer grenzenlosen Organisation ist die Erkenntnis, dass kein Unternehmen die Antworten auf alle Fragen kennt.
4. **Führen Sie Best Practices unternehmensweit ein:** Die besten Ideen unabhängig von ihrer Herkunft umzusetzen ist ein herausragendes Kennzeichen einer effektiven, lernenden Organisation. Sorgen Sie dafür, dass Ihre Führungskräfte in Meetings ihre Best Practices vorstellen.

GYB (Grow Your Business)

Dies ist die zweite Phase der DYB-Strategie („Destroy Your Business") von Welch. Er wusste, dass er die Bedeutung des Internets erst spät erkannt hatte und fürchtete daher, dass neue Startup-Unternehmen mit internetgestützten Business-Modellen GE Kunden und Aufträge streitig machen würden. Um dies zu verhindern, setzte er in jeder GE-Unternehmenseinheit DYB-Teams ein. In der zweiten Phase von DYB sollten die Teams Business-Modelle entwerfen, die GE beim Wachstum unterstützten. Letzten Endes waren DYB und GYB laut Welch die falschen Strategien, da die Teams isoliert und nicht in das übrige Unternehmen integriert arbeiteten. Außerdem waren die Geschäftsbereiche von GE und seine Infrastruktur (von der Lagerhaltung bis zur Produktauslieferung) für jedes Startup-Unternehmen zu stark.

H

Handgranate

Sollte nach Ansicht von Welch auf ein Unternehmen geschleudert werden (natürlich nur im übertragenen Sinn), um Führungsebenen zu sprengen und die Trennwände und Grenzen zu beseitigen, die Organisationen davon abhalten, ihr Potenzial voll auszuschöpfen. Ein Unternehmen von Bürokratie zu befreien war eines der beständigsten Anliegen von Welch.

σσσσσσ

Hardware-Phase

Die erste Phase der Welch-Revolution, die zu Beginn der 80er-Jahre gestartet wurde, bezeichnet man als *Hardware-Phase*. Für Welch war dies vermutlich die schwierigste Zeit, da sie mit enormen strukturellen Veränderungen einherging, darunter Downsizing, Delayering und der Verkauf von verlustbringenden Geschäftsbereichen. Viele Maßnahmen von Welch stießen sowohl außerhalb als auch innerhalb von GE auf Spott und Häme. Die Kritik richtete sich vor allem gegen besonders radikale Entscheidungen von Welch wie zum Beispiel die Entlassung von 150.000 Mitarbeitern oder den Verkauf von Unternehmensbereichen, die seit langem zu GE gehörten (etwa Hausgeräte 1984, Unterhaltungselektronik 1987). Doch Welch wusste, dass ihm kaum eine andere Wahl blieb: Die „Hardware-Entscheidungen" waren die Maßnahmen, die langfristig das Überleben von GE sicherten und den Grundstein für die Software-Phase und die Wachstumsinitiativen der 90er-Jahre legten.

Die Ursprünge der Hardware-Phase

1981: Welch verschwendete keine Zeit mit der Umsetzung der Hardware-Phase. Bereits wenige Monate nach seinem Amtsantritt leitete er seine „Revolution" ein. Er wusste, dass viele der zahlreichen Unternehmensbereiche von GE in Schwierigkeiten steckten, und die Hardware-Phase war seine Antwort darauf. Durch seinen Angriff auf die heilige Tradition und Hierarchie von GE erwies sich Welch als der „große Sanierer". Diese Rolle sollte er während seiner Amtszeit als CEO immer wieder übernehmen.

Die Hardware-Phase: Die frühen 80er-Jahre

Vom Konglomerat zur Strategie der drei Kreise: Bei Welchs Amtsantritt bestand GE aus über 350 Unternehmen und Geschäftsbereichen, von denen viele Probleme hatten. Um das Unternehmen auf die Bereiche zu konzentrieren, die Welch als wesentlich für die Zukunft von GE erachtete, entwickelte er die Strategie der drei Kreise. Er legte drei Schlüsselgebiete fest und gab so die strategische Richtung vor, die die Zukunft von GE bestimmen sollte: Alle Geschäftsbereiche mussten innerhalb der drei Kreise Kerngeschäftsbereiche, Technologie oder Service liegen, sonst wurden sie saniert, geschlossen oder verkauft. Diese Denkweise wich deutlich von der über 100 Jahre alten GE-Tradition ab.

Nummer 1, Nummer 2: In einer Rede vor Analysten im Jahr 1981 teilte Welch der Wall Street mit, die „Gewinner" seien die Unternehmen, die entweder die Nummer 1 oder Nummer 2 auf ihren Märkten verkörperten. 1981 steckte die amerikanische Wirtschaft immer noch tief in der Rezession, daher war Welch der Ansicht, dass in einem Umfeld des langsamen Wachstums nur Marktführerschaft Erfolg garantieren konnte. Aus diesem Ansatz entwickelte sich eine seiner dauerhaftesten Strategien, die das Unternehmen auch heute noch prägt. Vor seinem Rücktritt erklärte Welch, er wolle „globale Unternehmen weitergeben, die Gewinner sind", und meinte damit Unternehmen, die die Nummer 1 oder Nummer 2 auf ihrem Markt sind.

Sanieren, schließen oder verkaufen: Dieses Konzept wurde während Welchs Umstrukturierungsplan zum Mantra von GE. Jedes Unternehmen, das nicht der Zukunftsvision des Chairman (Nummer 1, Nummer 2) entsprach, musste sich den Konsequenzen stellen. Über 100 Unternehmen und Produktbereiche überstanden den Lackmustest von Welch nicht, darunter Kohlebergwerke (Welch hasste Rohstoffe) und der lange gehätschelte Bereich Haushaltsgeräte. Diese Strategie erweckte (in Kombination mit Downsizing) größere Besorgnis bei den Mitarbeitern als jede andere Initiative von Welch.

Die Hardware-Phase: Mitte der 80er-Jahre

Delayering: 1985 machte sich Welch daran, den aufgeblähten Verwaltungsapparat von GE abzubauen. Seiner Ansicht nach gab es bei GE zu viele Führungsebenen, Manager (über 25.000!) und zu viel Bürokratie. Welch beschrieb die Verschlankung später als die Entfernung von „Sektoren, Gruppen, strategischen Unternehmenseinheiten und ausgedehnten Kommandostrukturen". Durch den Abbau von einer Ebene nach der anderen und die Beseitigung zahlreicher Verfahren des umfangreichen Verwaltungsapparats wie etwa „Rituale, endlose Studien und Briefings" gab Welch den Mitarbeitern größere Entscheidungsfreiheit und mehr Verantwortung. Nun waren die Mitarbeiter, die das Unternehmen tatsächlich betrieben, auch dafür verantwortlich. Das klingt zwar nicht gerade revolutionär, doch Mitte der 80er-Jahre galten die Abschaffung von Führungsebenen und die Entlassung von strategischen Planern als einschneidende Veränderungen.

Downsizing: Vor Welch hatte es bei GE noch nie massive Entlassungen gegeben. Viele hielten diese Maßnahme für unamerikanisch, doch in Welchs Augen war sie die einzige Möglichkeit zur Schaffung eines wettbewerbsfähigen Unternehmens. Nachdem er die Belegschaft um mehr als ein Drittel reduziert hatte, erklärte er, es sei gnädiger, die Arbeitsplätze jetzt abzubauen, als jemanden auf die Straße zu schicken, wenn er die 50 bereits überschritten habe. Dennoch war dieser Teil der umfangreichen Initiative zur Kostensenkung schmerzhaft. Welch mochte auch nie den Namen, den die Presse und Kritiker ihm wegen der Entlassung von über 150.000 Mitarbeitern gaben (Welch selbst brachte den Spitznamen *Neutronen-Jack* wieder auf, als er im Oktober 2000 die versuchte Übernahme von Honeywell bekannt gab).

Die Bedeutung der Hardware-Phase

Die Entscheidungen der Hardware-Phase legten den Grundstein für das Wachstum, das GE in den 90er-Jahren erreichte. Die Strategie der drei Kreise gab die Richtung des Unternehmens vor und verkündete eine wichtige Botschaft: GE unter Jack Welch war mehr als ein bloßes Konglomerat. Durch die Umsetzung der Konzepte „Nummer 1, Nummer 2" und „sanieren, schließen oder verkaufen" gab Welch eine weitere wichtige Botschaft bekannt: GE würde sich „nur in den Bereichen dem Wettbewerb stellen, in denen es dominierte". Downsizing und Delayering vervollständigten den Plan: GE würde sich nicht damit zufrieden geben, weiterhin den Weg zu beschreiten, den es 100 Jahre lang gegangen war. Der achte CEO des Unternehmens hatte eine andere Vision, in der eine ausufernde Bürokratie und angeschlagene Unternehmensbereiche, die aus den falschen Gründen behalten wurden, keinen Platz hatten.

Welch verlieh seiner Zukunftsplanung für GE zusätzlichen Nachdruck, als er 1984 eine der „heiligsten" Sparten von GE an Black & Decker verkaufte: GE Housewares (kleine elektrische Haushaltsgeräte). Der Geschäftsbereich steckte in finanziellen Schwierigkeiten, dennoch war es keine leichte Entscheidung für Welch. Die Medien reagierten, als ob Welch die Seele des Unternehmens verkauft hätte. Es sollte nicht das letzte Mal sein, dass die Presse über ihn herfiel, doch Welch hielt der Kritik stand und trieb die Umgestaltung des GE-Portfolios unbeirrt voran. Nach der Umstrukturierung war GE bereit für die nächste Revolution von Welch: die Software-Phase.

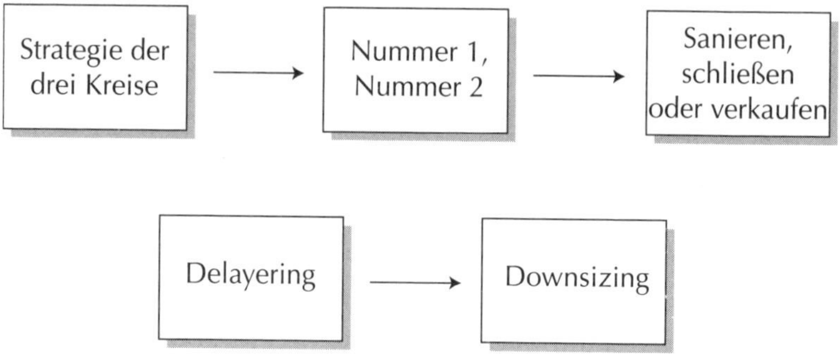

Die Hardware-Phase: Die Konzepte „Drei Kreise", „Nummer 1, Nummer 2" und „sanieren, schließen oder verkaufen" stärkten das Portfolio von GE, „Delayering" und „Downsizing" reduzierten dagegen die Bürokratie, senkten Kosten und vereinfachten die Struktur.

Lektionen aus der Hardware-Phase

1. **Schaffen Sie zunächst eine sichere „Grundlage":** Welch wusste, dass seine erste Maßnahme die Infrastruktur des Unternehmensportfolios von GE verbesserte. Hunderte von unzusammenhängenden Geschäftsbereichen, von denen über ein Drittel entweder einen zu geringen Marktanteil hielt oder keinen nachhaltigen Wettbewerbsvorteil besaß, waren langfristig unrentabel. Der CEO glaubte den Pressemeldungen über GE nicht (in denen GE beispielsweise 1980 zum „besten Unternehmen" gekürt wurde), sondern war der Ansicht, dass nur eine grundlegende Umstrukturierung aus GE einen Wettbewerber der Weltklasse machen konnte.

2. **Entfernen Sie Hindernisse und Bürokratie:** Ein wichtiger Teil der Hardware-Phase war die Beseitigung des lähmenden Verwaltungsapparats, den man mit großen, kaum noch manövrierfähigen Konzernen verbindet. Welch nahm die ausufernde Bürokratie von GE schon in den ersten Tagen nach seinem Amtsantritt ins Visier und baute systematisch Führungsebenen und Hierarchien ab. Dadurch sollte das Unternehmen beweglicher werden und eine einfachere Struktur erhalten.
3. **Das Ganze soll größer sein als die Summe seiner Teile:** Mit der Vision der drei Kreise gab Welch den strategischen Weg vor, den das Unternehmen in den kommenden Jahren beschreiten sollte. Kernbereiche, Dienstleistungen und Technologie bildeten das strategische Epizentrum von GE.
4. **Richten Sie das Unternehmen auf Geschäftsbereiche aus, die Erfolg haben:** Mit der Umsetzung der Strategien „Nummer 1, Nummer 2" und „sanieren, schließen oder verkaufen" stellte Welch sicher, dass die Zukunft von GE in Bereichen lag, in denen die GE-Unternehmen Marktführer waren oder einen anhaltenden Wettbewerbsvorteil besaßen.

Harte Nüsse

Probleme beim Work-Out, für die Lösungen schwer zu finden sind, sich aber in hohem Maße lohnen. Die „harten Nüsse" sind das Gegenteil der so genannten „niedrig hängenden Früchte", weniger komplizierten Problemen, die sich leicht beseitigen lassen, aber nur geringen Ertrag bringen.

Hege und Pflege

Eine der wichtigsten Aufgaben eines Chairman ist die „Hege und Pflege" der Mitarbeiter. Welch verlangte von allen GE-Managern und Unternehmensleitern, die GE-

Mitarbeiter zu „hegen“, die die Unternehmensvision teilen. Welchs fürsorgliche Einstellung verwirrte die GE-Insider Ende der 80er-Jahre, denn schließlich handelte es sich um den gleichen Mann, der über 150.000 Beschäftigte entlassen und 100 Unternehmen abgestoßen hatte. 1989 startete Welch Work-Out, das den „Ideenfluss der Mitarbeiter anzapfen“ sollte. Die Software-Phase von Welch schien im Gegensatz zu seiner Hardware-Phase zu stehen. Der GE-CEO sah diesen Widerspruch jedoch nicht. Für ihn standen zwei verschiedene, notwendige Entscheidungen dahinter. Welch erklärt sein Verhalten folgendermaßen: „Ich trete in den Hintern und ich umarme.“ Anfang bis Mitte der 90er-Jahre hatten die GE-Mitarbeiter gelernt, Welch und seine Ziele zu verstehen. Zu der Zeit hatte er seine Vision der Grenzenlosigkeit formuliert und mit dem Bau des Fundaments für seine lernende Organisation begonnen.

Herz

In den 80er-Jahren bezog sich Welch mit diesem Begriff auf eine Kombination von Eigenschaften, die er bei GE-Managern wünschte: Verständnis und Einfühlungsvermögen, die Fähigkeit zu teilen und das eigene Ego zu kontrollieren. Laut Welch brauchte GE mehr Mitarbeiter mit Herz. Das Konzept prägte seine Denkweise in den 80er-Jahren und verlor später gegenüber anderen Führungsidealen an Bedeutung.

Hochzeitstortenhierarchie

Bald nachdem Welch zum CEO berufen worden war, machte er sich daran, diese Hierarchie umzudrehen. Der Begriff beschreibt die Struktur von GE im Jahr 1981 – wie bei einer Hochzeitstorte lag eine Ebene über der anderen. Welch glaubte, dass der Konzern von seiner Struktur stranguliert wurde; er machte sich daran, die Struktur und die gesamte Organisation zu vereinfachen. Delayering wurde während der Hardware-Phase durchgeführt und war spezifisch darauf gerichtet, viele der Organisationsebenen abzuschaffen. („Jede Ebene ist eine schlechte Ebene", erklärte der GE-Boss.) Durch Initiativen wie Work-Out sorgte Welch dafür, dass die Hierarchie viel weniger furchteinflößend wirkte. Die Mitarbeiter konnten jetzt auf jeder Ebene frei ihre Meinung äußern und neue Ideen vortragen.

In Welchs grenzenloser Vision der Welt gibt es wenig Raum für eine komplizierte und einengende Hierarchie. Im alten Konzern lag fast ein Dutzend Ebenen zwischen dem Vorsitzenden und den Arbeitern in der Fabrik. Der CEO hielt vier oder fünf Ebenen für ausreichend, um ein Großunternehmen zu führen. Zu Welchs Hinterlassenschaft gehört auch, dass er mit der Vorstellung aufräumte, Organisationen sollten von Hierarchien beherrscht werden. In Welchs Lernkultur haben Ideen Vorrang vor Hierarchien und der Aufbau der geistigen Fähigkeiten im Unternehmen ist wichtiger als die Bewahrung von Traditionen.

Honeywell

Im Herbst 2000 gab Welch nur wenige Monate vor seinem geplanten Ruhestand die größte Übernahme seiner Laufbahn bekannt: den Kauf von Honeywell für 45 Milliarden Dollar. Für Welch ergänzte die Produktlinie von Honeywell das diversifizierte Portfolio an Hightech-Produkten von GE (z.B. Flugzeugtriebwerke, Medizinische Systeme). Die Übernahme von Honeywell, einem 25 Milliarden Dollar schweren Technologieunternehmen mit über 120.000 Mitarbeitern in 95 Ländern, sollte den krönenden Abschluss von Welchs Karriere bilden. Allerdings musste Welch im Sommer 2001 den schweren Schlag verkraften, dass die Europäische Kommission die Übernahme blockierte. Das missglückte Ende der Honeywell-Transaktion verlieh GE und Welch den zweifelhaften Ruf, an der ersten großen amerikanischen Fusion beteiligt gewesen zu sein, die von der europäischen Regulierungsbehörde verhindert wurde.

Vorgeschichte

In gewisser Weise ist die versuchte Übernahme von Honeywell typisch für Welch. Interessant ist daran vor allem, wie rasant sich die Ereignisse entwickelten. Welch erfuhr am 19. Oktober 2000 bei einem Besuch der New Yorker Börse, dass Honeywell als Übernahmekandidat gehandelt wurde. Er blickte zum Ticker und stellte bestürzt fest, dass der Kurs der Honeywell-Aktie kräftig stieg. (Honeywell stand auf der Auswahlliste der GE-Akquisitionsziele, doch Welch hielt das Unternehmen zu für überteuert.)

Welch rief am nächsten Morgen ein Merger & Acquisition-Team in Fairfield zusammen und „platzte" genau in das Honeywell-Vorstandsmeeting, das zur Abstimmung über ein Angebot von United Technologies zusammengetreten war. Mit einem Telefonanruf und einem handschriftlichen Fax hatte Welch offenbar die wichtigste Übernahme seines Lebens gemacht (die so viel wert war wie die Hälfte aller anderen von Welch iniziierten Übernahmen). Zur Beruhigung des nervösen Honeywell-Vorstandes erklärte sich Welch einverstanden, seinen Rücktritt bis Ende 2001 zu verschieben (ursprünglich war sie für April des Jahres geplant). Binnen 72 Stunden, nachdem Welch erfahren hatte, dass das Unternehmen als Übernahmekandidat galt, hatte der Honeywell-Vorstand dem Geschäft zugestimmt und Welch damit einen krönenden Abschluss für seine Karriere verschafft. Zumindest schien es Ende 2000 so.

Die Schlacht um Honeywell

Erste Anzeichen für Probleme bei der Honeywell-Übernahme waren am 26. Februar 2001 zu erkennen. Die Aktionäre von Honeywell erwarteten, dass die Rettung durch GE nahte (vor Welchs Eingreifen steckte Honeywell in Schwierigkeiten); stattdessen mussten sie aber erfahren, dass die Europäische Kommission unter dem Vorsitz des EU-Wettbewerbskommissars Mario Monti die Fusion um vier Monate verschob, um sie zu überprüfen. Im Juli 2001 blockierte die EU-Kommission trotz eines monatelangen Gerangels, bei der beide Seiten kurz vor Schluss Konzessionen gemacht hatten, offiziell die Übernahme. Die Kommission entschied, dass die beiden Unternehmen zusammen einen zu starken Wettbewerbsvorteil für GE auf dem Markt für Flugzeugbau und Dienstleistungen für die Luftfahrt bringen würden.

Während beide Parteien miteinander um eine Einigung rangen, wurde Welch bewusst, dass die Übernahme ab einem gewissen Punkt keinen Sinn mehr ergab. Am 29. Juni schrieb Welch wie ein Boxer, der schließlich das Handtuch wirft, einen Brief an den Honeywell-CEO, der vom baldigen Ende der acht Monate währenden Auseinandersetzung kündete. „Was die Kommission versucht, entzieht unserem Abkommen die strategische Begründung", erklärte der GE-Chef. Das neue Abkommen ergebe für die Aktionäre keinen Sinn, fuhr er fort. Am aufschlussreichsten waren jedoch die letzten Sätze des Briefes: „Mike [Bonsignore], wir können beide stolz sein auf die heroischen Anstrengungen unserer Mitarbeiter in den vergangenen acht Monaten. Sie haben alles versucht, damit dieses Geschäft zustande kommt."

Die gescheiterte Übernahme im Rückblick

Der Übernahmeversuch von Honeywell war zwar in vielerlei Hinsicht der beste von Welch, doch der kühne Schritt wies einige Mängel auf, die sich nicht mit Welchs üblicher Vorgehensweise deckten. Welch legte zwar stets Wert auf schnelles Handeln, aber eine Übernahme dieser Größe erfordert normalerweise wochen-, wenn nicht monatelange Vorarbeit. Sobald Welch erfuhr, dass Honeywell zum Verkauf stand, blieb keine Zeit für eine ausführliche Analyse, was Spekulationen nährte, dass Welch übereilt gehandelt habe.

So sprach Welch vor seinem Angebot über 45 Milliarden Dollar zum Beispiel nicht mit den Antitrust-Rechtsberatern von GE in Europa. Zwar stand Honeywell laut Angabe von GE bereits auf der Übernahmeliste, doch die größte Fusion in der Geschichte der Branche hätte sicher von zusätzlichen

Untersuchungen und Analysen profitiert. Honeywell, das im Dezember 1999 mit AlliedSignal fusioniert hatte, litt unter zahlreichen Problemen, einige Geschäftszweige waren angeschlagen und hatten schlechte Wachstumsaussichten, außerdem war die Unternehmenskultur nicht unproblematisch (Kritiker und einige Unternehmensleiter erklärten, dass die einander „bekriegenden" Kulturen von Honeywell und AlliedSignal sich nie richtig miteinander „vermählt" hätten).

Laut Welch verfügten GE und Honeywell zwar zu 90 Prozent über die gleichen Geschäftsbereiche, doch es gab keine „Überlappung der Produkte", da sich die Produktlinien ergänzten. Letztlich kam die Fusion aufgrund dieser Fehleinschätzung nicht zustande. Die EU-Kommission hatte bereits die Fusion von Honeywell und AlliedSignal nicht ohne gewisse Auflagen genehmigt (beispielsweise musste das fusionierte Unternehmen den Wettbewerbern bestimmte Flugwarnsysteme zur Verfügung stellen). Welch hätte dies als Warnung verstehen müssen, dass die Fusion einer Überprüfung durch die EU-Kommission nicht entgehen würde. Als das Thema bei der GE/Honeywell-Pressekonferenz im Oktober 2000 angesprochen wurde, verwarf Welch die Möglichkeit, dass Antitrust-Probleme die Übernahme gefährden könnten.

Honeywell und das Welch-Erbe

Noch bevor die Fusion blockiert wurde, fragten mutige Reporter den GE-CEO, ob Honeywell sein „Waterloo" sei (der Schauplatz von Napoleons Niederlage). GE hatte unter Welch 1700 Übernahmen getätigt, doch diese war um vieles größer als der bisherige Rekordhalter (RCA 1986). Die Herausforderung, 120.000 Mitarbeiter und mehrere angeschlagene Unternehmen in die Struktur von GE zu integrieren, wäre eine schwere Aufgabe gewesen.

Nach der gescheiterten Übernahme sprachen Kritiker vom „befleckten Welch-Vermächtnis" und davon, „wie Jack stolperte". Doch trotz dieser Artikel wird Honeywell wohl kaum mehr als eine Fußnote in Welchs herausragender Laufbahn bilden. Das Vermächtnis eines CEO umfasst mehr als eine Übernahme, selbst eine in dieser Größe. Ironischerweise hat die Verhinderung der Übernahme von Honeywell möglicherweise dazu beigetragen, das Erbe von Welch zu bewahren.

Wenn die Übernahme genehmigt worden wäre, wären GE und Welchs Nachfolger Jeff Immelt stark von der Verbindung der beiden Unternehmen in Anspruch genommen worden. Die Unternehmenskultur von Honeywell setzt sich bereits aus zwei ungleichen Kulturen zusammen (Honeywell und AlliedSignal). Man weiß zwar nicht, wie sich die „GE-ifikation“ des Unternehmens entwickelt hätte, doch in der Vergangenheit erging es Fusionen dieser Größe nicht sonderlich gut. Welch verwandte viele Jahre auf den Wandel der GE-Kultur und es deutet wenig darauf hin, dass sich die Unternehmenskultur von Honeywell problemlos mit der von GE hätte verbinden lassen.

Angesichts des Unternehmensportfolios von Honeywell und seiner schrumpfenden Gewinne hätte GE unter Jeff Immelt ähnliche Umstrukturierungen durchführen müssen wie Welch Anfang der 80er-Jahre bei GE (z.B. Downsizing, „sanieren, schließen oder verkaufen“). Welchs Nachfolger hat genug zu tun, anstatt Monate darauf zu verwenden, Unternehmen zu vereinen, angeschlagene Bereiche aufzupäppeln, Kosten zu senken, Mitarbeiter im Verkauf auf eine Linie zu bringen, Rechner- und Netzwerksysteme aufeinander abzustimmen etc.

Letztlich wird Welchs Vermächtnis Bestand haben. Auch wenn er sich selbst ein anderes Ende für seine Laufbahn gewünscht hätte, ein Platz in der Wirtschaftsgeschichte war ihm bereits vor seinem Angebot für Honeywell sicher. Das Vermächtnis von Welch hängt nicht von einer einzelnen Übernahme oder dem Beschluss einer Kommission ab. Welchs Beiträge, die Umwandlung einer veralteten Bürokratie in ein wettbewerbsorientiertes Unternehmen von Weltklasse, seine Ideen und sein Verstand, die Tradition und Hierarchie überwanden, bilden sein eigentliches Vermächtnis.

Horizontale Barrieren

Hinderliche Begrenzungen, die einzelne Bereiche wie etwa Verkauf oder Produktion innerhalb eines Unternehmens isolieren. Der Begriff bezieht sich auch auf geographische Trennungen wie etwa zwischen Seoul und Sidney. Mit Programmen wie Work-Out und der Globalisierung entfernte Welch diese unnötigen Barrieren.

Horizontale Wachstumschancen

Welch identifizierte mindestens fünf Bereiche und Initiativen, die erhebliche Gewinne für GE erbrachten. Er bezeichnete sie als „horizontale Wachstumschancen", denn sie verfügten über ein erhebliches Wachstumspotenzial. 1996 nannte Welch die fünf größten horizontalen Wachstumsmotoren von GE: Qualität, Globalisierung, Service, Informationstechnologie und Finanzdienstleistungen. Er wies darauf hin, dass die Qualitätsinitiative in ihrem zweiten Jahr zwischen 100 und 200 Millionen Dollar beim Betriebsergebnis bringen würde. Doch das war nur der Anfang. Six Sigma würde über 1 Milliarde Dollar für das Jahr 2000 erbringen. Auch die anderen von ihm genannten Bereiche wuchsen schneller als die traditionellen Geschäftsbereiche von GE. So fiel das Wachstum der globalen Unternehmen 1996 dreimal so hoch aus wie das der Geschäftsbereiche in den USA.

Horizontales Lernen

Methoden zur Förderung des Lernens und der Wissensvermittlung im gesamten Konzern nahmen im Denken des GE-Chairman einen wichtigen Platz ein. Welch bezeichnete den Wissenstransfer bei allen GE-Unternehmensbereichen weltweit als „horizontales Lernen". In Welchs grenzenloser Sicht sollte zwischen einem Mitarbeiter und einer neuen Idee keine Grenze oder Trennwand stehen.

I

σσσσσσ

Ideen

Für Welch sind Ideen der Lebensnerv einer Organisation. Er erklärte einmal: „Der Held ist derjenige mit den besten Ideen." Die besten Ideen sind in Welchs Terminologie „A-Ideen", denn nur sie zählen. Trotz dieser Bemerkung bemühte sich Welch um die Schaffung einer Kultur, in der jeder seine eigenen Ideen frei äußern konnte. „Jeden am Spiel zu beteiligen", wie er es nannte, mache zwar Mühe, doch die Anstrengung lohne sich. Je mehr Leute beteiligt sind, desto mehr Ideen – und mehr Ideen bedeuten einen besseren Unternehmensverstand. Die besten Ideen „steigen nach oben", wodurch die Messlatte höher gelegt und ein schnelleres Wachstum erreicht werden kann.

Mithilfe des Betriebssystems von GE verbreitete Welch seine Ideen in der gesamten Organisation, beseitigte Grenzen und mit ihnen überkommene Ansichten zur Unternehmensführung. Mit neuen Ideen wie „Work-Out" und „Grenzenlosigkeit" bewies er seine Verpflichtung gegenüber einer Kultur des leidenschaftlichen Engagements, in der Ideen regieren. Allerdings gab Welch im letzten Jahr seiner Amtszeit zu, dass selbst die besten Ideen „im Lauf der Zeit zur Einschränkung werden können", und meinte, dass sein Nachfolger für die Lenkung des Unternehmens in den kommenden Jahren mit ganz neuen Ideen aufwarten müsse.

Informationstechnologie

Welch bezeichnet die Informationstechnologie als „unverzichtbares Werkzeug" und „zentrales Nervensystem nahezu jedes Prozesses im Unternehmen". Die Informationstechnologie ist in zweifacher Hinsicht der Schlüssel für den Erfolg von GE: 1. Als Informationsunternehmen (GE gehören NBC, CNBC etc.) ist GE im Bereich Informationsdienste und Technologiemanagement gut positioniert; 2. Die Bedeutung der Informationstechnologie geht über das Angebot von Produkten und Dienstleistungen hinaus – sie unterstützt das Unternehmen beim Wandel zu einem Wettbewerber der New Economy. 1999 räumte Welch der Informationstechnologie beim Start der E-Business-Initiative oberste Priorität ein. Welch hat die beiden größten Vorteile der Informationstechnologie stets darin gesehen, dass sie ein Unternehmen näher zum Kunden bringt und als Instrument zum Wissensaustausch dient, mit dem man mehr Menschen am Lernprozess beteiligen kann.

σσσσσσ

Integrierte Diversifikation

Beschreibung für Welchs Vision von einem Unternehmen, in dem unabhängige Bereiche als Team arbeiten und Informationen, Best Practices, neue Ideen usw. austauschen. Welch erläuterte dieses Konzept als „Beseitigung aller Grenzen zwischen den Unternehmensbereichen sowie Ideentransfer von einem Bereich zum anderen“. Die integrierte Diversifikation war der Vorläufer der GE-Lernkultur (im Grunde die gleiche Idee, nur die Bezeichnung änderte sich). Mit der integrierten Diversifikation konnten die Unternehmensbereiche von GE koordiniert werden, ohne ihre Unabhängigkeit zu verlieren (siehe auch *Lernende Organisation*). Als „versteckte Werte der integrierten Diversifikation“ bezeichnete Welch „starkes Wachstum, Produktivität auf Weltklasseniveau, intensives Management und die „Beziehung zwischen Unternehmen und Umfeld“.

Die Bedeutung der integrierten Diversifikation

Die integrierte Diversifikation ist einer der Schlüssel für die Führungsmethoden von Welch. Dank der Schaffung einer grenzenlosen Organisation fließen Informationen und Daten im ganzen Unternehmen und zwischen seinen verschiedenen Einheiten (von GE Aircraft Engines bis Transportation Systems). Welch hätte jeden Unternehmensbereich von GE als unabhängige Einheit betreiben können, doch die integrierte Diversifikation verlangt, dass sich Kapital, Ideen, Menschen etc. zwischen den einzelnen Teilen und innerhalb des Unternehmens bewegen. Die Kultur der Offenheit und des Vertrauens bei GE unterstützt dieses Konzept, die häufigen Meetings und Schulungen bei GE bieten ein Forum, das den Austausch von Ideen, Best Practices und so weiter ermöglicht.

Lektionen aus der integrierten Diversifikation

1. **Informationen sollten nicht gehortet werden:** Welch hat stets erklärt, Business sei „keine Raketenwissenschaft“. Wenn man den Mitarbeitern gleichen Zugang zu Informationen bietet, entwickeln sie Lösungen für Probleme und bewältigen Herausforderungen. Allerdings muss der Zugang zu Informationen rasch erfolgen.
2. **Schaffen Sie ein Umfeld, das Ideentransfer und Best Practices fördert:** Bei GE wissen alle Mitarbeiter und Manager, dass die Entwicklung und Verbreitung guter Ideen belohnt wird. Dieser Grundsatz steht unzweideutig fest, kein Manager fürchtet sich davor, gute Ideen „wegzugeben“.
3. **Halten Sie regelmäßige Besprechungen ab, die den Transfer von Ideen und Best Practices ermöglichen:** Gute Ideen nutzen dem Unternehmen wenig, wenn Manager und Mitarbeiter diese Information nicht mitteilen können. Halten Sie regelmäßig zwanglose Meetings ab, bei denen sich jeder Manager traut, sich zu äußern. Erwägen Sie andere Möglichkeiten für den Informationsaustausch zwischen den Besprechungen wie etwa die Nutzung des Intranets oder regelmäßige E-Mails, um rechtzeitig Informationen zu verbreiten.

Integrität

Die ersten Worte des Wertekanons von GE enthalten zwei Kernaussagen: „GE-Führungspersönlichkeiten ... zeigen Engagement mit stets gleich bleibender Integrität ...“ Das ist der Preis, der beim Eintritt in das Unternehmen zu zahlen ist, und von allen Mitarbeitern wird erwartet, dass sie sich dementsprechend verhalten. Aber Welch war nicht damit zufrieden, über Integrität zu reden und sie in den Wertekatalog aufzunehmen, sondern er praktizierte sie auch, vor allem dadurch, dass er seiner Vision treu blieb und das Verhalten an den Tag legte, das er von anderen erwartete. Obwohl er in seinen ersten Jahren als CEO mehr Skeptiker als Getreue hatte, waren nur noch wenige Zweifler übrig, als Welch seinen Rücktritt vorbereitete.

Intellektueller „Laufstall“

Mit dieser Bezeichnung umschrieb Welch im Jahr 2001 GE. Die Vorstellung von einem intellektuellen „Laufstall“ deckt sich mit der Vision einer sich selbst verwirklichenden, lernenden Organisation. Welch bezeichnete die zahlreichen Unternehmenseinheiten von GE auch als „Business-Laboratorien“. Der Schlüssel für ein erfolgreiches Unternehmen liegt für Welch in der unermüdlichen Jagd nach neuen Ideen, höheren Anforderungen und Enthusiasmus. Unternehmensführung sollte Begeisterung, Leidenschaft und Experimentierfreude vermitteln und nicht dazu führen, dass der tägliche Gang zur Arbeit zur stumpfsinnigen, unangenehmen Pflicht wird. „Unternehmen bestehen aus Menschen“, so Welch, daher haben Organisationen die Verantwortung, ein offenes, vertrauensvolles Umfeld zu fördern, in dem die Menschen jeden Tag lernen und sich weiterentwickeln können.

Internet

„Das Internet macht die Alten jung und die Langsamen schnell“, sagte Welch einmal. Im Januar 1999 stellte Welch bei der jährlichen Versammlung der Topmanager sein Internetprogramm vor. Außerdem sorgte er dafür, dass sämtliche Mitarbeiter bei GE wussten, dass die unternehmensweite Initiative so wichtig wie Work-Out und Six Sigma ist. Im Jahr 2000 wurden Geschäfte im Wert von 8 Milliarden Dollar über das Internet abgewickelt, 1999 erst im Wert von 1 Milliarde Dollar.

Die Bedeutung des Internets für GE

GE trat erst relativ spät auf dem digitalen Schauplatz auf, doch Welch startete die Initiative schließlich mit seinem üblichen Enthusiasmus. Innerhalb eines Jahres hatte GE das Internet in seine Organisation integriert. Über GE.com konnten Kunden und Interessenten zu allen GE-Geschäftsbereichen und Unternehmenseinheiten navigieren, die Reden des CEO lesen (oder anhören) oder Informationen über GE und seine Unternehmensgeschichte abfragen (über „GE-at-a-Glance"). Im Jahr 2000 wurde die Internet-Initiative von GE mehrfach ausgezeichnet.

Internet-Lektionen

1. **Betrachten Sie eine wichtige neue Technologie nicht als selbstverständlich:** Welch begriff die Tragweite des Internets zunächst nicht und setzte die digitalen Möglichkeiten für GE daher erst 1999 um, vier Jahre nachdem andere wichtige Internetunternehmen wie zum Beispiel Amazon.com gestartet waren. Um von anderen Wettbewerbern nicht überrollt zu werden, sollten Sie sich über neue Technologien auf dem Laufenden halten.
2. **Nutzen Sie den Intellekt des Unternehmens, um die Internetnutzung zu beschleunigen:** Sobald Welch von der Idee eines Mentorenprogramms gehört hatte, setzte er sie im gesamten Unternehmen um. Er bestand darauf, dass sich Topmanager regelmäßig mit jüngeren GE-Mitarbeitern trafen.

3. **Verfolgen Sie im gesamten Unternehmen eine dezentrale Internetstrategie:** Die einzelnen GE-Geschäftsbereiche nutzen das Internet auf unterschiedliche Weise. Unternehmenseinheiten und -segmente sollten ihre eigenen Internetstrategien entwickeln – basierend auf den Parametern ihrer Bereiche und den Wünschen und Bedürfnissen der Kunden.

J

Juwelen

Work-Out-Themen, die einfach umzusetzen und für das Unternehmen mit einem hohen potenziellen Ertrag verbunden sind. Die Beschäftigung mit den „Juwelen“ beim Work-Out ist besonders produktiv.

K

Kaizen

Obwohl Welch selbst behauptet, er hasse Qualität, gibt es schon früh Hinweise darauf, dass er nach Perfektion strebte. *Kaizen* ist die japanische Entsprechung von kontinuierlicher Verbesserung. Welch überzeugte sich von den Vorteilen der Methode, als ein GE-Unternehmen Ende der 80er-Jahre dank Kaizen beeindruckende Ergebnisse vorweisen konnte. Später wurde Welch zum überzeugten Anhänger von Six Sigma, dem Programm zur Qualitätsverbesserung, das seiner Ansicht nach das Unternehmen verändern würde.

Kernkompetenz

Die Kernkompetenz von GE, erklärte Welch, besteht nicht darin, ein bestimmtes Produkt herzustellen und zweistellige Wachstumsraten zu erzielen: „Unsere Kernkompetenz besteht darin, dass wir unseren Mitarbeitern helfen, sich weiterzuentwickeln. Nur großartige Menschen leisten Großartiges. Sie alle zu engagieren und motivieren ist die eigentliche Antwort." Bei anderen Unternehmensführern würde sich das nach bloßer Rhetorik anhören, nicht aber bei Jack Welch. Der GE-Chairman verwendete 70 bis 75 Prozent seiner Zeit auf seine Mitarbeiter. Welchs Vermächtnis beweist, dass Ideen und Menschen über Hierarchie und Tradition triumphieren können. GEs lernende Organisation half dem Unternehmen, praktisch jede wichtige Erfolgskennzahl zu verbessern, beispielsweise, um nur eine zu nennen, die Gewinnspanne von rund 10 auf knapp unter 19 Prozent nahezu zu verdoppeln. Die Frage, wie GE das zustande brachte, quittierte Welch mit der immer gleichen Antwort: Weil wir alle beteiligen. Dadurch legen wir die Messlatte höher und multiplizieren das intellektuelle Potenzial des Unternehmens.

Kidder Peabody

Nach einer Reihe von erfolgreichen Übernahmen erwarb Welch für 600 Millionen Dollar eine 80prozentige Beteiligung an der Investmentbank Kidder Peabody (GE bezahlte den dreifachen Buchwert). Mit der Akquisition setzte sich Welch über den Rat von mindestens zwei Mitgliedern des Vorstandes hinweg (darunter Walter Wriston, ehemaliger Chairman von Citicorp), die Welch empfohlen hatten, die Finger von der Investmentbank zu lassen (ihrer Ansicht nach passte die Kultur von Kidder Peabody nicht zu GE). Ein Jahr später wurde Martin Siegel, der Kidder Peabody als Übernahmekandidat ins Spiel gebracht hatte, für schuldig befunden, Insider-Geschäfte getätigt zu haben. Auch GE wurde in den peinlichen Skandal hineingezogen. Welch verkaufte Kidder Peabody später und bezeichnete die Übernahme als „schlimmsten Fehler“ seiner Karriere. Als Grund für seine Entscheidung zur Akquisition der Firma nannte der GE-CEO in erster Linie Selbstüberschätzung. Seit der unglücklichen Beteiligung ist die Kompatibilität der Kulturen eines der Schlüsselkriterien für die Bewertung potenzieller Akquisitionsziele.

Klapperschlangen

So wurden bei GE die leichter erkennbaren Probleme bei den Work-Out-Sitzungen genannt, zum Beispiel die Abschaffung von Formularen, auf denen zahlreiche Genehmigungsvermerke vorgesehen waren, aber aus Gründen, an die sich niemand mehr erinnern konnte. Im Gegensatz zu „Pythonschlangen“ sind Klapperschlangen sehr viel leichter zu bemerken.

Kleinunternehmen

Am Beginn seiner Amtszeit erklärte Welch, er wolle erreichen, dass alle Beschäftigten bei GE so dachten und handelten, als arbeiteten sie in einem Kleinunternehmen. Sein Ziel war, ein Großunternehmen mit dem Geist einer kleinen Firma zu schaffen. Welch erklärt beharrlich, Kleinunternehmen wüssten, dass der Markt jedes Zögern abstrafe. Kleinunternehmen seien wie Tante-Emma-Läden: Sie kennen die Namen der Kunden, ihre Wünsche und Vorlieben und so weiter. In seinem letzten Jahr als CEO erklärte Welch, dass ein Unternehmen auch besser werden könne, während es weiter wachse. Er sagte, beim Business gehe es nur um Ideen und Verstand, und mehr Leute bedeuteten mehr Ideen. Damit zeichnete sich ein wichtiger Wandel in Welchs Denken ab. Während des größten Teils seiner Amtszeit bemühte sich Welch, bei GE die Atmosphäre eines Kleinunternehmens zu schaffen. Er schätzte die unternehmerischen Charakterzüge, die bei einem Kleinunternehmen festzustellen sind, aber es wurde auch deutlich, dass sich sein Denken weiterentwickelte. Während seines letzten Jahres als CEO wurde Welch klar, dass ein Großunternehmen über mehr Verstand verfügt als ein kleineres – einfach deshalb, weil mehr Menschen mehr Ideen einbringen können.

Konglomerat

In Welchs Augen war GE kein Konglomerat – er konnte den Begriff nicht ausstehen –, viel lieber sprach er, der in GE mehr als nur eine Ansammlung von Unternehmen sah, von einem „Multikonzern“. Viele von Welchs wichtigsten Entscheidungen, insbesondere jene, die er Anfang der 80er Jahre traf, zielten auch gegen die öffentliche Wahrnehmung von General Electric als Konglomerat. Die Drei-Kreise-Strategie zum Beispiel, mit der er das gesamte Unternehmen auf drei Gebiete (siehe auch *Drei-Kreise-Strategie)* ausrichtete, gab dem Unternehmen einen strategischen Fokus und trug mit dazu bei, den Eindruck zu widerlegen, dass

GE eine „Legierung" aus zusammengewürfelten Einzelunternehmen sei.

Nach den strukturellen Veränderungen in der Hardware-Phase startete Welch Ende der 80er-Jahre die Software-Phase, die Kulturrevolution, die den Boden für die Lernkultur Mitte bis Ende der 90er-Jahre bereitete. Durch die Mobilisierung der Ideen, die in den Köpfen der Mitarbeiter existierten, bewies Welch, dass GE weit mehr war als nur die Summe seiner Teile – ein Erfolg, der den Konzern nach außen noch stärker als Einheit und eben nicht als Konglomerat präsentierte.

Warum GE kein Konglomerat ist

Welchs Vision lautete, General Electric in eine kohärente Organisation zu verwandeln, eine Organisation, die in vielen unterschiedlichen Märkten aktiv ist. Um das zu erreichen, brachte er in alle Geschäftsbereiche die gleichen Themen und Ideen ein und sorgte für die Entstehung einer Kultur der intensiven Beteiligung, die in der gesamten Organisation das Lernen förderte. Auf Grundlage der sozialen Architektur und des GE-Betriebssystems wurde eine Vision für das gesamte Unternehmen entwickelt, die rund um die Welt auf alle Geschäftsbereiche übertragen wurde – eine Vision, deren Kern die unbedingte Entschlossenheit aller GE-Mitarbeiter bildete, immer besser zu werden.

Die Rolle der unternehmensweiten Initiativen

Welchs Initiativen trugen maßgeblich dazu bei, das Bild von GE als Konglomerat zu korrigieren, beispielsweise die Globalisierungsinitiative von 1987, mit der er dem gesamten Unternehmen einen klaren Kurs vorgab. Mit dem Start von Six Sigma sieben Jahre später machte er das Streben nach kontinuierlicher Verbesserung zur Aufgabe aller Mitarbeiter, gleichgültig in welchem Geschäftsbereich, in welchem Land oder in welcher Funktion sie tätig waren. Er ließ keinen Zweifel daran, dass GE nur Mitarbeiter brauchen konnte, die „Qualität dachten".

Ende der 90er-Jahre gab es kaum noch jemanden, der im Zusammenhang mit General Electric – das inzwischen als eines der am besten gemanagten Unternehmen der Welt galt – von einem Konglomerat gesprochen hätte. Höchst erfolgreiche globale Geschäftsbereiche und mehrere Jahre mit zweistelligen Wachstumsraten hatten dem Konzern eine Rekordbilanz nach der anderen beschert. Als Welch 1981 zum CEO ernannt wurde, erzielte GE einen Umsatz von 27 Milliarden Dollar. Im Jahr 2000 waren es 129 Milliarden Dollar.

Konkurrenten

Für Welch waren Konkurrenten eine Möglichkeit, neue Ideen zu gewinnen. In seiner lernenden Organisation galt die Devise, überall – auch bei Wettbewerbern – nach guten Ideen zu suchen. Welch war der erste GE-CEO, der zugab, nicht über alle Antworten zu verfügen, und er verkündete, dass es eine Auszeichnung sei, von anderen zu lernen. 1989 starte er die Work-Out-Initiative, der im Kern die Einsicht zugrunde liegt, dass das GE-Management nicht alle Antworten kennt. Später, beim Aufbau der lernenden Organisation, forderte Welch seine Mitarbeiter explizit auf, gute Ideen und Best Practices von anderen Unternehmen zu übernehmen. In der sozialen Architektur, die Welch GE verpasste, war es nicht nur erlaubt, sondern wurde es sogar erwartet, von anderen zu lernen – das lebte er selbst vor. Er sprach anderen Unternehmen wie Chrysler, IBM und Motorola seine Anerkennung aus, weil sie GE vieles gelehrt hatten, zum Beispiel in Bezug auf Produkteinführung, Globalisierung und Six Sigma.

σσσσσσ

Konsistenz

In den 80er-Jahren äußerte sich der GE-Chairman lobend über Manager, die die GE-Werte lebten, Manager also, die den Worten Taten folgen ließen (und betonte die Notwendigkeit, sich von denen zu trennen, die dies nicht taten). Einer der Gründe für Welchs außergewöhnlichen Erfolg war seine bemerkenswerte Konsistenz. Er zeichnete nicht nur eine Vision und den Weg, der dorthin führte, sondern beschrieb auch im Detail, wie GE-Mitarbeiter sich *verhalten* sollten. Und dann, um zu zeigen, dass diese Regeln auch für den CEO galten, richtete er sein Verhalten an diesen Vorschriften aus. Er lehnte es ab, für sich andere Regeln als für seine Mitarbeiter gelten zu lassen, da dies seine Glaubwürdigkeit und damit auch die seiner Ideen und Initiativen untergraben hätte.

Konsistenz der Vision

Ende der 90er-Jahre kam Welch auf eine weitere Konsistenz zu sprechen, die hinter dem Erfolg von GE stand: die des GE-Erfolgsmodells. „Die Einzigartigkeit des Modells", erklärte Welch, „liegt in seiner Konsistenz". Seit der Hardware-Phase hat sich an dem Modell praktisch nichts verändert: rund ein Dutzend große Unternehmen, die meisten die Nummer 1 oder Nummer 2 in ihrem Markt, alle mit oder auf dem Weg zu zweistelligen Zuwachsraten, steigenden Gewinnspannen und einem höheren Nettoumlaufvermögen. Welch war der Meinung, dass die Art und Weise, wie er dieses Modell auf das vielfältige Unternehmensportfolio von GE anwendete, auch von anderen Unternehmen ohne allzu große Probleme kopiert werden könnte. Was allerdings einzigartig war, waren die Ergebnisse und das konsistente Wachstum, das die breit gestreuten GE-Geschäftsbereiche erzielten.

Kern dieses Modells und damit von allem, was aus GE eine extrem wettbewerbsfähige, lernende Organisation machte, war die einzigartige GE-Unternehmenskultur. Welch war der erste *Fortune 500*-CEO, der eine so direkte Verbindung zwischen Werten und Verhalten herstellte. Das Beispiel GE zeigt, dass man mit einem konsistenten Wertekatalog ein Verhalten erzeugen kann, das die Produktivität der Organisation steigert. Andere Unternehmensführer unterstützen Werte, Welch aber verwurzelte diese Werte tief in der Struktur der Organisation. Mithilfe einer über die Jahre konsistenten strategischen Vision („Nummer 1, Nummer 2", globales Wachstum und so weiter) und einem konsistenten Verhaltensmodell (die GE-Werte) gelang es ihm, GE in einen der weltweit wettbewerbsfähigsten Konzerne umzubauen. Darüber hinaus zeigte er, dass Lernen zur Selbstverwirklichung führen und die Leistung durch den freien Fluss neuer Ideen und die gezielte Übernahme von Best Practices gesteigert werden kann.

Die Bedeutung der Konsistenz für General Electric

Welchs Konsistenz spielte eine zentrale Rolle für die Evolution von GE. Die konsistente Vision, die er entwarf, half GE, eine Kultur des Lernens zu entwickeln. Hätte er im Laufe der Jahre unterschiedliche Botschaften vermittelt, statt sich auf eine Reihe gut ausgearbeiteter Themen (beispielsweise Grenzenlosigkeit, Kultur des Lernens) zu konzentrieren, wäre er wahrscheinlich unterwegs gescheitert. Jede neue Botschaft und jede neue Phase baute auf der vorangegangenen auf und setzte sie fort. Work-Out etwa war ein notwendiger Schritt auf dem Weg zum grenzenlosen Unternehmen und Six Sigma bereitete das Unternehmen auf die E-Initiative vor. Mit jedem neuen Konzept, jedem Programm und jeder neuen Initiative (die ausnahmslos auf denselben, in sich konsistenten Annahmen basierten), verwandelte Welch die verkrustete Institution in ein globales Kraftwerk, in dem Ideen und Menschen den Ton angeben.

Lektionen in Sachen Konsistenz

1. Konsistenz ist eine Grundvoraussetzung für Glaubwürdigkeit: Welchs Konsistenz war einer der Schlüssel für seinen Erfolg. Im Mittelpunkt aller seiner Themen, von den Werten über das Lernen bis hin zu den Schlüsselqualifikationen für Führungskräfte, stand dasselbe Prinzip: Führe Organisationen mit guten Ideen, versetze andere in die Lage, selbst gute Ideen zu entwickeln, und verhalte dich auf eine Art und Weise, die die Entstehung einer gesunden, wachsenden und lernenden Organisation fördert. Auf die eine oder andere Weise trugen alle Initiativen Welchs zu diesem Ziel bei. Obwohl sie zuerst auf Skepsis stießen, überzeugte die Konsistenz dieser Themen mit der Zeit die Mitarbeiter. Aber rechnen Sie nicht mit schnellen Erfolgen: Welchs Initiativen zogen sich über Jahre, nicht Monate, hin.
2. Unterschätzen Sie nicht, wie wichtig Einfachheit ist: Einfachheit war ein weiteres wichtiges Element in Welchs Drehbuch und er sprach oft davon, dass das Business einfach ist. Mit ausschlaggebend für seinen Erfolg war seine Fähigkeit, seine Vision in ein paar sorgfältig ausgewählte Worte und Sätze zu fassen, das heißt, Ziele vorzugeben, die jeder Mitarbeiter problemlos verstehen konnte. Hätte er sie mit hochgestochenen Formulierungen überfordert, hätte er sozusagen einen „Kurzschluss" innerhalb der lernenden Organisation verursacht.
3. Achten Sie darauf, dass Ihr Modell konsistent ist: Welchs Unternehmensmodell zeichnete jahrelang eine bemerkenswerte Konsistenz aus. Das war in mehrfacher Hinsicht wichtig. Zunächst verstärkte es die eigentliche Botschaft. Jahr für Jahr betonte Welch die Notwendigkeit, marktführende Unternehmen aufzubauen (Nummer 1, Nummer 2) und mit aller Macht an ihrem weiteren Erfolg zu arbeiten (zweistellige Wachstumsraten, höhere Gewinnspannen und so weiter). Weil Themen und Modell konsistent waren, wussten alle Mitarbeiter, worauf es ankam (und halfen mit, neu hinzukommende Mitarbeiter schneller in die Unternehmenskultur zu integrieren).

Kopf

Kopf war der Begriff, den Welch für GE-Mitarbeiter mit Intelligenz und technischer Sachkenntnis benutzte. Das Konzept wurde von Welch in den 80er-Jahren geschaffen und später durch andere Führungsmodelle wie etwa die „Vier *E*s" oder das „Authentische Führungsmodell" ersetzt.

σσσσσσ

Kunden

Der Kunde ist der Schlüssel zum GE-„Gemischtwarenladen". Die Angestellten in einem kleinen Gemischtwarenladen kennen ihre Kunden, sie wissen, was die Kunden tun und was sie mögen. Welch betonte immer wieder, dass nichts und niemand zwischen dem Unternehmen und den Kunden stehen durfte, dass bei GE kein Platz für Arroganz oder andere Verhaltensweisen war, die die Kunden verärgern könnten. Noch Ende der 90er-Jahre sorgte Welch dafür, dass kein GE-Mitarbeiter diese Botschaft überhörte: Das ultimative Ziel bei allem, was das Unternehmen tat, von den Produkten, Dienstleistungen über Six Sigma bis hin zur E-Initiative, ist die Kundenorientierung. Den Kunden helfen, produktiver und wettbewerbsfähiger zu werden, musste die Top-Priorität des Unternehmens sein, forderte Welch, der in diesem Zusammenhang einmal mehr das Bild des Gemischtwarenladens bemühte: „Was in einem Gemischtwarenladen wichtig ist, ist auch für den Hersteller von Triebwerken oder medizinischen Systemen wichtig. Wenn der Kunde nicht zufrieden ist, wenn das Haltbarkeitsdatum der Produkte abgelaufen ist, wenn die Regale falsch sortiert sind, dann ist das auf jeden Fall schlecht."

Kundenbindung

Welch, der jahrelang immer wieder über die Rolle des Kunden sprach, lernte in dem kleinen Labor in der Kunststoffabteilung, wo er zunächst arbeitete, wie wichtig es ist, Arroganz zu vermeiden und keinen Kunden als selbstverständlich hinzunehmen. „Im Umgang mit Kunden, Lieferanten und untereinander waren wir damals ziemlich forsch," erzählte er, „aber wir waren niemals arrogant. Das hätten wir uns einfach nicht leisten können." Die Kundenzufriedenheit in irgendeiner Weise zu missachten sei, verkündete er gegen Ende seiner Amtszeit, die „schwerste aller Sünden". Mit derselben, für ihn typischen Leidenschaftlichkeit fasste er zwei Jahre später seine Gedanken zu dem Thema zusammen: „Man muss den Kunden besitzen. Außer dem Kunden gibt es nichts. Wer sich weder durch Technologie noch durch Service oder Geschwindigkeit auszeichnet, geht in der Masse unter."

Die Rolle des Kunden im Six Sigma-Prozess

Welch war zwar schon immer kundenorientiert, doch nach dem Start von Six Sigma entwickelte er geradezu eine Besessenheit für die Kunden. Von dem Moment an, an dem er zum selbst ernannten „Qualitätsfanatiker" wurde, konzentrierten sich Welch und mit ihm das ganze Unternehmen kompromisslos auf den Kunden. Dem GE-CEO kam es darauf an, dass die Kunden die Vorteile von Six Sigma und der GE-Kampagne zur kontinuierlichen Qualitätsverbesserung aller Produkte und Dienstleistungen erkannten. „Die Kunden müssen jedem einzelnen Mitarbeiter am Herz liegen", verkündete Welch. Als er feststellte, dass einige Kunden die positiven Folgen von Six Sigma nicht „spürten", startete er eine Kampagne, die das ändern sollte.

Die Kunden und die E-Initiative

Obgleich Welch in Sachen Internet nicht gerade ein Experte war, lancierte er 1999 die E-Initiative mit der für ihn üblichen kompromisslosen Leidenschaft. „Die Kunden werden alles sehen." Er erkannte das gewaltige Potenzial des Internets, die Beziehungen zwischen Unternehmen und

Kunden zu transformieren. „Nichts und niemand kann sich mehr hinter einer Mauer aus Papier verstecken.“

Kundenzentrierte Vision

Jack Welch erwartete von jeder Führungskraft eine kundenzentrierte Vision. Auch wenn Welch von Anfang an auf den Kunden abhob, war dieser Imperativ nicht schon immer Bestandteil der GE-Werteliste. Als der GE-Vorsitzende 1999 erfuhr, dass einige Kunden die Vorteile von Six Sigma nicht „spürten“, ließ er seine Senior-Manager unmissverständlich wissen, dass die Bedeutung der Kunden niemals wieder vergessen werden dürfte – und drei der neun Werte auf der nächsten Liste der GE-Werte hoben den Kunden und die Kundenorientierung deutlich hervor.

Kundenzufriedenheit

Einer der Schlüssel für den Erfolg von General Electric. In vielen der Schlüsselinitiativen und -programme, mit denen Welch das Unternehmen umbaute, nahm die Kundenzufriedenheit eine wichtige Position ein. Drei der neun Werte der jüngsten Liste der GE-Werte (darunter die ersten beiden) sprechen die Bedeutung des Kunden an. Für Welch war die Kundenzufriedenheit der Faktor, mit dem er den Erfolg des Six Sigma-Programms maß. Während seiner Amtszeit griff er zu dem Bild des „Gemischtwarenladens“, um zu beschreiben, wie ein Unternehmen mit seinen Kunden umgehen sollte. Was für einen Gemischtwarenladen gilt, so Welch, gilt genauso für einen Konzern, der ein halbe Billion Dollar Umsatz macht: Wenn die Waren im Regal zu alt sind oder den Kundenbedürfnissen nicht entsprechen, sind die Kunden enttäuscht und gehen zur Konkurrenz. Komplizierter durfte es in Welchs „Business is simple“-Welt nicht sein.

L

Laboratorium

Welch betrachtete die 350 GE-Geschäftsbereiche als „Laboratorien“. Das GE-Betriebssystem förderte seiner Meinung nach eine Lernkultur, die die Schleusen für eine Flut neuer Ideen aus allen Bereichen des Unternehmens öffnete. Er sah die einzelnen Einheiten als Laboratorien, die mit neuen Ideen experimentieren, Best Practices übernehmen und so weiter. Für ihn wurde GE von einem fundamentalen Prinzip angetrieben: von dem unersättlichen Durst aller Mitarbeiter nach neuen Ideen und ihrer Fähigkeit, „das Gelernte in die Tat“ umzusetzen. Genau darin, verkündete der GE-Chairman, bestand letztendlich der Wettbewerbsvorteil des Unternehmens. Die Vorstellung von einem Unternehmen als einem Laboratorium, in dem neuen Ideen entwickelt und getestet werden, ist ein weiteres Beispiel für die letzte Entwicklungsphase der Führungspersönlichkeit Jack Welch.

Lagerumschlag

Einer der Erfolgsmaßstäbe von Welch. Nach der Umsetzung seiner Strategien in den 80er-Jahren stieg der Lagerumschlag (die Rate, wie oft ein Unternehmen seinen Lagerbestand innerhalb eines bestimmten Zeitraums verkauft) erheblich. Welch setzte für 1995 das Stretch-Ziel einer Lagerumschlagsrate von 10, allerdings wurde diese nicht erreicht, die Rate lag „nur“ bei 7,8 (keine geringe Leistung, da die Rate in den vorangegangenen 100 Jahren nie über 5 gestiegen war).

Lehrbuch

In den 80er-Jahren wiederholte Welch immer wieder den gleichen Ausspruch: „Für die Probleme, die sich uns stellen, gibt es keine Antworten aus dem Lehrbuch. Wir müssen jeden Tag unsere eigenen Lehrbücher schreiben." Er erfüllte dieses Versprechen und schrieb viele Regeln und Konzepte nieder, die das moderne Management bestimmen (Nummer 1, Nummer 2; Grenzenlosigkeit). Im Sommer des Jahres 2000 bemühten sich die Verlage um die Rechte an der lange erwarteten Autobiografie von Welch. Time Warner machte schließlich das Rennen um Welchs „Lehrbuch" und bezahlte für die Rechte in Nordamerika über 7 Millionen Dollar. Mit den zusätzlichen 3 Millionen Dollar für die Übersetzungsrechte ist der Welch-Deal vermutlich der größte in der Geschichte der Sachbücher.

σσσσσσ

Lernende Organisation (auch Lernkultur)

Ein besonderes Anliegen war für Welch die Umgestaltung eines über 100 Jahre alten Unternehmens zu einer Lernkultur, in der Ideen und Wissen Vorrang gegenüber Tradition und Hierarchie haben. Welchs Begeisterung für dieses Thema zeigt sich in einer Antwort, die er 1994 auf die Frage nach seinem Rücktritt gab: „Wenn ich nichts mehr Neues lerne und nur noch von der Vergangenheit anstatt von der Zukunft spreche, werde ich meinen Abschied nehmen." Welch war dem Konzept des Lernens so verpflichtet, dass er die Aufgeschlossenheit gegenüber neuen Ideen zum entscheidenden Kriterium für Führungskräfte bestimmte. Falls er einmal nicht mehr nach neuen Ideen oder besseren Methoden suchen sollte, wäre es Zeit für seinen Rücktritt. (In den letzten Monaten seiner über 40-jährigen Laufbahn bei GE gab es allerdings keinerlei Hinweise, dass der achte GE-CEO seinen Lerneifer verloren hätte.) Welch meint: „Durch den Übergang zu einer lernenden Organisation haben wir aus der Marktvielfalt und der geographischen Verbreitung, den traditionellen Handicaps großer Unternehmen, einen entscheidenden Vorteil gemacht."

Der Vorteil, auf den Welch sich bezieht, ist der unerschöpfliche Fluss an Ideen und Informationen bei GE. Er wird durch die ausgedehnte Lernarchitektur bei GE ermöglicht, die jeden zu neuen Ideen ermutigt. Welchs Ausspruch, bei der Unternehmensführung gehe es um die Nutzung des Verstandes, ist der Schlüssel für eine lernende Kultur.

Definition einer lernenden Organisation

In einer lernenden Organisation haben die Mitarbeiter Zugang zu wichtigen Informationen und können neue Möglichkeiten erproben. Außerdem erwartet man von ihnen kreative Lösungen für ein Problem. Eine lernende Organisation hat sich der Grenzenlosigkeit verschrieben, wirkt vertrauensbildend und fördert die Zusammenarbeit. Welchs Vision von einer lernenden Organisation liegt die Erkenntnis zugrunde, dass sich Mitarbeiter der Entwicklung neuer Ideen widmen müssen: „Es ist eine Auszeichnung, hier etwas zu lernen, unabhängig davon, woher es stammt." Lange vor Welchs Zeit galt bei GE „NIH" („Not Invented Here" – „Nicht hier erfunden"). Wenn eine Idee nicht von GE stammte, war das Unternehmen nicht interessiert. NIH ist das Gegenteil einer lernenden Kultur, daher schaffte Welch diesen Grundsatz ebenso wie die antiquierte Einstellung bei GE gegenüber dem Lernen kurzerhand ab.

Die Ursprünge der Lernkultur von GE

Im Mittelpunkt einer Lernkultur steht die grundlegende Erkenntnis: „Wir kennen nicht alle Antworten." Selbst diese einfache Annahme verstieß gegen die langjährige GE-Tradition. Die Gründe für diese Arroganz sind klar: Im Jahr vor Welchs Amtsantritt wurde GE von den CEOs der Fortune 500-Firmen zum besten Unternehmen in Amerika gekürt. Welchs Vorgänger Reg Jones wurde in der gleichen Umfrage zum besten CEO gewählt. Bei GE war man der Ansicht, wenn das Unternehmen diese Auszeichnungen gewann, musste es auch einen guten Grund dafür geben. Wenn GE keine Antwort wusste, hatte niemand eine Lösung. Welch lehnte diese Sichtweise ab. Er war der Erste, der zugab, dass er den Markt für gute Ideen nicht gepachtet hatte, indem er einmal sagte, dass GE, wenn es bei der Ideenfindung allein auf ihn angewiesen wäre, „binnen einer Stunde untergehen“ würde.

Die vier Eigenschaften einer lernenden Organisation

Eine lernende Organisation besitzt viele Vorteile, es gibt allerdings vier Voraussetzungen, die für jede Lernkultur erforderlich sind:

1. **Der offene Austausch von Informationen:** In einer lernenden Organisation werden Informationen nicht gehortet oder geheim gehalten, sondern ausgetauscht und frei zugänglich gemacht. Ohne Informationen und einen gemeinsamen Bezugsrahmen ist Lernen unmöglich.

2. **Legen Sie besonderen Wert auf die Lernkultur und investieren Sie in ihre Zukunft:** Bei einer lernenden Organisation steht das Lernen im Mittelpunkt. Welch betont unermüdlich die Bedeutung des Lernens und neuer Ideen. Sein Engagement für das Lernen unterstreicht er mit entsprechenden Investitionen. Für Crotonville wurden Millionen ausgegeben (auch in Zeiten der Kostensenkung), ferner investiert GE jedes Jahr etwa 500 Millionen Dollar in Schulungen und Fortbildungen.

3. **Bestrafen Sie Fehler oder Misserfolge nicht:** In einer Lernkultur sind Fehlschläge und Fehler akzeptabel. Welch selbst räumt viele Fehler ein. Wichtig ist es, die Lektionen in die Struktur der Organisation einzubeziehen, damit jeder aus den Fehlleistungen lernt.

4. **Verlangen Sie ein kontinuierliches Lernen:** In einer Lernkultur muss das Lernen zum Reflex werden und nicht nur gelegentlich praktiziert werden. Es muss Bestandteil der Unternehmenskultur sein und bei Schulungen und Meetings im Mittelpunkt stehen. Welch erklärte, das Lernen bei GE „liegt uns im Blut".

Die Entwicklung der lernenden Organisation

Bei seinem Amtsantritt hatte Welch keine Lernkultur im Sinn. Er musste sich zunächst dem Unternehmensportfolio von GE widmen, das nicht seinen Standards entsprach. Doch nachdem er in der Hardware-Phase die entsprechenden Maßnahmen umgesetzt hatte (Umstrukturierung, die „Nummer 1, Nummer 2"-Strategie) konnte er sich damit befassen, die interne Architektur einer lernenden Organisation zu entwickeln. Welch bereitete die Software-Phase vor. Work-Out schuf eine Atmosphäre des gegenseitigen Vertrauens und förderte so ein grenzenloses Verhalten. In den 90er-Jahren legte Welch seine Vision für GE dar. Er wollte eine offene, leidenschaftliche Organisation, die sich dem Lernen verschrieben hatte und unermüdlich nach Verbesserungen strebte.

Welch bezeichnete dieses Ideal als „integrierte Diversifikation" und später als „Lernkultur" (die integrierte Diversifikation war der Vorgänger der lernenden Organisation; das Konzept war im Grunde gleich, nur die Bezeichnung wechselte). Die lernende Organisation machte aus den ungleichen Unternehmen von GE weit mehr als die Summe der Teile und trug so zur Umsetzung von Welchs Dauerbrenner-Ziel bei: aus GE das wettbewerbsfähigste Unternehmen der Welt zu machen.

In seinen letzten Monaten als CEO erklärte Welch, Ungezwungenheit und Grenzenlosigkeit würden einen wichtigen Beitrag zur Lernkultur von GE leisten. Er definierte die Lernkultur von GE als einen beherzten, stets wissbegierigen Unternehmungsgeist, der die besten Leute in der Welt findet, fördert und sie unterstützt bei ihrem unersättlichen Hunger zu lernen, sich zu fordern und jeden Tag eine bessere Idee, eine bessere Methode kennen zu lernen.“

Die lernende Organisation und Best Practices

Einer der Schlüssel für eine Lernkultur ist nicht nur der „Diebstahl“ von Ideen (oder die „Plagiatisierung“, wie Welch es formulierte), sondern auch, dass man die Mitarbeiter wissen lässt, es liegt in ihrer *Verantwortung,* hervorragende Ideen vorzubringen. Welch ging mit gutem Beispiel voran und räumte freimütig ein, dass viele Ideen, die er umsetzte, von „Wettbewerbern“ stammten. So schrieb er zum Beispiel IBM und Johnson & Johnson das Verdienst zu, GE bei der Globalisierung geholfen zu haben. Das offensichtlichste Beispiel für die Übernahme einer Best Practice ist jedoch Six Sigma, das Welch stets als Pionierleistung von Motorola anerkannte.

Die Bedeutung einer lernenden Organisation

Die Lernkultur ist eine der treibenden Kräfte für den Erfolg von Welch und GE. Wenn GE kein Betriebssystem zur Vermittlung von Wissen und Werten im gesamten Unternehmen entwickelt hätte, wäre die Erfolgsstory von Jack Welch vermutlich nie geschrieben worden. Die Umgestaltung eines hierarchischen Unternehmens mit Kommando- und Kontrollstruktur zu einer lernenden Organisation gilt als eine der wichtigsten Leistungen von Welch. Tatsächlich richtete sich ein Großteil der Bemühungen Welchs auf diesen Wandel. Er sorgte dafür, dass man bei GE auf die alten Praktiken wie etwa NIH verzichtete. Mit seiner Forderung, dass alle GE-Beschäftigten überall gute Ideen aufnehmen, trug er dazu bei, dass die Silos und schlechten Angewohnheiten, mit denen sich GE im Lauf von Jahrzehnten isoliert hatte, der Vergangenheit angehörten.

Lektionen aus der Lernkultur

1. **Vergewissern Sie sich vor dem Aufbau einer Lernkultur, dass das Unternehmen eine solide Grundlage besitzt:** Welch wusste, dass er in seinen Anfangsjahren als CEO keine Lernkultur schaffen konnte. Verlustbringende Geschäftsbereiche und eine ausufernde Bürokratie lähmten das Unternehmen. Welch musste daher zunächst die grundlegenden Probleme angehen, bevor er den Aufbau einer Lernkultur wagen konnte.
2. **Beseitigen Sie zunächst die Grenzen:** Eine Lernkultur kann sich nicht in einer Organisation verwurzeln, die zahllose Führungsebenen, Bürokratie und Arroganz aufweist.
3. **Belohnen Sie Verhaltensweisen, die eine Lernkultur fördern:** Welch verlangte von seinen Managern stets, dass sich Belohnungen mit den erwünschten Resultaten decken. Bei seinem Amtsantritt waren Aktienoptionen nur für die höheren Ränge des GE-Managements vorgesehen. Welch änderte das und beteiligte tausende von GE-Mitarbeitern an dem Programm.
4. **Setzen Sie, wenn nötig, Berater ein:** Im Lauf der Jahre griffen Welch und GE häufig auf Berater zurück (z.B. Noel Tichy, Ram Charan). Dadurch konnte GE seine Lernprozesse bei wichtigen Themen, wie etwa der Entwicklung von Unternehmenswerten, beschleunigen. Welch scheute sich nie zuzugeben, dass er jede Idee benötigte, derer er habhaft werden konnte, und er sich deshalb manchmal auch um Expertenrat von außen bemühen musste.

Lethargie

Der Feind eines schlanken und agilen Unternehmens. Fast jede Maßnahme von Welch zielte darauf ab, die Mitarbeiter aufzurütteln und der Lethargie ein Ende zu machen, die jahrelang bei GE geherrscht hatte. Laut Welch müssen Beschäftigte an jedem Arbeitstag bereit sein, die Tagesordnung umzuwerfen.

M

Management

Welch sagte einmal: „Mit Management lässt sich ein beständiges zweistelliges Wachstum bei GE nicht erreichen.“ Er verband mit dem Wort Management alle Eigenschaften einer Kommando- und Kontrollstruktur wie etwa Aufsicht und Hierarchie. Welch bevorzugte daher Begriffe und Ideen in Zusammenhang mit Führung und Stretch. Häufig fragte er: „Wie weit können wir das voranbringen?“ oder „Wie weit können wir das Wachstum steigern?“ Indem er die Beschäftigten aufforderte, mehr zu tun, als sie für möglich hielten, baute Welch eine Organisation auf, in der die Beteiligten seine Vision einer kontinuierlichen Verbesserung teilten.

Im Jahr 1998 fasste er stolz zusammen, wie die GE-Mitarbeiter auf den Wandel reagiert hatten: „Die GE-Leute kamen in den vergangenen 20 Jahren wiederholt der Aufforderung nach, das Unternehmen zu wandeln, die Bürokratie abzubauen, die Globalisierung umzusetzen, den Dienstleistungsbereich zu verstärken, eine neue Kultur des Lernens und der Beteiligung zu entwickeln – eine Herausforderung nach der anderen.“

Management by Objective (MBO)

„Führen über Ziele“, ein Vorgang, bei dem das Unternehmen zusammen mit einzelnen Mitarbeitern Unternehmens- und individuelle Ziele auf gemeinsamer Grundlage ausarbeitet. Möglicherweise war General Electric das erste Unternehmen, das dieses Konzept umsetzte. Der Management-Guru Peter Drucker war der erste Theoretiker, der über diese mittlerweile veraltete Methode zur Zielsetzung schrieb.

Manager

Die besten Führungskräfte managen nicht, sie führen. Welch mochte die Bezeichnung Manager nicht. Er begann 1960 bei GE und war in einer Zeit geprägt worden, in der Management „Aufsicht" und „Kommando und Kontrolle" bedeutete. Diese Verhaltensweisen waren eng mit den Führungsmethoden beim Militär verknüpft. In der Unternehmenswelt entwickelten sie sich Ende der 40er- und Anfang der 50er-Jahre unter dem Einfluss von Führungskräften, die im Zweiten Weltkrieg beim Militär gedient waren. Bis zum Amtsantritt von Welch hatte sich seitdem nicht viel geändert. Kommando und Kontrolle galten immer noch als die besten Methoden zur Leitung einer großen Organisation. Erst Welch brachte den Wandel. Für den neuen CEO war weniger Management das beste Management. Ein Unternehmensführer sollte eine Vision schaffen und dann aus dem Weg gehen. Die besten Führungskräfte reißen ihre Beschäftigten mit und wecken ihre Begeisterung, anstatt sich auf einen autokratischen Führungsstil zurückzuziehen oder sich bei der Leistung einfach auf die Mitarbeiter zu verlassen.

Marktwert

Schon früh erklärte Welch den Analysten von der Wall Street, er wolle General Electric zur „Nummer 1" beim Marktwert machen, und meinte damit, der Aktienwert des Unternehmens sollte höher sein als der aller anderen Unternehmen. Als Welch das Steuer übernahm, betrug der Wert der Marktkapitalisierung von GE 13 Milliarden Dollar. Welch steigerte ihn um das fast 50fache und erreichte in der ersten Jahreshälfte von 2000 einen Marktwert von 600 Milliarden Dollar, allerdings fiel dieser später wieder unter 500 Milliarden Dollar. GE war das erste Unternehmen, das die historische Marke von 600 Milliarden Dollar erreichte.

Master Black Belts

Eine der entscheidenden Gruppen der Six-Sigma-Initiative von GE. Master Black Belts haben als Vollzeit-Lehrer mindestens zehn Black Belts betreut, die ihrerseits ein Zertifikat anstreben. Ein Master Black Belt erhält sein Zertifikat vom Champion-Team des Geschäftsbereichs. Master Black Belts sind Six-Sigma-Teamleiter und Mentoren der Black Belts.

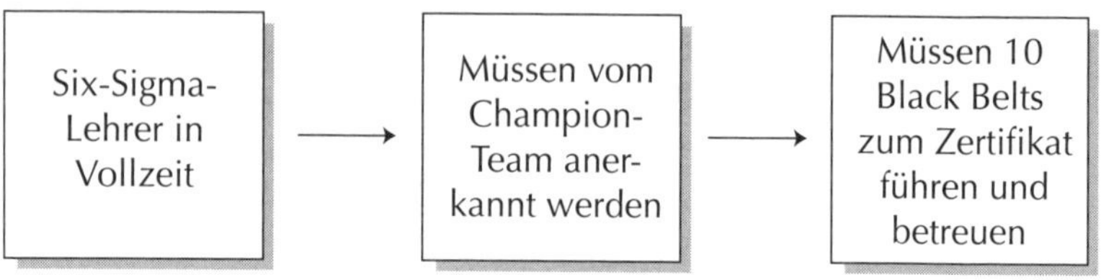

Master Black Belts: Six Sigma-Lehrer in Vollzeit. Sie leiten und beurteilen Black Belts.

Ein Black-Belt-Kandidat sollte vor seiner offiziellen Ernennung einige erfolgreiche Verbesserungsprojekte durchgeführt haben.

Matrixorganisationen für Produktmanagement

Der Begriff bezieht sich auf Querschnittsteams unter der Leitung von Produktmanagern, die bei GE eingerichtet wurden und die sich stärker auf Märkte und Kundendienste konzentrieren sollten. Diese Form der kundenorientierten Organisation entsprach Welchs Vorstellung von einem grenzenlosen Unternehmen.

Minderheiten

Einer der wenigen Bereiche, in denen sich GE Kritik zuzog, war die mangelnde Diversifizierung unter den Führungskräften. Allerdings ist Welch stolz darauf, dass das

Unternehmen gegen Ende seiner Amtszeit bedeutende Schritte in diese Richtung unternommen hat. 2001 war über ein Viertel der 3900 Führungskräfte bei GE weiblich oder gehörte Minderheiten an, außerdem stammten über 30 Milliarden Dollar beim Umsatz von GE aus Unternehmen, die von Frauen oder Angehörigen einer Minderheit geleitet wurden. Diese Tatsachen konnten jedoch nicht der negativen Berichterstattung der Presse Einhalt gebieten. (Im Jahr 2000 brachte die *New York Times* einen großen Artikel, in dem GE in dieser Angelegenheit in die Pflicht genommen wurde.)

Mitarbeiterumfrage

Jedes Jahr seit 1994 werden bei GE Umfragen unter den Managern und Mitarbeitern durchgeführt, um herauszufinden, was sie wirklich denken. Was gefällt ihnen an ihrer Arbeit? Was lässt sie des Nachts keinen Schlaf finden? Die „CEO-Umfrage“, wie sie auch genannt wird, war eine von Welchs Methoden zu ermitteln, wie effektiv das Betriebssystem die jüngsten unternehmensweiten Initiativen umsetzte. Allerdings werden die Fragebögen nicht an alle, sondern nur an einen kleinen Teil der GE-Mitarbeiter verschickt – neben den GE-Vice Presidents und leitenden Managern werden 7000 hochqualifizierte Mitarbeiter befragt.

Abgesehen von einigen Fragen, die die Reaktion auf eine bestimmte Strategie oder Initiative erfassen sollen (beispielsweise die E-Initiative), hat sich an den Fragebögen über die Jahre hinweg wenig geändert. Die Umfrageergebnisse zeigten Welch, welchen Themen das Unternehmen in Zukunft möglicherweise mehr Aufmerksamkeit widmen sollte. Unter anderem schreibt der GE-CEO dieser jährlichen Umfrage das Verdienst zu, den Zündfunken für die wichtigste Initiative der GE-Geschichte geliefert zu haben: die Six-Sigma-Qualitätsinitiative.

Mitverantwortung

Welch hoffte, dass sich die GE-Mitarbeiter und Manager aufgrund seiner vertrauensbildenden Maßnahmen für den Aufbau des Unternehmens verantwortlich fühlten. Die Mitarbeiter sollten genug Selbstvertrauen haben, um Entscheidungen zu treffen, Aufgaben an andere zu delegieren und wichtige Aufgaben, die für den Ausbau des Geschäfts entscheidend sind, selbst zu erledigen. Mitarbeiterverantwortung spielte bei Welchs frühen Entscheidungen in den 80er-Jahren eine wichtige Rolle. Als er GE 1981 bewertete, hatte er den Eindruck, dass das bloße Vorhandensein der Abteilungen für strategische Planung die Übernahme von Verantwortung bei GE untergrub. Nach Welchs Ansicht sollten nicht die Planer, sondern die Unternehmensführer für die wichtigsten Entscheidungen über die Zukunft des Unternehmens verantwortlich sein. Durch die Abschaffung der strategischen Planer ermächtigte Welch seine Unternehmensführer, ihre eigenen Unternehmen zu betreiben, und weckte damit im gesamten Unternehmen Verantwortungsgefühl.

Mumm

Welch verlangte von seinen Mitarbeitern „Mumm, Kopf und Herz". Mit Mumm meinte Welch Selbstvertrauen. Immer wieder sagte er, die Vermittlung von Selbstvertrauen sei eine seiner wichtigsten Aufgaben. Laut Welch ist echtes Selbstvertrauen eine seltene Eigenschaft.

N

σσσσσσ

Nachfolgeplanung

Einer der Hauptfaktoren für den Erfolg von GE. Wenn es die rigorose Nachfolgeplanung nicht gegeben hätte, wäre Jack Welch möglicherweise niemals der achte CEO von GE geworden. Sowohl Reg Jones (der siebte CEO) also auch Jack Welch begannen die Suche nach ihren Nachfolgern sechs Jahre vor ihrem Rücktritt, und der Vorstand spielte dabei eine wichtige Rolle. Im November 2000 ernannte Welch schließlich seinen Nachfolger, Jeff Immelt, den Leiter des GE-Bereichs Medizinische Systeme, der sein Amt im September 2001 antrat.

GE und die Nachfolgefrage

Manche Firmen werden scharf kritisiert, weil sie eine schlechte Nachfolgeplanung betreiben. Wenige Firmen nehmen die Frage so ernst wie GE. Welchs Vorgänger Reg Jones begann seine Karriere bei GE im Jahr 1939 und leitete die Suche nach seinem Nachfolger 1974 ein, volle sechs Jahre vor seinen Rücktritt. Als Hilfsmaßnahme bei diesem Auswahlprozess entwarf er ein Diagramm mit 35 Kästchen, das den umständlichen Titel „Straßenkarte für die GE-Nachfolge“ trug. Als in der Firma eine Liste von 96 potenziellen Kandidaten aufgestellt wurde, fehlte auffälligerweise ein Name: Jack Welch. Jones erkundigte sich und erfuhr, dass der 39-jährige Welch ein ausgeprägter Einzelgänger sei und nicht in die GE-Gussform passe. Welchs Name wurde auf die Liste gesetzt – er war einer der acht Kandidaten, die an den so genannten „Flugzeuginterviews“ teilnahmen.

Welchs Vorstellungsgespräche

In einer dieser Vorstellungsrunden soll Jones den Kandidaten Welch gefragt haben: „Angenommen, wir beide kommen bei einem Flugzeugabsturz ums Leben: Wer sollte dann Chairman von GE werden?“ Welch wurde gebeten, die anderen Kandidaten zu bewerten und Jones zu sagen, welchen er für den am besten qualifizierten Mann hielt: „Mich selbst natürlich!“, erklärte Welch (wobei er ignorierte, dass er ja eigentlich tot sein sollte). Dennoch hatte Welch Recht – er war der am besten qualifizierte Kandidat, und seit er 1981 die Zügel übernahm, hat kein anderer CEO so oft Recht behalten wie er. Wenn man weiß, wie vorausschauend Welch agierte, kann man sich nur schwer vorstellen, dass er nicht darauf vorbereitet gewesen sein könnte, seinen Nachfolger benennen zu müssen.

Staffellauf: Welch gibt den 500-Milliarden-Dollar-Stab weiter

Jack Welch verkündete im November 2000 nach monatelangen Spekulationen die Nachricht, auf die die amerikanische Wirtschaftswelt gewartet hatte: Jeff Immelt werde ihn als Chairman und CEO von General Electric ablösen. Die Ankündigung beendete das meistbeachtete Nachfolgerennen in der Unternehmensgeschichte. Immelt ist erst der neunte CEO und er tritt in große Fußspuren: Er wird nicht nur den Mantel einer 124-jährigen Institution tragen müssen, die von Thomas Edison gegründet worden war, sondern auch die Nachfolge eines Mannes antreten, den das Magazin *Fortune* zum „Manager des Jahrhunderts“ gekürt hatte. Immelt steht einer gewaltigen Aufgabe gegenüber: Er muss nicht nur Welchs Erbe sichern, sondern auch einem der angesehensten Unternehmen der Welt seinen eigenen Stempel aufdrücken.

Schlüsselkriterium bei der Auswahl eines Nachfolgers

Nach welchen Qualitäten hielten Welch und der GE-Vorstand Ausschau, als sie einen Nachfolger suchten? Welch erklärte, er wolle jemanden finden, der über „unglaubliche Energie verfügt, andere begeistern und eine Vision formulieren kann, der den Wandel genießt und sich nicht davon lähmen lässt". Als Welch nach dem Verfahren gefragt wurde, erklärte er, dass es bei der Auswahl keine bestimmte Formel gebe und dass es auch keine zentrale Rolle spiele, ob ein Kandidat irgendeiner strategischen Vision folge. Das Verfahren schien eher intuitiv. Der GE-Vorstand verbrachte (insgesamt) tausende Stunden damit, die Kandidaten besser kennen zu lernen. Welch glaubte, dass diese Gespräche den wichtigsten Teil darstellten. „Das Verfahren ist rein chemisch: Blut, Schweiß, Familie, Gefühle", erklärte er.

Ein weiterer Schlüsselfaktor war Immelts Alter. Welch war überzeugt, dass sein Nachfolger Zeit brauchen werde, um in den Job hineinzuwachsen. Er selbst war ungefähr in Immelts Alter gewesen, als er 1981 CEO wurde, und sowohl Welch selbst als auch der Vorstand suchten jemanden, der den Job 20 Jahre lang ausüben konnte. Die beiden anderen Kandidaten, Robert Nardelli und James McNervney, waren älter als Immelt und hätten das Pensionsalter von 65 Jahren erreicht, bevor sie 20 Jahre lang im Amt gewesen wären. (Beide Kandidaten verließen GE schon wenige Wochen nach ihrer Niederlage und wurden jeweils CEO von The Home Depot und von 3M.)

Welch über die Rolle seines Nachfolgers

Welch erklärte, Immelt solle nicht das weiterführen, was er selbst in die Wege geleitet habe, sondern die Chance ergreifen und das Unternehmen neu erfinden, wie Welch selbst es nach seiner Ernennung getan habe. Einige Monate vor seiner Verabschiedung meinte Welch, die Rolle seines Nachfolgers solle nicht darin bestehen, blind in seine Fußstapfen zu treten, sondern neue Initiativen einzuleiten und GE auf das nächsthöhere Niveau zu führen: „Mein Nachfolger weiß, dass er nicht das tun soll, was ich getan habe, sondern er soll meine Maßnahmen als Starthilfe für ganz neue Ideen, neue Maßnahmen betrachten ... Jetzt ist er am Zug."

Neutronen-Jack

Ungeliebter Spitzname von Welch, der ihm nach der Entlassung von 150.000 Mitarbeitern in den 80er-Jahren angehängt wurde. (Der Name geht auf die Neutronenbombe zurück, die Menschen tötet, Gebäude dagegen intakt lässt.) Nach Meinung von Welch wäre es wesentlich herzloser gewesen, die Mitarbeiter zu behalten und sie später zu entlassen, wenn sie wenig Aussicht auf eine neue Karriere gehabt hätten. Selbstverständlich stand Welch über dem Spitznamen und wurde zu einem der am meisten bewunderten Unternehmensführer der Welt. Doch sobald Anfang 2001 Gerüchte über neue Entlassungen kursierten, wurde der alte Spitzname von den Medien wieder hervorgeholt.

New England Town Meeting

Vorbild für Welchs Kulturinitiative Work-Out waren die Town Meetings in den Neuengland-Staaten, bei denen die Einwohner mit den Bürgermeistern und Ratsmitgliedern diskutieren können. Bei einer Work-Out-Sitzung versammeln sich etwa 40 bis 100 Mitarbeiter und befassen sich mit unnötigem Arbeitsaufwand und anderen Problemen des Unternehmens.

Niedrig hängende Früchte

Offensichtliche Probleme, die bei einer Work-Out-Sitzung am leichtesten zu beheben sind. Aufwand und Ertrag sind gleichermaßen gering. Da die „niedrig hängenden Früchte" so einfach anzugehen sind, wenden sich die GE-Mitarbeiter häufig zuerst ihnen zu, bevor sie sich mit schwierigeren Problemen befassen (wie zum Beispiel den „harten Nüssen").

Niedrigpreisstrategie

Eine Strategie der Sparte Hausgeräte von GE. Der Gedanke hinter dieser Strategie ist, sinnvolle Kosteneinsparungen in der gesamten Wertschöpfungskette zu erreichen und so der Herausforderung durch die Konkurrenz zu begegnen. Als Niedrigpreisanbieter kann ein Unternehmen Absatz und Marktanteil ausbauen. Die Strategie funktioniert am besten bei Märkten, auf denen eine Produktdifferenzierung schwer zu erreichen, der Preis ein wesentlicher Faktor und der Preiskampf besonders ausgeprägt ist. Das größte potenzielle Problem der Strategie ist, dass die Gewinne sinken, wenn die Preise zu knapp kalkuliert sind.

NIH (Not Invented Here – nicht hier erfunden)

Schon bald nach seinem Amtsantritt wurde Welch mit vielen Elementen der GE-Kultur konfrontiert, die er ablehnte. Sein besonderes Missfallen galt „NIH" oder Not Invented Here (nicht hier erfunden). NIH bedeutete, dass das Unternehmen kein Interesse an einer Idee hatte, die nicht aus der Firma, sondern von außerhalb stammte. Eine derartige Arroganz war Welch ein Gräuel, denn seiner Meinung nach nehmen Ideen in einer lernenden Organisation oberste Priorität ein. Welch wandte seinen Imperativ der Grenzenlosigkeit an und ermutigte so die Mitarbeiter, die besten Ideen unabhängig davon aufzugreifen, woher sie stammten. Welch: „Die entscheidende Annahme ... ist, dass irgendjemand irgendwo eine bessere Idee hat." „Offen gegenüber Ideen von überallher" zu sein ist eine grundlegende Wertaussage von GE und Fundament der Lernkultur. Die Festlegung von Benchmarks bei den Prozessen von GE war ein Schlüssel für die Beseitigung des NIH-Denkens, denn diese Maßnahme förderte die Übernahme der Best Practices anderer Firmen.

NIH-Lektionen

1. **Ermuntern Sie jeden zum Lernen:** Einer der Schlüssel zur Beseitigung von NIH liegt einfach darin, jeden zum Lernen zu ermutigen. Verbreiten Sie die Botschaft, dass gute Ideen willkommen sind, unabhängig davon, woher sie stammen.
2. **Entwickeln Sie Mechanismen zur Verbreitung der besten Ideen im gesamten Unternehmen:** Welch schuf das GE-Betriebssystem zur Verbreitung der Ideen und Initiativen, die den Wandel im gesamten Unternehmen vorantreiben sollen.
3. **Machen Sie die Best Practices zum Bestandteil Ihrer Kultur:** Im Laufe der Jahre förderte Welch nicht nur den Import neuer Ideen, sondern machte die Übernahme von Best Practices zum Bestandteil der Kultur. GE untersuchte andere Unternehmen wie Ford und Hewlett-Packard und lernte deren Best Practices. Außerdem lud der GE-CEO andere Unternehmensführer zu Vorträgen ein, darunter Larry Bossidy von AlliedSignal und John Chambers von Cisco Systems.

Nummer 1, 2, 3 und 4

Welch implementierte die E-Initiative 1999 und räumte ihr im Unternehmen höchste Priorität ein. Die Digitalisierung wurde für Welch so wichtig, dass er schon bald nach der Einführung des Programms erklärte, das Internet sei seine „Nummer 1, 2, 3 und 4“ bei den Prioritäten für den Übergang von GE ins nächste Jahrtausend. Welch kündigte an, dass das Internet einen Energieschub für das Unternehmen mit sich bringe, es schneller und kundenzentrierter gestalte.

σσσσσσ

Nummer 1, Nummer 2

Welchs Vision für alle GE-Geschäftsbereiche war die Marktführung (Nummer 1 oder Nummer 2) auf jedem Markt, auf dem GE vertreten war (und Insider wissen, dass Welch über eine Nummer 2 nicht gerade begeistert war). Die Strategie zählt zu den beständigsten von Welch und wurde bereits in seinem ersten Jahr als CEO formuliert.

Die Ursprünge von Nummer 1, Nummer 2

„Nummer 1, Nummer 2“ ist eines der wichtigsten Konzepte bei Welchs Vision für GE. Welch wurde am 19. Dezember 1980 zum Chairman und CEO von GE gewählt. An jenem Tag wurde die GE-Aktie zu 14,50 Dollar gehandelt. Aufgrund der Inflation und einer Baisse am Aktienmarkt hatte sich der Marktwert der GE-Aktie im Lauf von 10 Jahren inflationsbereinigt um die Hälfte verringert. General Electric galt als Konglomerat, das sich in so vielen Bereichen engagierte, dass niemand erkennen konnte, wo der Fokus oder die Strategie des Unternehmens lagen. Welch schrieb den schwachen Aktienkurs von GE diesem Eindruck zu und kam zu dem Schluss, dass GE seine Marktkapitalisierung nur über einen Imagewandel verbessern konnte.

Im September 1981 enthüllte Welch in einer internen GE-Publikation seine Vision für das Unternehmen und gab den Mitarbeitern Einblick in seine Strategie: „Für ein Unternehmen mit so vielen Geschäftsbereichen und Märkten wie GE gibt es keinen Generalplan. Doch wir haben das strategische Ziel, uns zu einem Unternehmen zu entwickeln, das entweder die Nummer 1 oder die Nummer 2 in seinem Bereich ist.“ Der erste Teil der Aussage zeigt den Einfluss des preußischen Militärtheoretikers General von Clausewitz. Sein Werk *Vom Kriege* erklärt, warum man sich nicht blind an ausführliche Schlachtpläne halten kann, da „unvermeidlich auftretende Friktionen“ eine Änderung des Plans erforderlich machen. Im zweiten Teil verkündet Welch bereits seine Strategie, die stets mit dem GE-Chairman in Verbindung gebracht wird.

Im Dezember 1981 hielt Welch eine Rede vor Finanzanalysten, in der die „Nummer 1, Nummer 2“-Vision vorgestellt wurde. Er sagte, dass es aufgrund der Inflation und des langsamen Wirtschaftswachstums „keinen Raum für mittelmäßige Anbieter von Produkten“ gebe. Welch erklärte weiter, dass Unternehmen „aus dem Mittelfeld“ nicht zu den Gewinnern zählen. Nur die marktführenden Unternehmen (Nummer 1 oder Nummer 2), die „schlanken, weltweit preisgünstigen Produzenten“ und Firmen, die einen „eindeutigen technologischen Vorteil“ wahren können, werden als Sieger hervorgehen. Ironischerweise begriffen die GE-Zuhörer (sehr zum Verdruss von Welch) die Botschaft nicht. Dies ist ein weiteres Beispiel dafür, dass eine Strategie von Welch zunächst Spott erntete und erst später (wenn sich ihr Wert in einem höheren Absatz und einer höheren Gewinnspanne zeigte) bejubelt wurde.

Nummer 1, Nummer 2 wird überarbeitet

Mitte der 90er-Jahre machte ein Management-Kurs in Crotonville Welch auf ein Problem im Zusammenhang mit der „Nummer 1, Nummer 2“-Strategie aufmerksam. Die GE-Manager hatten einen Weg gefunden, ihre Märkte so zu definieren, dass die Marktführerschaft durch ihre Unternehmen garantiert war. Welch erkannte: „Die Idee von Nummer 1, Nummer 2, die ich schon ewig propagiere, ist zu restriktiv. Jeder grenzt seinen Markt so ein, dass er immer die Nummer 1 oder Nummer 2 ist.“ Durch die begrenzte Definition bekräftige das Unternehmen zwar seinen Status als die Nummer 1 oder Nummer 2 auf dem Markt, doch das gehe zulasten neuer Geschäfte, erklärten die GE-Manager.

Bei der Beschreibung eines Marktes, auf dem GE einen erheblichen Marktanteil hatte, definierte das Unternehmen seinen gesamten Markt als nur einen Teil dieses Segments (z.B. den Hochpreisbereich eines bestimmten Marktes). Der Managementkurs drängte den CEO, die Strategie entsprechend zu ändern, damit GE die Definition seiner Märkte weiter fasste. Welch fand die Kritik berechtigt und änderte 1996 die Vorgaben. Er war sehr stolz darauf, dass die Idee für eine Änderung der „Nummer 1, Nummer 2"-Strategie „von unten" kam. Wie jedes Management-Instrument hatte die Strategie irgendwann einmal „ausgedient", wie der GE-Chairman erklärte.

Die überarbeitete Strategie gab eine Marktdefinition vor, mit der der Marktanteil bei jedem bestimmten Segment auf 10 Prozent begrenzt war. Durch diese Änderung öffnete GE seine Märkte, was wiederum neue Geschäftsmöglichkeiten im Produkt- und Servicebereich nach sich zog. Die modifizierte Strategie hatte noch einen Zusatzeffekt: Sie zwang das Unternehmen zu einem aggressiveren Vorgehen auf Schlüsselmärkten. Wenn man sich selbst zum Marktführer in einem bestimmten Segment ernannt hat, schleicht sich leicht Selbstgefälligkeit ein; dagegen ist es weitaus schwieriger, sich selbst auf die Schulter zu klopfen, wenn man die Nummer 3 oder Nummer 4 auf einem gerade erweiterten Markt ist, der viele Wettbewerber umfasst.

Die Bedeutung der „Nummer 1, Nummer 2"-Strategie

„Nummer 1, Nummer 2" ist eine typische Welch-Strategie, die auch 20 Jahre, nachdem sie der frisch gebackene CEO geprägt hat, die Vorgehensweise des Unternehmens bestimmt. Obwohl die Umsetzung der Strategie die Mitarbeiter von GE stark verunsicherte, wich Welch nie von seiner Vision ab. Er war fest entschlossen, aus allen GE-Geschäftsbereichen Marktführer zu machen, denn er wusste, dass nur starke Unternehmen, die auf eigenen Beinen stehen konnten, die Zukunft des Konzerns garantierten. Doch die „Nummer 1, Nummer 2"-Strategie ist noch aus anderen Gründen von Bedeutung.

Zum einen signalisierte die Strategie einen wichtigen Wendepunkt bei GE. Jahrelang hatte sich das Unternehmen an den Status quo gewöhnt. Kein Geschäftsbereich musste sich Sorgen machen, denn niemand hielt einen Wandel für erforderlich. Dann kam Welch und verkündete, die Vergangenheit zähle nicht. Nur weil etwas schon immer so gemacht worden war, musste man es nicht fortsetzen. Das stillschweigende Versprechen einer Beschäftigung auf Lebenszeit bestand nicht mehr. Wenn ein Unternehmen keine Fortschritte in Richtung Marktführung zeigte, wurde es abgestoßen, die Mitarbeiter entlassen. Diese Botschaft entging niemandem.

Der andere wichtige Aspekt ist die Langlebigkeit der Strategie. 20 Jahre nachdem Welch das „Nummer 1, Nummer 2"-Konzept verkündet hat, ist es immer noch die wichtigste Strategie, die das Unternehmen bei der Geschäftsentwicklung leitet. 1999 erklärte Welch, er wolle „globale Unternehmen weitergeben, die Gewinner sind", das heißt, er wollte seinem Nachfolger ein Portfolio an Unternehmen hinterlassen, die auf ihrem Markt Marktführer waren. Welch bekommt seinen Willen, denn GE ist die Nummer 1 auf zahlreichen Märkten, darunter Medizinische Systeme, Finanzdienstleistungen, Energieerzeugung und Flugzeugtriebwerke.

Lektionen aus der „Nummer 1, Nummer 2"-Strategie

1. **Bewerten Sie alle Unternehmen objektiv auf Grundlage der Fakten, nicht ihrer Vergangenheit:** Die Eindeutigkeit des Lackmustests von Welch ist Teil seines Erfolgs. Welch wollte nur Marktführer (Nummer 1, Nummer 2) und stieß Nachzügler (Unternehmen auf Platz 4 oder 5) ab. Viele hielten Welchs Maßnahmen für reine Tyrannei (z.B. den Verkauf der Sparte Hausgeräte 1984), doch der CEO wusste, dass er im Interesse von GE handelte. Seine Entscheidungen beruhten auf Fakten und Realitäten, nicht auf falscher Wahrnehmung und der Vergangenheit des Unternehmens.

2. **Beschränken Sie den Markt nicht:** GE lernte, was passiert, wenn ein Unternehmen seinen Markt in Form von Nischen definiert. Indem das Unternehmen seinen Fokus nur auf ein Segment eines größeren Markts richtete, heimste es zwar intern Lob ein, hatte aber nicht genügend Erfolg auf größeren Märkten. Als die Manager zu einer erweiterten Perspektive gezwungen wurden, steigerte GE seine Geschäftstätigkeit.
3. **Hören Sie nie auf, Märkte neu zu bewerten:** Märkte verändern sich. Neue Wettbewerber treten auf, andere räumen das Feld. Auch Konzentrationsprozesse verändern die Wettbewerbslandschaft. Ermutigen Sie Ihre Manager, „am Puls der Zeit" zu bleiben und Schlüsselmärkte zu beobachten, damit sie nicht unvorbereitet sind.

Nummer 3-Unternehmen

Unternehmen und Geschäftsbereiche, die laut Welch bei einer Rezession zugrunde gehen. Kritiker bei GE und von außen warfen Welch vor, er gebe den Unternehmen nicht genügend Zeit für eine Umstrukturierung, doch der CEO wusste, dass der Schlüssel für die Schaffung des wettbewerbsfähigsten Unternehmens der Welt in der Entwicklung globaler Unternehmen liegt, die Marktführer sind.

O

Offenheit

Das entscheidende Element für jede Organisation, die sich um die Schaffung eines grenzenlosen Unternehmens bemüht. Welch hielt Offenheit für einen Schlüssel einer lernenden Organisation. Alles, was eine offene, grenzenlose Kommunikation behinderte, war in seinen Augen negativ. Viele seiner Strategien und Initiativen richteten sich gegen Blockaden, die in jedem großen Unternehmen vorhanden sind. Offenheit spielte eine wichtige Rolle bei der Schaffung von Welchs lernender Organisation. Mit Programmen wie Work-Out konnte der GE-Chairman eine offene und vertrauensvolle Atmosphäre schaffen, die in der Zeit vor Welch einfach nicht gegeben war. Sobald das Vertrauen erreicht war, nutzte Welch das GE-Betriebssystem zur Förderung des Lernens und zum Aufbau des Intellekts der Organisation. Ohne Offenheit wäre all das nicht möglich gewesen.

Offensive

Die einzige Verhaltensweise für eine GE-Führungskraft in der neuen digitalen Welt. Laut Welch genügt es auf dem turbulenten globalen Markt von heute nicht mehr, sich der Realität zu stellen. Er will nichts davon hören, dass die Herstellung zu lange braucht oder der Kunde für das Produkt noch nicht bereit ist. Welch weiß, dass ein aggressives, direktes Vorgehen die einzige Möglichkeit ist, die Zukunft eines Unternehmens zu sichern. Der CEO war schon immer der Meinung, Schnelligkeit sei der Schlüssel, doch nachdem die E-Initiative beeindruckende Ergebnisse gezeitigt hatte, gewann seine Argumentation im Jahr 2000 an zusätzlicher Überzeugungskraft.

Organisationsstruktur

Bei Welchs Amtsantritt wurde die GE-Struktur von der Bürokratie förmlich erdrückt. Aus einer Struktur mit hunderten von „strategischen Geschäftseinheiten“ machte Welch „grenzenlose“ Geschäftsbereiche, die Best Practices austauschen und so wenig Hierarchie wie möglich aufweisen. Die Strategie der drei Kreise gewährleistete, dass alle GE-Unternehmen in einen der drei Bereiche passten: Kern (z.B. Lampen), Technologie (z.B. medizinische Systeme) und Service (z.B. GE-Finanzdienstleistungen).

P & Q

Pareto-Analyse (oder Pareto-Chart)

Ein weiteres Schlüsselinstrument bei der Umsetzung der Six-Sigma-Initiative (benannt nach dem italienischen Ökonomen Wilfredo Pareto). Den Kern der Pareto-Analyse bildet das Pareto-Prinzip, auch 80:20-Regel genannt: 80 Prozent der Probleme in einer Organisation sind auf 20 Prozent der möglichen Problemursachen zurückzuführen. Auf dem Pareto-Chart werden die Ursachen eines Problems grafisch darstellt. Es ermöglicht dem Nutzer, Daten zu den Defiziten unter Benutzung unterschiedlicher Kriterien zu vergleichen. Ferner lassen sich damit Problemdaten nach Region, Typus oder Wochentag (zum Beispiel, wenn sich Probleme an Dienstagen häufen) sortieren. Die Pareto-Analyse umfasst fünf Schritte, darunter die Auflistung der Aktivitäten, die Berechnung der Häufigkeit ihres Auftretens, das Ranking der Aktivitäten nach ihrem Auftreten, das Zeichnen des Pareto-Charts und die Interpretation der Ergebnisse.

Pilotprojekt-Strategie

Eine kontinuierliche Verbesserungsstrategie für die Umsetzung von Six Sigma. Sie soll die Manager beim Experimentieren mit verschiedenen Ansätzen bei der Überprüfung dessen, was funktioniert und was nicht, unterstützen. Mit Pilotprojekten können sie Probleme („Bugs") identifizieren, und zwar vor der Implementierung. Da sie den Managern schon vor der Einführung des Systems zeigt, wie die Ressourcen am besten eingesetzt werden können, trägt die Pilotprojekt-Strategie fast immer zu Kosteneinsparungen bei. Und weil unvorhergesehene Probleme in fast allen Six-Sigma-Projekten unvermeidlich sind, empfehlen Experten,

Pilotprojekte zu einem festen Bestandteil aller Six-Sigma-Programme zu machen.

Process Mapping

Eines der Schlüsselinstrumente von Six Sigma. Es handelt sich dabei um die bildliche Darstellung eines Vorgangs, der es den Beteiligten ermöglicht, Prozesse zu messen, zu verbessern, zu gestalten und zu managen. Die Diagramme bestehen aus Rechtecken (für die Aufgaben) und Sechsecken (für Entscheidungen und Überprüfungen), die durch Pfeile (Arbeitsströme) verbunden werden. „Process maps" tragen auch dazu bei, die Stärken und Schwächen eines Prozesses herauszuheben; sie können ferner die „Unterbrechungen" und „Engpässe", die „Redundanzen" und „Überarbeitungsschleifen" sowie die Punkte für „Entscheidung/Überprüfung" sichtbar machen.

Process Owner (Prozess-Eigner)

Ein weiteres Schlüsselelement der Six-Sigma-Organisation. Ein entscheidender Schritt bei jedem Six-Sigma-Programm besteht in der Ernennung eines „Process Owner". Diese Person ist im Wesentlichen verantwortlich für die Pflege der wichtigsten Designdaten, die Messungen, die Überwachung der Durchführung, die Lösung von Problemen, die Unterstützung von Verbesserungsmaßnahmen und die Koordination mit Lieferanten und Kunden. Der Process Owner ist die Schlüsselpersönlichkeit, die sicherstellen soll, dass die Six-Sigma-Qualitätsniveaus erreicht werden.

Produktion

Schon in seiner Frühzeit (Ende des 19. Jahrhunderts, zur Zeit der Erfindungen von Thomas Edison) galt GE als führendes herstellendes Unternehmen. Welch erkannte jedoch, dass Dienstleistungen die besten Aussichten für ein erhebliches Wachstum von GE bargen, und verlagerte den Schwerpunkt von der Produktion in den serviceorientierten

Bereich. 1995 startete Welch die Produktservice-Initiative. Mit der Konzentration auf Dienstleistungen im Zusammenhang mit GE-Produkten wie Turbinen und Düsentriebwerke zeigte Welch, dass der Servicebereich für das Unternehmen ein schnelleres Wachstum bot. Innerhalb von fünf Jahren hatte GE aus einem Bereich, mit dem es 8 Milliarden Dollar erwirtschafte, einen hoch spezialisierten Serviceriesen gemacht, der 17 Milliarden Dollar einbrachte.

Produktivität

Welch erklärte nach seiner Ernennung zum CEO die Steigerung der Produktivität zu einer der wichtigsten Prioritäten. Alle von ihm angestoßenen Programme und Initiativen, vom Work-Out über Grenzenlosigkeit bis hin zu E-Business, zielen darauf ab, die Mitarbeiter noch produktiver zu machen. „Wenn ein Unternehmen produktiv wird", erklärte Welch, „gewinnt es die Kontrolle über sein Schicksal." GE jedenfalls gewann die Kontrolle über sein Schicksal – der Konzern erreichte Produktivitätsraten, die doppelt so hoch waren wie in Durchschnittsunternehmen. Dieser ständige Produktivitätszuwachs trug Milliardenbeträge zum Geschäftsergebnis des GE-Konzerns bei.

Welch war beispielsweise 1999 sehr stolz darauf, dass die Working Capital Ratio, einer der Schlüsselmaßstäbe für den Erfolg von GE, mit 11,5 einen noch nie dagewesenen Höchststand erreichte. Das bedeutete eine 80-prozentige Steigerung gegenüber dem früheren Niveau und trug 4 Milliarden Dollar zum Cashflow bei. Die Produktivität war ein entscheidendes Element der GE-Story und brachte dem Konzern viele Ehrungen ein, darunter Titel wie „Meistbewundertes Unternehmen Amerikas" (*Fortune*), „Unternehmen des Jahres" (*Time*) und „Meistgeachtetes Unternehmen der Welt" (*Financial Times*).

σσσσσσ

Produktservice

1995 startete Welch eine weitere Initiative, die das Unternehmen verändern sollte: Produktservice. Er bezeichnete den Produktservice als „zweite Wachstumsinitiative". Durch die Initiative sollten Einnahmen aus dem enormen Bereich der bei GE-Kunden bereits installierten Industrieanlagen und Ausrüstungen erwirtschaftet werden (medizinische Geräte, Turbinen und so weiter). Laut Welch ist es dieser Initiative zu verdanken, dass „unsere Definition der Dienstleistungen ... durch eine breitere und kühnere Vision erweitert wurde". Produktservice sah er als Möglichkeit, die GE-Kompetenzen im Bereich Forschung und Entwicklung sowie im riesigen Bereich des Anlagenbaus so einzusetzen, dass die Produktivität und Rentabilität der Kunden von GE gesteigert würden. Welch bezeichnete das als „Rekonstruktion der Basis der bereits installierten Industrieanlagen" mit dem ausdrücklichen Ziel, die Wettbewerbssituation der GE-Kunden zu verbessern. In seinen letzten Monaten als CEO erklärte Welch: „Produktservice ist nicht weniger hoch technologisch als alles andere, was wir tun."

Die Ursprünge des Produktservice

GE war schon immer als eines der weltweit besten Industrieunternehmen angesehen worden. 1980 erzielte GE den größten Teil seiner Einkünfte (nämlich 85 Prozent) aus seinen Produkten. Während der ersten Welch-Jahre erlebte der Dienstleistungssektor einen Wachstumsschub, aber der CEO von GE hatte ganz andere Prioritäten. Welch bemerkte später, er wünschte, er hätte viel früher mit Dienstleistungen anfangen können. Mitte der 90er-Jahre wurde Welch klar, dass, und die Zukunft von GE im Servicebereich lag, und leitete eine ehrgeizige Kampagne ein, mit dem Ziel eine Organisation für den Produktservice von GE aufzubauen. Noch bevor er diese Initiative in die nächste Stufe überführte, erzielte GE bereits 8 Milliarden Dollar aus dem

Produktservice. In den folgenden fünf Jahren verdoppelte sich dieser Betrag noch einmal.

Das Potenzial des Produktservice

Es ist leicht zu erkennen, was Welch im Geschäftsbereich Produktservice sah. Dort war nicht nur ein substanzielles Ertragspotenzial vorhanden (und eine Wachstumsrate, die weit über der des Fertigungsbereichs lag), sondern es lockten auch Gewinnmargen, die bis zu 50 Prozent über denen des Fertigungsbereichs lagen.

Welchs Ansatz für den Produktservice

Welch meinte, GE könne ein Spiel nicht gewinnen, bei dem die Schrauben immer fester angezogen würden, und müsse sich deshalb darauf konzentrieren, Problemlösungen für seine Kundschaft zu entwickeln. In Serviceleistungen für die gewaltige Basis bereits installierter Anlagen und Ausrüstungen sah er ein ungeheures Potenzial. Er meinte, dass es zu der GE-Vision von einer kundenzentrierten Organisation passe, sich dem Wettbewerb um das Geschäft mit der „Kundenproduktivität" zu stellen. Als das Unternehmen diesen Teil seines Geschäfts aufbaute, wusste es, dass es in keiner Hinsicht seine eigenen Fertigungsbereiche bloßstellen durfte. Welch erklärte, das Unternehmen könne nur dann darauf hoffen, ein erfolgreiches, langfristiges Servicegeschäft aufzubauen, wenn es ihm gelinge, Produkte in Weltklassequalität herzustellen. Beides sei absolut entscheidend und keine Service-Initiative würde ohne Marktführer-Produkte erfolgreich sein. Hier muss ausdrücklich darauf hingewiesen werden, dass diese Initiative im selben Jahr wie Six Sigma gestartet wurde, als die Frage nach der Qualität der GE-Produkte ohnehin direkt im Blickfeld des Unternehmens stand.

Verlagerung im Denken des Unternehmens

Festzuhalten ist, dass GE schon immer im Dienstleistungsbereich tätig gewesen war, aber diese Aktivitäten wurden im Unternehmen nicht hervorgehoben. Die Firma war im Anschlussmarktgeschäft tätig und als Folge davon wurde dem Servicebereich im Vergleich zu den Kernfertigungsbereichen ein geringerer Rang zugewiesen. Doch sobald Welch den Produktservice als neue Initiative verkündet hatte, wurde dieser zu einer der wichtigsten Prioritäten. Manche meinten zwar, dass der Produktservice und der Fertigungsbereich des Konzerns zusammengehalten werden sollten, aber Welch beschloss, dass der Servicebereich von der Produktherstellung getrennt und separat – mit eigenem Profitcenter – geführt werden sollte. Die großen GE-Geschäftsbereiche, wie Flugzeugtriebwerke und Medizinische Systeme, hatten die besten Chancen, wichtige Servicebereiche aufzubauen. Sie reagierten sehr positiv, als der Konzern dem Service neue Priorität einräumte.

Ausrichtung der Unternehmensstrategie an Human Resources

GE führt nicht einfach eine Initiative ein und erwartet dann, dass sich alles andere von selbst ergibt. Vielmehr waren die ehrgeizigsten Programme deshalb erfolgreich, weil es dem Betriebssystem von GE gelang, den Wandel in der gesamten Organisation zu bewirken. Als beispielsweise die Produktservice-Strategie eingeführt wurde, war man im Unternehmen nicht der Meinung, dass der Geschäftsbereich Dienstleistungen große Karrieremöglichkeiten böte. Schließlich schienen Serviceleistungen ziemlich langweilig, vor allem wenn man sie mit der Entwicklung neuer Triebwerke oder irgendeinem Durchbruch bei den medizinischen Geräten verglich. GE gelang es, durch die Einbeziehung der Komponente Human Resources diese Einstellung zu ändern. Das Unternehmen schuf viele neue Servicejobs im Hightech-Bereich und die Wissenschaftler und Ingenieure nutzten diese Chancen.

Produktservice: Eine kundenzentrierte Initiative

Wie bei so vielen seiner Strategien und Initiativen war Welch überzeugt, dass der Fokus des gesamten Ansatzes vor allem auf dem Kunden liegen sollte. Der Chairman musste dabei eine Reihe harter Lektionen lernen und im Unternehmen gab es auch einige unangenehme Momente. So musste Welch beispielsweise erfahren, dass sich die Kunden beschwerten, weil sie trotz der Six-Sigma-Initiative keinen Unterschied spürten. Verärgert stürzte sich Welch in die Sache und ließ seine Manager wissen, dass er diese Situation für nicht akzeptabel halte. Von diesem Augenblick an gab es keine Verwirrung mehr: Der Kunde war der Schlüssel und Jack Welch sorgte dafür, dass das niemand im Unternehmen vergaß würde. Welch fügte dem Katalog der neun GE-Werte eine ausgeprägte Kundenorientierung hinzu.

Rolle der lernenden Organisation beim Produktservice

Welch erläuterte 1999, wie die Lernkultur dazu beitragen könne, seine Wachstumsinitiativen in der Organisation durchzusetzen. „Beide Initiativen, die Globalisierung und den Produktservice, sehen wir in neuer, breiterer Sicht, getrieben von der unersättlichen Lernkultur, die heute im Unternehmen vorherrscht – voneinander zu lernen, über die Geschäftsbereiche hinweg, über die Kulturen hinweg, und von anderen Unternehmen zu lernen.“ Das ist ein weiteres Beispiel dafür, wie sich eine Lernkultur direkt und messbar auf die wichtigsten Maßstäbe des Erfolgs, wie Ertragswachstum und operative Marge, auswirkt.

Produktservice: Ergebnisse und Erträge

Bis zum Jahr 2000 hatte GE den Geschäftsbereich von 8 Milliarden Dollar auf 17 Milliarden Dollar ausgeweitet. Bei der zweistelligen Wachstumsrate von GE wurde dem Produktservice eine wichtige Rolle zugeschrieben. Das Jahr 2000 war für GE ein weiteres Rekordjahr. Der Absatz stieg um 16 Prozent (auf knapp 130 Milliarden Dollar). Die Erträge stiegen sogar noch stärker, nämlich um 18 Prozent auf 12,7 Milliarden. Welch wies immer wieder mit Nachdruck darauf hin, dass sich seine Wachstumsinitiativen direkt auf die entscheidenden Erfolgskriterien von GE auswirkten.

Produktservice-Lektionen

1. **Wenn das Wachstum in anderen Sparten nachlässt, wenden Sie sich den Serviceleistungen und Problemlösungen zu:** Welch wusste, dass sich die Produktfertigung abschwächte. Deshalb trieb er die Servicebereiche in den Konzernaktivitäten voran. Auf diese Weise gelang es ihm, GE auf einer steilen Wachstumsbahn zu halten. In 2000 erhöhte sich der GE-Gewinn um mehr als 15 Prozent.
2. **Sorgen Sie dafür, dass der Kunde den Fokus jeder Initiative im Bereich Produktservice bildet:** GE führte die Kundenorientierung ein und etablierte dabei einen auf Problemlösungen konzentrierten Dienstleistungsbereich, der es den Kunden ermöglichte, konkurrenzfähiger zu werden.
3. **Machen Sie aus dem Produktservice einen separaten Geschäftsbereich:** Viele Mitarbeiter von GE meinten, das Service-Business müsse Teil der Fertigungsbereiche sein. Welch bestand darauf, die Serviceleistungen je nach Produkt herauszulösen und auch die Verantwortung für Gewinne und Verluste entsprechend zuzuweisen.

Projektkooperation

Instrumente der Projektkooperation sind Strategien und Methoden der E-Kommunikation, die GE anwendet, um die Effizienz zu steigern und die Beziehungen zu den Kunden zu festigen. Zu den Instrumenten gehören individuell zugeschnittene Online-Extranets, durch die die Kooperation zwischen den Kunden und GE-Bereichen wie Fertigung, Anlagenbau und so weiter sichergestellt werden soll.

Prozessblocker

Bevor Welch seine Revolution einleitete, standen ganze Abteilungen zwischen dem CEO und den Managern in den operativen Bereichen. Welch glaubte nicht, dass irgendetwas zwischen ihm und den Bereichsmanagern stehen sollte, und eliminierte diese Filterabteilungen im Zuge der Umstrukturierung. Diese Kader von Mitarbeitern, deren Waffen aus Berichten, Vorschriften und Verfahren bestanden, wurden „Prozessblocker“ (Span Breakers) genannt.

Pythonschlangen

So nennt man bei GE die schwierigeren Probleme bei einer Work-Out-Sitzung (das heißt, diese Probleme winden sich wie eine Schlange um Äste und Stämme und sind sehr schwer zu lösen). Es handelt sich um Probleme, deren Lösung eine wesentliche Anstrengung erfordert.

Qualität

Nach Welchs Auffassung der Schlüssel zur Zukunft von GE. 1995 stellte Welch fest, dass GE ein Qualitätsprogramm brauchte, und stürzte sich kopfüber in Six Sigma. Leidenschaftlich widmete er sich dieser „dritten Wachstumsinitiative“ von GE, wie er sie nannte. Durch die Verwirklichung des Six-Sigma-Qualitätsniveaus (weniger als vier Defekte pro Million) kann GE nicht nur die Kunden zufrieden stellen, sondern auch Kosteneinsparungen in Milliardenhöhe erreichen. Welchs Ziel ist, sicherzustellen, dass jeder Mitarbeiter von GE Qualität als Hauptaufgabe ansieht, von der Fertigungshalle bis hin zum Büro des Spitzenmanagers.

Qualitätsregelkarten

Qualitätsregelkarten verfolgen die Varianz eines Prozesses in einer bestimmten Zeit. Sie sind ein zentrales Six-Sigma-Werkzeug und hervorragend dafür geeignet, die Prozessperformance zu überwachen. Darüber hinaus können sie als wirksames Kommunikationsmittel eingesetzt werden, über das alle Teammitglieder über den neuesten Stand unterrichtet werden. Manche Unternehmen hängen Qualitätsregelkarten an Anschlagbrettern aus, damit sich alle Beteiligten über Aktivitäten, Trends, Muster und potenzielle Probleme informieren können. Anhand von Qualitätsregelkarten lassen sich auch Prognosen über die zukünftige Prozessperformance erstellen und Probleme in der DMAIC-Messphase identifizieren (siehe auch *DMAIC*). Außerdem helfen sie mit, die Ergebnisse zu überwachen, und sie fungieren als stetiges Alarmsystem, das die Beteiligten auf ungewöhnliche Vorgänge in einem Prozess hinweist.

Quantensprung

Welchs Begriff für den Start einer neuen Initiative, womit ausgedrückt werden soll, dass GE der Konkurrenz mit Riesensprüngen vorauseilt. Welchs erster Quantensprung war der Kauf von RCA im Jahr 1986 zum Preis von 8 Milliarden Dollar. Dieser Kauf spielte eine Hauptrolle bei der Transformation von GE zu einer Serviceorganisation.

Quick Market Intelligence (QMI)

Ein GE-Prozess, bei dem sich Mitarbeiter regelmäßig treffen, um wichtige Informationen auszutauschen und schnelle Entscheidungen zu treffen. Ziel von QMI ist, sich einen Überblick über die Konkurrenzsituation zu verschaffen und schnell wirkende Taktiken vorzuschlagen, um neue Kunden und Geschäftschancen zu erschließen und potenzielle Probleme abzuwenden. Diese Treffen können als persönliche Besprechungen wie auch über elektronischen Austausch erfolgen. Welch erklärte, GE habe die Technik von Wal-

Mart erlernt – für ihn ein weiterer Beweis, dass GE eine Lernmaschine ist. Den größten Erfolg mit QMI erreichte GE im Geschäftsbereich Haushaltsgeräte. Das Unternehmen schreibt es der QMI-Technik zu, dass in diesem Geschäftsbereich Umsatzsteigerungen erzielt werden konnten. QMI wurde dann auf den Unternehmensbereich Finanzdienstleistungen ausgeweitet und trug auch bei diesem Segment dazu bei, dass Ertragssteigerungen von über 25 Prozent erreicht wurden.

R

Rationalisierung

Der Begriff beschreibt Welchs Ansatz für das „Streamlining" vieler GE-Geschäftsbereiche. (Gewöhnlich bedeutete das, den Umfang der Lohn- und Gehaltslisten zu verringern.)

Realität

Jeder Manager muss sich der Realität stellen, um effektiv führen zu können. Welch erklärte, die Kunst des Führens bestehe letztlich darin, sich der Realität zu stellen und entsprechend der Realität zu handeln. Immer wieder bewies Welch seine Fähigkeit, eine Situation richtig einzuschätzen und dann eine lösungsorientierte Strategie oder eine Initiative zu entwickeln, um die Dinge so angehen zu können, wie es die Realität erforderte.

Realitätsbewusste Führung

Welch stand 20 Jahre lang am Steuer von GE, und während dieser Zeit bewies er die seltene Fähigkeit, die Dinge so zu erkennen, wie sie wirklich waren, und die Bereitschaft, die schwierigen Entscheidungen zu treffen, die eine Situation erforderte. Viele der von Welch selbst initiierten Strategien entstanden, indem er eine bestimmte Realität, ein Problem oder eine Schwäche feststellte. Work-Out beispielsweise wurde dadurch angestoßen, dass Welch eine schwer wiegende Kommunikationslücke zwischen Managern und Mitarbeitern entdeckte (die Manager hörten den Mitarbeitern nicht zu). Bei der Transformation von GE leistete sich Welch nicht den Luxus, auf die Empfindungen von GE-Insidern zu achten oder ständig den Puls der Pressemedien zu messen.

Nachdem er eine bestimmte Realität erfasst hatte, entwarf Welch gewöhnlich eine Strategie oder eine Initiative, die auf diese Realität gerichtet war, und hielt in stoischem Gleichmut daran fest, auch wenn heftige Kritik auf ihn niederprasselte. Das war beispielsweise der Fall, als Welch in den späten 80er-Jahren beschloss, den Unternehmensbereich Unterhaltungselektronik abzustoßen (eigentlich wurde er im Tausch gegen eine Einheit eines französischen Unternehmens abgegeben). In einer Zeitung wurde der CEO von GE beschuldigt, das „amerikanische Erbe“ zu verscherbeln. Offenbar hatte die Zeitung den größeren Zusammenhang nicht erkannt, nämlich dass es sich um einen „Nummer 4“- oder „Nummer 5“-Geschäftsbereich handelte, der in Schwierigkeiten geraten war.

Realitätssinn

Welch verlangt von jedem GE-Mitarbeiter, die Dinge so zu sehen, wie sie wirklich sind. Nach Aussage des CEO hat er diese Sichtweise seiner Mutter zu verdanken. Sie schärfte ihrem Sohn ein, sich nie etwas vorzumachen, die Dinge so zu sehen, wie sie sind, und nicht, wie er sie gerne hätte. Welch ging bei der Umsetzung seiner Anordnung mit gutem Beispiel voran. Bei jeder Umbruchsituation bewies er seine Fähigkeit, die Lage richtig einzuschätzen und eine Strategie, ein Programm oder eine Initiative zu entwerfen, die sich mit der neuen Realität befasste.

So kreierte Welch seine „Nummer 1, Nummer 2“-Strategie in dem Wissen, dass viele GE-Unternehmen nicht stark genug waren, um auf sich allein gestellt zu überleben. Daher nahm er die erforderlichen Maßnahmen in Angriff, dank deren GE, langfristig betrachtet, zu einem wesentlich gesünderen Unternehmen wurde. Im Folgenden werden die Realitäten aufgeführt, mit denen sich Welch zwischen 1981 und 2001 auseinander setzen musste, sowie die Maßnahmen, die er der Situation entsprechend in die Wege leitete (in chronologischer Reihenfolge):

Die Realitäten bei GE, Jahrzehnt für Jahrzehnt

Welchs Anfangszeit: die 80er-Jahre
Anfang bis Mitte der 80er-Jahre: Die Auseinandersetzung mit der Realität bei GE – die Hardware-Phase. 1981 befanden sich GE und die amerikanische Wirtschaft allgemein in Schwierigkeiten, doch nur wenige CEOs wollten das eingestehen. Welch erkannte die Situation und war bereit, die nötigen schmerzhaften Entscheidungen zu treffen, die einen sinnvollen Wandel nach sich ziehen würden.

Umstrukturierung, Downsizing, Abbau von Führungsebenen, Nummer 1 oder Nummer 2 etc. Mit diesen Realitäten konfrontierte Welch GE in den 80er-Jahren. Er wusste, dass nur kühne Schritte aus dem Unternehmen einen Wettbewerber der Weltklasse machen konnten, und er war bereit, alles Notwendige für einen Wandel in der Bürokratie von GE zu veranlassen. Mit Anweisungen wie „sanieren, schließen oder verkaufen“ und seiner Strategie der drei Kreise positionierte Welch das Unternehmen für die Wachstumsdekade der 90er-Jahre.

1986: die Übernahme von RCA. Mitte der 80er-Jahre erkannte Welch, dass sich die langjährige Tradition von GE, Übernahmen abzulehnen, nicht mit seiner Vision einer globalen, wettbewerbsorientierten Organisation deckte. Er behob diesen Umstand 1986 mit der Übernahme von RCA für die damalige Rekordsumme von 6 Milliarden Dollar.

Ende der 80er-Jahre
1986–1987: Start der Globalisierungsinitiative. Wenn das Unternehmen nicht weltweit auftrat, konnte aus ihm auch kein globaler Wettbewerber werden. Mitte bis Ende der 80er-Jahre startete GE eine Revolution in drei Phasen, die dem Unternehmen einen Platz auf dem Weltmarkt verschaffte.

1988–1989: Beginn der Software-Phase. Welch wusste, dass seine Hardware-Phase negative Auswirkungen in der Psyche der „Überlebenden“ (also der Mitarbeiter, die ihren Arbeitsplatz behalten hatten) hinterlassen hatte. Zur Verbesserung der Situation und Stärkung der Moral startete der GE-CEO die Software-Phase. Diese umfasste beispielsweise Work-Out und andere Maßnahmen, die das Vertrauen in die Grundstruktur des Unternehmens stärken sollten.

Die 90er-Jahre: Jahrzehnt des Wandels und Wachstums
1995: Start von Six Sigma. Nach der Lektüre der alljährlichen Mitarbeiterbefragung stellte sich Welch erneut der Realität. Dieses Mal stand die Qualität im Mittelpunkt seiner Initiative. Die Qualität der GE-Produkte war nach Meinung der Mitarbeiter nicht gut genug. Daraufhin startete Welch die größte einzelne Unternehmensinitiative, die es je (bei GE und in anderen Unternehmen) gab: Six Sigma.

1995: Die Produktservice-Initiative. Welch war klar, dass die Fertigungsbereiche von GE den Konzern nur bis zu einem bestimmten Punkt weiterbringen konnten, weil der Markt für Düsentriebwerke und ähnliche Produkte dieser Preisklasse begrenzt war. Daher verlieh Welch 1995 dem Produktservice oberste Priorität, wodurch sich der Geschäftsumfang dieser Sparte von GE auf 17 Milliarden im Jahr 2000 verdoppelte.

Ende der 90er-Jahre bis 2001
1999: Start der E-Initiative. Obwohl Welch, wie er selbst zugibt, kein Computergenie ist (er begann seine Laufbahn bei GE noch zu Zeiten der Old Economy im Jahr 1960), erkannte er die neue Realität in Verbindung mit der digitalen Welt. Im Januar 1999 startete er die E-Initiative von GE. Schon nach zwei Jahren nahm GE Milliarden Dollar mit dem Geschäft im Web ein.

Oktober 2000: Die versuchte Übernahme von Honeywell. Im Oktober 2000 musste Welch binnen weniger Stunden erkennen, dass ein Rivale von GE kurz vor einer bedeutenden Übernahme stand. Welch war der Meinung, dass Honeywell zu GE gehörte, daher wurde der GE-CEO umgehend aktiv. Allerdings musste sich Welch der bitteren Realität stellen, dass die EU-Kommission die Fusion im Juli 2001 definitiv blockierte.

Rearchitecting

Welchs Plan war, ein neues und agiles Unternehmen zu schaffen, und ein Teil dieses Plans bestand darin, die alten Verhaltensformen von GE zu sprengen, von der überalterten Bürokratie bis hin zu den zentralisierten Organisationsstrukturen. Der Begriff Rearchitecting bezieht sich also auf die Zerstörung der alten und den Aufbau einer neuen Gesellschaft. Bei dieser „Neuerfindung" von GE riss Welch alles ein, was nicht funktionierte, und verwandelte die Firma in eine lernende und agilere Organisation.

Ressourcenallokation

Eine der wichtigsten Aufgaben eines Unternehmensführers. „Unsere Aufgabe ist, Chancen aufzuspüren", sagte Welch, der es für eine seiner wichtigsten Pflichten hielt, festzustellen, welche Möglichkeiten am besten für GE geeignet waren, und dafür zu sorgen, die Leute, welche die richtigen Ideen hatten, mit den entsprechenden Ressourcen auszustatten. Welch verstieg sich sogar zu der Behauptung, dass seine Tätigkeit sich darauf beschränke, Ressourcen zu verteilen, auf Leute zu wetten und Ideen zu bewerten. Er behauptete niemals, eine TV-Show produzieren oder ein medizinisches Diagnosegerät herzustellen zu können. Für ihn bestand seine primäre Verantwortung darin, sicherzustellen, dass die richtigen Leute mit den richtigen Ideen über ausreichend Ressourcen verfügten, um die Konkurrenz ausstechen zu können. „Mein Job", drückte er das einmal aus, „und davon bin ich wirklich überzeugt, besteht darin, mit einer Gießkanne in der einen und einem Sack Dünger in der anderen Hand herumzulaufen und die Dinge zum Blühen zu bringen."

Revierkämpfe

Bald nachdem Welch CEO geworden war, entdeckte er, dass viele Abteilungen und Bereiche ihre Reviere eifersüchtig verteidigten. Das förderte den Bürokratismus und erschwerte es, die Kunden wirklich gut zu bedienen. Mit Initiativen wie Work-Out trug Welch dazu bei, diese Revierkämpfe zu unterbinden. Die Vorstellung, dass unter seinen Augen Revierkämpfe geführt würden, war ihm ein Gräuel. Das entsprach den alten Methoden, aber nicht dem neuen grenzenlosen Unternehmen, das er anstrebte. Welchs Führungsideal war der GE-Bereich Kunststoffe, wie er in den 60er-Jahren bestanden hatte, und damals hatte es in dem tempogeladenen Umfeld weder Revierkämpfe noch Bürokratismus gegeben. Welch wollte den Gedanken nie akzeptieren, dass Revierkämpfe in großen Organisationen ein notwendiges Übel sein könnten.

Revolution

Schon wenige Tage nach seinem Amtsantritt als achter GE-CEO schwor Welch, dass er eine Revolution auslösen werde. Viele seiner Programme und Initiativen waren in der Tat insofern Revolutionen, als sie eine grundlegende Veränderung der Art und Weise signalisierten, in der GE in der Zukunft operieren sollte. Schon bald nachdem Welch seinen neuen Job angetreten hatte, leitete er eine Revolution nach der anderen ein. Als er beispielsweise darauf bestand, dass alle Geschäftsbereiche auf ihren jeweiligen Märkten Nummer 1 oder Nummer 2 werden sollten, war das für den 100-jährigen Konzern eine Revolution. Während seiner gesamten Amtszeit bewies Welch, dass er vor keiner Maßnahme zurückschreckte, wenn er überzeugt war, dass GE dadurch zu einer besseren Organisation werden würde.

Revolutionsgebote

In den 80er-Jahren formulierte Welch fünf Grundsätze, die Mitarbeitern und Managern als Orientierung bei seinen zahllosen Revolutionen dienen sollten: den Unternehmensmotor kennen (wie setzt man Ressourcen ein, um Wert zu schaffen), die menschlichen Aspekte verstehen, bei der Leistung nie Kompromisse eingehen, offen und ehrlich sein und nie als autokratischer Tyrann auftreten.

S

σσσσσσ

„Sanieren, schließen oder verkaufen“

Welchs Motto bei der Umgestaltung von GE zu einem globalen Wettbewerber, die in den 80er-Jahren in Angriff genommen wurde. Bei Welchs Amtsantritt bestand GE aus 350 Unternehmen, von denen es um viele nicht gut bestellt war. Durch die Sanierung, Schließung oder den Verkauf schuf Welch Unternehmen, die entweder die Nummer 1 oder Nummer 2 auf ihrem Markt waren. Viele im Unternehmen sträubten sich gegen diese Strategie von Welch und warfen ihm vor, nicht allen Bereichen eine faire Chance zu geben. Einige Mitarbeiter waren der Ansicht, dass die Nummer 3 oder Nummer 4 auf ihrem Gebiet das Potenzial zum Marktführer besaß, allerdings nicht, wenn Welch zu früh den Schlussstrich zog. Welch vertrat jedoch den Standpunkt, dass er keine andere Wahl habe, wenn er seine Vision umsetzen wolle, aus GE das am stärksten wettbewerbsorientierte Unternehmen der Welt zu machen.

Die Ursprünge von „sanieren, schließen oder verkaufen“

Welchs strategisches Denken wurde entscheidend von den Strategien des preußischen Generals und Militärtheoretikers Karl von Clausewitz geprägt. Strategien wie „sanieren, schließen oder verkaufen“ deuten jedoch auch auf andere Quellen hin, möglicherweise kennt Welch auch *Die Kunst des Krieges* von Sun Tzu.

Zum Thema Wettbewerb äußerte sich Welch einmal: „Manche Leute denken, ich hätte Angst, mich dem Wettbewerb zu stellen. Es hat keinen Zweck, eine Auseinandersetzung zu suchen. Bei einer Auseinandersetzung hat man die Aufgabe zu gewinnen. Aber wenn man nicht gewinnen kann, muss man eine Möglichkeit finden, sich zurückzuziehen." Diese Begründung deckt sich mit der Argumentation von Sun Tzu, der erklärte, dass sich jede Streitmacht, die zahlenmäßig unterlegen ist, zurückziehen soll. Nur wenn die Kräfte ausgeglichen verteilt waren, sollte man angreifen. Mit dem Konzept „sanieren, schließen oder verkaufen" stellte Welch sicher, dass seine Streitmacht nicht unterlegen war. Durch den Aufbau starker Unternehmen, die für sich allein stehen konnten, und den „Rückzug" aus den Bereichen, die nicht gewinnen konnten, baute er eine Streitmacht aus Unternehmen auf, die GE für die Zukunft wettbewerbsfähig machten. Der GE-Chairman drängte seine Manager außerdem, „dorthin zu gehen, wo keine Wettbewerber sind", also Märkte zu erschließen, die von der Konkurrenz übersehen worden waren.

Die Lektionen aus „sanieren, schließen oder verkaufen"

1. Vertreten Sie gegenüber Ihren Unternehmen einen darwinistischen Ansatz: Für eine Stärkung von GE benötigte Welch gesunde Unternehmen, die auf eigenen Füßen stehen konnten. Wenn er ein Unternehmen nicht sanieren konnte, wurde es geschlossen oder verkauft. Nicht einmal die besonders „heiligen" Unternehmenszweige wie etwa GE Housewares entkamen diesem darwinistischen Lackmustest.

2. **Vermitteln Sie Ziel und Vision:** Obwohl der Plan in den Reihen von GE Furcht und Schrecken verbreitete, hielt Welch es für besser, dass alle Mitarbeiter die Initiative kannten. „Sanieren, schließen oder verkaufen" wurde nicht im stillen Kämmerlein umgesetzt, sondern Welch zog es vor, dass jeder von seiner Vision für GE wusste.

3. **Unterziehen Sie alle Unternehmen einer regelmäßigen Überprüfung:** Obwohl die Strategie „sanieren, schließen oder verkaufen“ bereits in den 80er-Jahren umgesetzt wurde, überprüften Welch und GE regelmäßig alle Unternehmen, um sicherzustellen, dass diese den Erfolgskriterien von GE entsprechen.

σσσσσσ

Schlüsselqualifikationen für Führungskräfte

Laut Welch besitzt eine Führungskraft vier Schlüsselqualifikationen: Energy (persönliche Energie), Energizer (Motivationstalent), Edge (Biss, stellt sich dem Wettbewerb), Execution (liefert Ergebnisse). Die vier *E*s (oder E^4) umreißen Welchs Führungsideal, sie sind im Grunde die ökonomische Zusammenfassung seines authentischen Führungsmodells. Der GE-Chairman suchte stets nach „A“-Führungskräften. „A“ verkörpert für Welch immer das beste („A-Ideen“, „A-Führer“ etc.). Manager mit den vier *E*s verfügen nicht nur über enorme persönliche Energie und Begabung, sondern auch über die Fähigkeit, die ganze Organisation zu begeistern. Welch definierte die vier E´s folgendermaßen:

Energy: Die besten Führungskräfte sollten über enorme persönliche Energie verfügen.

Energizer: Jemand, der andere mit uneingeschränktem Enthusiasmus motivieren kann.

Edge („Biss“): Eine Führungskraft mit Biss besitzt Wettbewerbsgeist und weiß um die Bedeutung von Schnelligkeit.

Execution (Durchführung): Der GE-CEO wusste, dass Biss und Energie wenig nutzen, wenn sie nicht von einer effektiven Durchführung begleitet werden.

Die Bedeutung der vier Es

Unabhängig davon, ob Welch von „Mumm, Kopf und Herz", den „Vier *E*s" oder dem „authentischen Führungsmodell" spricht, lassen sich die Schlüsselqualifikationen einer Führungskraft Welchscher Prägung auf einen Nenner bringen. Welch stellte schon früh fest, welche Eigenschaften er bei einem GE-Manager *nicht* wollte. Er verachtete autokratische Manager, die mithilfe von Einschüchterungsmaßnahmen führten. Er hasste Führungskräfte, die Untergebene schikanierten, um die Leistung zu steigern. Für ihn war dies die schlechteste Führungsmethode. Welch wollte nur „A-Führer", also Führer, die morgens aus dem Bett springen und bestrebt sind, Neues zu lernen, und deren Begeisterung sich auf das gesamte Unternehmen überträgt. Welch wollte Manager voller Energie, die die Werte des Unternehmens leben und den leidenschaftlichen Wunsch zu gewinnen besitzen. Diese Manager setzen sich nicht nur persönlich für den Erfolg des Unternehmens ein, sondern sie sind auch in der Lage, eine Vision zu artikulieren und jeden dafür zu begeistern.

Lektionen aus den „Es"

1. **Suchen Sie nach Führungskräften mit enormer Energie:** Wenn eine Person nicht über ausreichend Energie verfügt, kann sie andere kaum motivieren.
2. **Suchen Sie nach Managern, die ein Gefühl für Dringlichkeit und einen ausgeprägten Wettbewerbssinn besitzen:** In einem stark wettbewerbsorientierten Umfeld darf man keinen einzigen Tag verlieren. Suchen Sie nach Führungskräften, die sich jeden Tag dem Wettbewerb stellen und gewinnen wollen.

3. **Der Schlüssel ist die Fähigkeit, die Produktivität explosionsartig ansteigen zu lassen:** Sprechen Sie bei der Besetzung eines wichtigen Postens im Management wenn möglich mit den Kollegen des Bewerbers; ihre Antworten geben Ihnen vielleicht Aufschluss darüber, ob er die Eigenschaft besitzt, die Welch als „Energize" bezeichnet.
4. **Untersuchen Sie, was der Kandidat vorweisen kann:** Ein Blick darauf, ob ein Manager die Vorgaben einhält, hilft bei der Entscheidung, ob jemand die Fähigkeit zur Kontinuität in der Durchführung seiner Aufgaben besitzt.

σσσσσσ

Schnelligkeit

Ein Kernstück von Welchs Erfolg ist seine fast fanatische Haltung gegenüber dem Konzept der Schnelligkeit: „Wettbewerbsvorteil erfordert Höchstgeschwindigkeit – das brauchen wir." Das begann schon in den 80er-Jahren, als er darüber zu sprechen begann, wie wichtig Zügigkeit und schnelles Handeln seien. Für Welch war Schnelligkeit „unverzichtbarer Bestandteil der Konkurrenzfähigkeit". Er wurde nicht müde, Schnelligkeit als absolut notwendig zu bezeichnen. Schnelligkeit war nicht nur einer der Schlüsselfaktoren, der sein Managementteam zwei Jahrzehnte lang antrieb, sondern sie brachte auch mehr Spannung und sorgte zugleich für Wettbewerbsvorteile. Welch zufolge bildet Schnelligkeit häufig – von den Entscheidungsprozessen bis hin zu Geschäftsabschlüssen – den entscheidenden „Wettbewerbsunterschied". Sie führt auch zu erhöhter Effizienz, weil sie Lethargie, Bürokratismus und andere Ärgernisse eliminiert, von denen das Unternehmens befreit werden muss.

Schnelligkeit als Schlüsselstrategie

Für Welch war Schnelligkeit immer ein entscheidender Faktor. Er vergaß nie die Lektion, die er während seiner Zeit im GE-Bereich Kunststoffe in Pittsfield in den frühen 60er-Jahren gelernt hatte. Er sagte später, das sei seine denkwürdigste Zeit bei GE gewesen. Diese Erfahrung machte Welch klar, dass Business nicht unbedingt dröge und langweilig sein muss, sondern im Gegenteil schnell und aufregend sein kann. Als CEO betonte er stets die Bedeutung von Schnelligkeit, Einfachheit und Selbstvertrauen: „Genauso wie Schnelligkeit aus Einfachheit folgt, gründet Einfachheit auf Selbstvertrauen." In den 80er-Jahren waren das seine drei Kernaussagen. Auch im Aktionärsbrief von 1995 schrieb er über die Bedeutung von Schnelligkeit und Einfachheit und wie sie sich auf das gesamte Handeln von GE auswirkten: „Einfache Botschaften kommen schneller an, einfacheres Design gelangt schneller auf den Markt und die Beseitigung von Unordnung ermöglicht schnellere Entscheidungsprozesse."

Schnelligkeit und veränderte Denkweise

Im Jahr 2000, nachdem Welch die E-Initiative umgesetzt hatte, stellte er fest, dass GE durch die Digitalisierung „schneller, schlanker und smarter wird, während wir gleichzeitig weiter wachsen". Darin zeichnete sich eine wichtige Veränderung seines Denkens ab. Jahrelang hatte er davon gesprochen, wie wichtig es sei, dem großen Körper von GE „die Seele eines Kleinunternehmens" einzupflanzen. Er hatte immer geglaubt, dass Kleinheit eine Tugend sei und dass GE durch seine schiere Größe gebremst werde. Welch erinnerte sich immer an den Bereich Kunststoffe und dachte, klein sei gleichbedeutend mit flink. Nach der Einführung der E-Initiative glaubte Welch jedoch nicht mehr, dass ein größeres Unternehmen notwendigerweise auch langsamer sei.

In seinem letzten Jahr am Steuer von GE bestätigte Welch, dass sich sein Denken verändert hatte, ein Punkt, auf den er allerdings in einem anderen Kontext hinwies: „Man kann schneller werden und trotzdem weiter wachsen, wenn man diversifiziert.“ Auch hier ist eine Abweichung von dem festzustellen, was Welch während des größten Teils der 80er und 90er-Jahre behauptet hatte. Doch inzwischen war Welch zu der Überzeugung gelangt, dass es beim Business um „nichts anderes als geistige Leistung“ gehe. Eine größere und vielfältige Organisation bringe auch mehr Ideen hervor und mehr Ideen wiederum würden zu einem größeren geistigen Potenzial im Unternehmen führen.

Schwindsucht

Bereits 1981 formulierte Welch seine „Nummer 1, Nummer 2“-Strategie, nach der alle GE-Unternehmen Marktführer werden mussten, wollten sie nicht Gefahr laufen, geschlossen oder verkauft zu werden. Marktführer, erklärte Welch, sind in der Lage, Abschwünge zu verkraften. Wenn ein Marktführer hustet, führte er aus, riskierten Unternehmen, die in einem Markt an vierter oder fünfter Stelle rangierten, sich eine „Schwindsucht“ einzufangen. Obgleich Welch in diesem Zusammenhang von vielen Seiten kritisiert wurde (beispielsweise für den Verkauf von so „uramerikanischen“ GE-Geschäftsbereichen wie der Haushaltsgerätesparte), war er fest entschlossen, nur Geschäftsbereiche oder -einheiten zu behalten, die zu den Marktführern zählten oder sich zumindest auf lange Sicht einen Konkurrenzvorteil sichern konnten.

Selbstgefälligkeit

Von der ersten Minute an, die Jack Welch an der Spitze von GE stand, musste er gegen die Neigung zur Selbstgefälligkeit ankämpfen. GE war jahrzehntelang als Vorzeigeunternehmen bewundert worden, beneidet wegen seines Managements, seiner Produkte und seiner Organisation. Welch wusste es besser. Er war sich darüber im Klaren, dass GE einen fundamentalen Wandel durchmachen musste, und er schreckte nicht davor zurück, den Konzern von Grund auf umzugestalten, um ihm die Selbstgefälligkeit auszutreiben und die über 100 Jahre alte Institution auf dem Weltmarkt konkurrenzfähig zu machen. Viele von Welchs Strategien und Initiativen bekämpften unter anderem die Selbstgefälligkeit. Six Sigma beispielsweise wurde 1995 gestartet, nachdem Welch erfahren hatte, dass nach Ansicht der Mitarbeiter die Qualität der GE-Produkte gesunken war. Das GE-Six-Sigma-Programm bewirkte in allen Bereichen – von der Produktion bis hin zu Transaktionen im Finanzdienstleistungsbereich – kontinuierliche Verbesserungen.

Service/Responsiveness Added

In den 80er-Jahren wurden „Service“ und verbesserte Reaktion im GE-Bereich Kunststoffe (der Einheit, bei der Welch 1960 anfing) als Möglichkeit für weitere Wettbewerbsvorteile angesehen. Dieses Konstrukt beinhaltete mehrere GE-Themen, darunter auch Einstellungen und Engagement, Service und Supportsysteme (Training, Computersysteme usw.).

σσσσσσ

Service-Initiative

Einer der Schlüssel zur Neuerfindung von GE. Als Welch das Ruder übernahm, war GE im Großen und Ganzen ein Fertigungsunternehmen. Welch betonte den Service gegenüber der Produktfertigung und lieferte damit die Initialzündung für die Transformation von GE zu einem globalen Dienstleister, die zu den zweistelligen Wachstumsraten des Unternehmens beitrug. Nach Welchs Vision sollte GE „ein globales Serviceunternehmen“ sein, „das auch Produkte in Spitzenqualität verkauft“. 1980 machten Dienstleistungen nur 15 Prozent der Einnahmen von GE aus. Im Jahr 2000 trugen die Servicebereiche (Finanzen, Information, Produktservice) 70 Prozent zum Einkommen des Konzerns bei.

Eine der Hauptantriebskräfte für dieses Wachstum ist GE Capital Services, ein Finanzdienstleister, der im Jahr 2000 ungefähr die Hälfte der GE-Einnahmen erwirtschaftete (66 Milliarden Dollar).

Als Welch 1995 die Produktservice-Initiative startete, betonte er, wie wichtig es sei, die Qualität der GE-Produkte zu erhalten. Wenn GE nicht weiterhin konkurrenzfähige Produkte von höchster Qualität erzeugte, würden auch die Servicebereiche des Unternehmens beeinträchtigt. Vielleicht war es deshalb kein Zufall, dass Welch noch im selben Jahr, in dem er die Produktservice-Initiative einleitete, auch eine Qualitätsinitiative startete. Es war das einzige Mal, dass Welch in einem Jahr zwei Schlüsselinitiativen einleitete.

Session C

Die anstrengenden jährlichen Sitzungen, die der Beurteilung der Manager und Fragen der Nachfolgeplanung dienten, wurden „Session C" genannt. Tausende Manager aus aller Welt nahmen daran teil. Session C ist ein akribischer und zeitintensiver Überprüfungsprozess (oder eine Selbsteinschätzungsphase), der eine Reihe von Schritten umfasst, die sich über mehrere Monate erstrecken. Welch besucht alle GE-Geschäftsbereiche und trifft sich mit den Leitern, um die Leistungen und Bedürfnisse aller Manager der obersten Führungsebene zu besprechen. In Session C wird auch darüber entschieden, wer befördert wird, wer Aktienoptionen erhält und so weiter.

Silos

Als Welch das Ruder übernahm, machte er sich daran, die Silo-Struktur und die Mentalität der Selbstisolierung auszumerzen. Jede Abteilung verhielt sich, als sei sie ein „Silo": Die Fertigungsbereiche redeten nicht mit dem Verkauf, das Marketing nicht mit den Ingenieuren usw. Welch leitete Programme und Initiativen wie Work-Out und „grenzenlose Organisation" ein, um die Mauern einzureißen, die die verschiedenen Gruppen im Unternehmen voneinander trennten. Welch glaubte, dass GE nur eine Chance habe, ein Weltklasse-Unternehmen zu werden, wenn es die Menschen befreite.

σσσσσσ

Six Sigma

Six Sigma war Welchs Qualitätsrevolution und die umfassendste aller GE-Initiativen. Er hält es für eine „ehrenvolle Auszeichnung", dass GE das Six-Sigma-Verfahren von Motorola erlernte, obwohl die Umsetzung des Programms in echter Welch-Manier erfolgte: „Die Methoden von Six Sigma wurden von anderen Gesellschaften erlernt, aber die kulturelle Besessenheit mit dem Programm und die alles verzehrende Leidenschaft dafür ist echt GE." Six Sigma wurde 1995 bei GE eingeführt. Es handelt sich um ein statistisch fundiertes Programm, das darauf abzielt, Beinahe-Perfektion bei der Produktqualität und den Verfahren zu erreichen. Durch die Einführung von Six Sigma setzte Welch einen Standard für die Bestleistung fest, der das Unternehmen jahrelang in Atem hielt. Als Welch das Potenzial von Six Sigma erkannt hatte, erklärte er, wie es dem Unternehmen helfen könne, auf die nächsthöhere Stufe zu gelangen. Welch sagte über Six Sigma: „Es geht hier nicht um irgendeinen neuen Slogan oder um Bürokratie oder das Erledigen von Formularkram. Die Initiative zeigt uns einen Weg, auf dem wir zur Kontrollfunktion gelangen können, und das ist das Härteste, was man in einem Unternehmen machen kann."

Was ist Six Sigma?

Six Sigma ist ein umfassendes System für den Aufbau und den Erhalt von Unternehmensleistung, Erfolg und Führung. Es ist ein mathematisch fundiertes Programm, das die Verfahren und Produkte verbessert, gleichzeitig aber die Kosten reduziert. Sigma ist ein griechischer Buchstabe, der als Symbol für eine Standardabweichung dient. Six Sigma umfasst die Verbesserung der Betriebsabläufe, so dass die Unternehmen zu 99,9997 Prozent fehlerfreie Produkte herstellen und Prozesse durchführen können (das bedeutet weniger als vier Fehler pro Million). Welch zufolge ist es dem Programm zu verdanken, dass die Leistung verbessert und der Wert von GE für die Aktionäre um mehrere Milliarden Dollar gesteigert wurde. Welch selbst ist der Erste, der zugeben würde, dass er im Hinblick auf Six Sigma keine ausgeglichene Sichtweise vertritt. „Man kann sich dabei nicht ruhig und rational verhalten. Man muss dort draußen bei den Verrückten sein", sagte Welch über Six Sigma.

Geschichte von Six Sigma bei GE

Im Jahr 1995 erfuhr Welch von Mitarbeitern, dass die Qualität der GE-Produkte einfach nicht ausreichend sei. Er selbst hatte einmal gesagt, er „hasst Qualität" und betrachte es eher als einen Spleen, so ähnlich wie Total Quality Management (TQM). Welch hatte nicht geglaubt, dass ein Qualitätsprogramm mehr bewirken würde als nur noch mehr Jargon und Bürokratie im Unternehmen. Doch als er dann vom Gegenteil überzeugt war, führte er ein umfassendes Qualitätsprogramm namens Six Sigma ein, das in Amerika zuerst von Motorola umgesetzt worden war. Six Sigma ist das größte Unternehmensprogramm, das jemals durchgeführt wurde; es bewirkt heute jährliche Kostenersparnisse in Milliardenhöhe.

Es ist leicht zu erkennen, warum Welch nicht schon während seines ersten Jahrzehnts bei GE ein Qualitätsprogramm durchführte. GEs Leistung unter Welch war eindrucksvoll; das Unternehmen stellte Jahr für Jahr einen Umsatz- und Gewinnrekord nach dem anderen auf. Work-Out war ein Erfolg im Gesamtkonzern und seine Führungstaktiken – wie *Speed* (Schnelligkeit) und *Simplicity* (Einfachheit) – trugen dazu bei, ein neues Unternehmen zu schaffen. Doch die Mitarbeiter meinten, dass das Unternehmen dringend Maßnahmen benötige, die zur Verbesserung der Produktqualität führten. Welch erfuhr davon, als er die Ergebnisse der Unternehmensbefragung von 1995 las, in denen Mitarbeiter erklärten, dass das Unternehmen „dringendst" ein Qualitätsprogramm benötige.

Die Rolle der Mitarbeiter beim Start von Six Sigma

Der erste eigentliche Anstoß für das Programm, welches GE völlig verändern sollte, kam also nicht von Welch, sondern von seinen Beschäftigten. Das ist bei außergewöhnlichen Managern immer wieder feststellbar: Sie erkennen, dass die besten Ideen häufig nicht von der Direktorenetage stammen, sondern von den Mitarbeitern. Wenn sich Welch nicht die Mühe gemacht hätte, seine Mitarbeiter nach ihrer Meinung zu befragen, wäre das Kapitel Six Sigma bei GE womöglich nie geschrieben worden. Aber die Geschichte ist damit noch nicht zu Ende.

Welch hatte immer Angst davor, dass eine Qualitätsinitiative nur die Bürokratie weiter aufblähen und das Unternehmen schwerfälliger machen würde. Nur sein alter Freund Larry Bossidy konnte ihn schließlich vom Wert des Programms überzeugen. Bossidy war früher Vice Chairman von GE gewesen und dann als CEO zu AlliedSignal gewechselt (ein Unternehmen, das später Teil der Honeywell-Saga wurde). Er erklärte Welch: „Wenn GE beschließt, Six Sigma einzuführen, wirst du in punkto Qualität den Ton angeben können". Er hatte keine Ahnung, wie hellseherisch seine Worte waren.

Welch wirft den Fehdehandschuh hin: Six Sigma in fünf Jahren

Die meisten Unternehmen wiesen eine Fehlerquote von etwa 30.000 bis 50.000 Fehlern in einer Million Arbeitsabläufe auf. Auch GE gehörte bis zur Implementierung von Six

Sigma dazu. GE stand damals auf dem Niveau von drei bis vier Sigma – ungefähr 35.000 Fehler pro Million. Unter einem Defekt konnte man alles Mögliche verstehen, von falschen Kabelverbindungen in einem Mikrowellengerät bis hin zu einem misslungenen TV-Werbespot auf NBC. Dieses Fehlerniveau mag zwar unglaublich hoch erscheinen, es tritt tatsächlich aber bei den meisten Unternehmen auf. So erreichen zwar die meisten Fluggesellschaften in punkto Sicherheit sechs Sigma (weniger als vier Abstürze pro Million), aber die meisten kommen auf kaum mehr als drei Sigma beim Gepäcktransport (im Durchschnitt gehen 35.000 Gepäckstücke pro Million verloren).

Als Welch angesichts dieses Dilemmas Six Sigma startete, teilte er GE und der Außenwelt mit, dass er drei Sigma für nicht akzeptabel halte. Sein Ziel lautete sechs Sigma – oder nur 3,4 Defekte pro eine Million Abläufe. Das bedeutete eine gewaltige Reduktion der Fehlerquote und Welch beharrte nicht nur darauf, dass GE dieses Niveau erreichen müsse, sondern schwor auch, dass der Konzern schneller als jedes andere Großunternehmen das Ziel erreichen würde. Motorola brauchte acht Jahre, um sechs Sigma zu erreichen, aber als Welch den Fehdehandschuh hinwarf, war er entschlossen, dass GE in fünf Jahren sechs Sigma schaffen müsse.

Der Six-Sigma-Prozess

Six-Sigma-Projekte umfassen fünf Aktivitäten: Definition, Messen, Analyse, Verbesserung und schließlich Kontrollprozesse. Der Hauptfokus von Six Sigma besteht darin, Produkte und Verfahren zu verbessern, so dass die Produktivität der GE-Kunden steigen und gleichzeitig auch die Qualität, Schnelligkeit und Effizienz der GE-Operationen verbessert würde. 1999 erklärte Welch, alle Produkte und Serviceleistungen von GE würden künftig „DFSS“ sein, also „Designed for Six Sigma“.

Die Entwicklung von Six Sigma

In den ersten Stadien des Programms durchliefen mehr als 100.000 Mitarbeiter ein Six-Sigma-Training. Die ersten drei Six-Sigma-Projekte zielten darauf ab, die Effizienz der internen Operationen von GE zu verbessern und die Kosten zu senken. GE reduzierte die Vielfalt seiner Operationen und bemühte sich, die Verfahrensweisen in allen möglichen Bereichen – von der Arbeit in der Fabrik bis zu den Finanzdienstleistungen – zu verbessern. Nach Abschluss der Anfangsphase konzentrierte sich GE auf das „design engineering". Das Unternehmen wandte „Design for Six Sigma" auf seinen Geschäftsbereich Finanzservice an und insbesondere auf die interaktiven Prozesse mit Kunden. Im Jahr 2001 wurde Six Sigma in allen Geschäftsbereichen von GE implementiert (Fertigung *und* Service) und alle bekannten sich zu den GE-Werten, „Six Sigma zu leben".

„Designed for Six Sigma"

Welch sprach 1999 voller Stolz über die ersten Produkte von GE, „designed for Six Sigma", die jetzt auf den Markt kamen. Er schilderte, wie Six Sigma dem Geschäftsbereich für medizinische Systeme half, einen herausragenden Scanner zu entwickeln. Vor Six Sigma dauerte ein konventioneller Scan 3 Minuten. Nach der Produktverbesserung durch Six Sigma führte der von GE hergestellte LightSpeed-Brustscanner die Aufgabe in nur 17 Sekunden durch. Welch beschrieb auch, dass bei einem „Patienten in Atemnot" ein nur 6 Sekunden dauerndes Verfahren nötig war, während es mit dem konventionellen Scanner 30 Sekunden dauerte. Er fügte hinzu, dass jedes neue Produkt und jede neue Dienstleistung künftig „DFSS" sein wird – also „Designed for Six Sigma". „Mit diesen neuen Angeboten werden wir den Begriff Weltklasse neu definieren".

Die Bedeutung von Six Sigma für GE

Six Sigma wird wahrscheinlich als ein wesentlicher Aspekt des Welch-Erbes angesehen werden. Es war die großartigste konzernweite Initiative, die je von einem Unternehmen durchgeführt wurde. Innerhalb weniger Jahre implementierte GE tausende Six-Sigma-Projekte und setzte die Initiative in jedem einzelnen Geschäftsbereich um. Tausende Manager wechselten ihre Arbeitsplätze und ihre Funktionen und marschierten damit an der Spitze des Veränderungsprozesses. Sämtliche Konzepte und Programme, die den Konzern veränderten, waren darauf ausgerichtet, GE auf diese umfassende Initiative vorzubereiten (zum Beispiel Grenzenlosigkeit, Lernkultur). Als direkte Folge von Six Sigma spart GE heute bei den Produktionskosten jährlich über 1 Milliarde Dollar. Welch erklärte, Six Sigma „ist die wichtigste Initiative, die dieses Unternehmen jemals eingeleitet hat ... Sie hat sich von einem Qualitätsprogramm zu einem Produktivitätsprogramm und dann zu einem Programm für Kundenzufriedenheit entwickelt und schließlich die gesamte DNA-Basis des Unternehmens verändert.“

Six Sigma und Führung

Um das Six-Sigma-Programm als vordringlichste GE-Initiative voranzutreiben, wies Welch unermüdlich darauf hin, dass die Teilnahme am Six-Sigma-Training eine Voraussetzung für Beförderungen sei. 1998 war das Jahr, in dem 4000 Black Belts insgesamt 37.000 Six-Sigma-Projekte abschlossen; im selben Jahr erklärte das Unternehmen, dass Six Sigma ein absolutes Muss für jede Beförderung im Managementbereich darstelle. Ein Manager, der nicht mehrere Green-Belt-Trainings und den Abschluss von mindestens einem Six-Sigma-Projekt nachweisen konnte, durfte auf keine Beförderung hoffen. Welch verknüpfte ferner die Bonusregelungen der Führungskräfte mit dem Programm und nutzte jede Gelegenheit, die Botschaft zu vermitteln, dass Six Sigma der Schlüssel zur Zukunft des Konzerns sei.

Er erklärte, Six Sigma werde „sehr schnell Teil des genetischen Codes unserer zukünftigen Führung". Keine Führungskraft bei GE würde in Zukunft ohne Six-Sigma-Training befördert werden. In seinen letzten Monaten als GE-CEO stellte Welch fest: „Six Sigma ist in die Sprache der Unternehmensführung eingegangen, ist ein wesentlicher Bestandteil dessen geworden, was wir als unsere Marke bezeichnen".

Die Rolle von Six Sigma bei Welchs Auswahl seines Nachfolgers

Welch hat sich sehr leidenschaftlich für Six Sigma engagiert; es ist deshalb sehr wahrscheinlich, dass dieses auf Statistiken beruhende Qualitätsprogramm auch bei seiner Wahl von Jeff Immelt als Nachfolger ein Rolle spielte. Immelt leitete den GE-Bereich Medizinische Systeme und übernahm im September 2001 die Konzernleitung. Welch wünschte sich einen Nachfolger, der seine uneingeschränkte Begeisterung für das Programm teilte. Er erwähnte häufig, bei diesem Thema werde er zum „Verrückten", und wahrscheinlich hielt er Immelt, der Mathematik studiert hatte, für eine Persönlichkeit, die sein Engagement und seine Leidenschaft teilte.

Lektionen für die Umsetzung von Six Sigma

1. **Seien Sie bei der Einführung von Six Sigma nicht zaghaft:** Wenn Sie beschließen, Six Sigma durchzuführen, nehmen Sie sich Jack Welch als Beispiel und versuchen Sie, keine halben Sachen zu machen. Welchs Leidenschaft und seine „einseitigen“ Einstellungen trugen dazu bei, das Programm intern zu verkaufen, und das wiederum führte dazu, dass es sich in Rekordzeit „wie ein Flächenbrand ausbreitete“. Im April 1999 erklärte Welch: „In den fast 40 Jahren, die ich bei GE arbeite, habe ich noch nie beobachtet, dass eine Unternehmensinitiative mit einer großartigen Idee so bereitwillig und schnell aufgenommen wurde.“
2. **Sorgen Sie dafür, dass das Topmanagement ständig sein Engagement bekräftigt:** Seit 1995 erweiterte Welch seine Funktion und ernannte sich zum hauptberuflichen Propagandisten für Six Sigma. Er hörte nie auf, über die Wichtigkeit von Six Sigma zu sprechen, und nutzte alles – von Reden bis hin zu den jährlichen Aktionärsbriefen –, um sein Engagement für das Programm unter Beweis zu stellen. Es ist schwierig, eine Botschaft falsch zu verstehen, wenn sich der CEO so offenkundig und so leidenschaftlich für ein neues Programm einsetzt. Das Engagement muss das Unternehmen durchdringen, so dass auch andere Manager diese Botschaft weitervermitteln.
3. **Binden Sie alle in allen Geschäftsbereichen in das Qualitätsprogramm ein:** Einer von Welchs Kerngedanken war, alle in das Spiel einzubeziehen. Das gilt ganz besonders für Six Sigma. Indem Welch alle in das weltweite Geschäft von GE einband, gelang es ihm, eine dramatische Beschleunigung herbeizuführen. Er machte das Six-Sigma-Training (den Erwerb eines Gürtels) zu einem absoluten Muss für alle GE-Professionals und Manager.

4. **Alle Teilnehmer müssen lernen, dass der Kunde der Schlüssel ist:** Nachdem Welch erfahren hatte, dass die Kunden die Wirkungen von Six Sigma nicht spürten, hob er hervor, wie wichtig es sei, eine „Außen-innen"-Perspektive zu entwickeln. Wenn nicht gegengesteuert wird, kann es sein, dass Six-Sigma-Projekte zu stark „internalisiert" werden. Sorgen Sie dafür, dass sich alle Teammitglieder auf den Kunden konzentrieren. Bei GE wird beispielsweise mithilfe von CTQ-Kriterien (Critical to Quality, qualitätsentscheidende Kriterien) die Kundenzufriedenheit auf einer Skala mit den Werten 1 bis 5 gemessen.
5. **Machen Sie Bonus- und andere Gratifikationssysteme von Ergebnissen abhängig, die sich von Six Sigma ableiten:** Bei GE sind Six-Sigma-Trainings und die Gewandtheit im Umgang mit dem System Schlüsselgrößen bei Einstellung und Beförderung und eine wichtige Komponente bei den Anreizprogrammen. Welch sorgte dafür, dass die Bonuszahlungen, die seine Führungskräfte bezogen (insgesamt 7000 Personen), zu 40 Prozent von den Ergebnissen abhingen, die mit Six Sigma erzielt wurden. Er hob immer hervor, wie wichtig es war, dass die Anreizprogramme von den Ergebnissen abhängig gemacht wurden, die das Unternehmen anstrebte.

Six Sigma Road Map

Ein Fünf-Schritte-Ansatz zur Umsetzung von Six Sigma, weithin als beste Methode der Implementierung angesehen. Die Methode der fünf Schritte umfasst:

1. Identifizierung von Kernprozessen und Schlüsselkunden
2. Definition der Kundenerfordernisse
3. Messen der gegenwärtigen Leistung
4. Prioritätensetzung, Analyse und Umsetzung von Verbesserungen
5. Ausweitung und Integration des Six-Sigma-Systems

Dieser Ansatz ist zwar nicht die einzige Methode zur Umsetzung von Six Sigma, aber die fünf Schritte werden allgemein als „Kernkompetenzen" einer erfolgreichen Initiative betrachtet. Die Schritte können je nach den spezifischen Bedürfnissen und individuellen Zielen einer Organisation modifiziert werden.

Six Sigma-Director

Schlüsselfigur bei der Six-Sigma-Umsetzung. Der Implementierungsführer unterstützt die Gruppe der Führungskräfte, erkennt und empfiehlt Mitarbeiter für wichtige Six-Sigma-Projekte, bereitet Trainingspläne vor und setzt sie um, hilft den Champions bei ihren Aufgaben und beobachtet den gesamten Fortschritt des Teams. Der Implementierungsführer ist außerdem für den internen „Marketingplan" der Initiative verantwortlich.

Six-Sigma-Coach

Der technische Experte, der gegenüber dem Process Owner und den Six-Sigma-Verbesserungsteams eine entscheidende Beraterrolle spielt. Dieser Experte erstellt Ablaufpläne, schlichtet Teamkonflikte, analysiert Daten und evaluiert die Ergebnisse. Der Coach wirkt als Berater und hilft mit, die Rolle der Mitarbeiter bei der Durchführung eines Six-Sigma-Projekts festzulegen. Der Six-Sigma-Coach bietet auch häufig Unterstützung bei einer Vielzahl von weiteren entscheidenden Angelegenheiten, darunter die Kommunikation zwischen dem Projektsponsor und der Führungsgruppe; er beschäftigt sich mit Widerständen, schätzt das Potenzial und evaluiert die Ergebnisse. Ferner hilft er den Teams, ihre Erfolge darzustellen und zu feiern. Nicht zu verwechseln mit dem Six Sigma Quality Coach von GE, dem internetbasierten Supportsystem.

Six-Sigma-Nutzen

Dazu zählen die Reduzierung von Kosten, Defekten und Umlaufzeiten sowie Steigerungen der Produktivität und des Marktanteils und Verbesserungen der Produkt- und Serviceentwicklung. Diese Nutzen können erklären, warum Welch in Bezug auf die Qualitätsbewegung zu einem „leidenschaftlichen Spinner" wurde.

Six-Sigma-Qualität

Welchs Vision für GE. Six-Sigma-Qualität bedeutet Beinahe-Perfektion bei Produkten und Qualität. Welch bezeichnete Six-Sigma-Qualität als „die größte Erfüllungsmaschinerie, die je entwickelt wurde". Die Ursprünge von Six Sigma werden bei GE auf die Work-Out-Initiative zurückgeführt, ein Prozess, der die GE-Kultur in den 80er-Jahren begründete. Dieser Prozess trug mit dazu bei, dass sich das grenzenlose Verhalten entwickeln konnte, das zu Welchs Markenzeichen wurde, und er beförderte dadurch eine Lernkultur, die ein umfassendes Programm wie Six Sigma erst ermöglichte.

Six-Sigma-Qualitätscoach

Ein internetgestütztes Mentorenprogramm (oder webbasiertes Leistungsfördersystem), das die Schulung der GE-Mitarbeiter bei der Qualitätsinitiative unterstützt und damit ein wichtiges Instrument zur Erlangung der Six-Sigma-Qualität darstellt. Entwickelt wurde das Programm, nachdem bei GE 55.000 Six-Sigma-Projekte unter Beteiligung von 4000 „Projektchampions" durchgeführt worden waren. Es umfasst über 50 Tools, die bei der Implementierung der einzelnen Phasen von Six Sigma benutzt werden.

Sloan, Alfred P.

Das Magazin *Fortune* bezeichnete Welch 1999 als „ultimativen Manager" und als „meistbewunderten und nachgeahmten CEO seiner Zeit". Einer der Kandidaten, die bei der Wahl zum „Geschäftsmann des Jahrhunderts" durch das Magazin in die Endrunde kamen, war Alfred P. Sloan, der legendäre CEO von General Motors. Wie Welch war auch Sloan der richtige Führer zum richtigen Zeitpunkt gewesen. Sloan wurde 1923 Präsident von GM, als das Unternehmen dringend Struktur und Organisation benötigte. Er wirkte mit bei der Schaffung einer Struktur, die nicht nur GM half, sondern auch den meisten Großunternehmen als nachahmenswertes Modell diente. Sloan war seiner Zeit voraus. Wie Welch spürte auch er, wie wichtig es war, die Größenvorteile eines großen Unternehmens mit den Vorzügen einer kleinen Organisation zu verbinden. In den letzten Jahren von Welchs Amtszeit konnte die Presse nicht umhin, ihn mit Sloan zu vergleichen, zwei Persönlichkeiten, die sich zutiefst auf das Wesen der Unternehmensführung auswirkten.

Software-Phase

Nach all den Downsizing- und Delayering-Maßnahmen leitete Welch die Software-Phase ein. „Weiche Werte" umfassen Fragen, die mit Unternehmensmoral, Werten und Kommunikation zusammenhängen. Die erste Aufgabe lautete, das Vertrauen in der Belegschaft wiederherzustellen. Den Kern der Software-Phase bildete das Work-Out-Programm, mit dem die Beschäftigten, die den Kunden und der Alltagsarbeit am nächsten waren, Mitsprache bei den Unternehmensfragen erhielten. Die Hardware-Phase positionierte das Unternehmen für fortgesetztes Wachstum; dennoch besteht Welchs eigentliches Vermächtnis darin, die „weicheren" Werte des Unternehmens (das heißt Werte, Ideen, Lernen) hervorgehoben zu haben.

Wie Welch in der Software-Phase Vertrauen aufbaute

Als direkte Folge der Downsizing- und Umstrukturierungsmaßnahmen, die in der Hardware-Phase in den frühen 80er-Jahren durchgeführt worden waren, hatte die Moral im Unternehmen sehr stark gelitten: Wie sollten die Leute gute Leistungen bringen, wenn sie nicht wussten, ob ihre Unternehmenseinheit nicht bald abgestoßen werden würde? Um das Vertrauen wieder aufzubauen, leitete Welch seine „Software-Phase" ein. Er eliminierte alle Barrieren, die in großen Unternehmen gewöhnlich existieren, riss Mauern ein, die seit undenklichen Zeiten bestanden hatten – Mauern, die zwischen den Unternehmensbereichen standen (zum Beispiel zwischen Fertigung und Verkauf), zwischen Kunden und Beschäftigten und an vielen anderen Stellen, wo sie die Leistung beeinträchtigten. Welch sah seinen Hauptjob darin, das Unternehmen von allem zu befreien, was es „daran hinderte, informell, schnell und grenzenlos zu agieren".

Die Wirkung der weichen Werte von Welch

In seinem ersten Jahrzehnt als CEO konzentrierte sich Welch darauf, GE zu „reparieren". Der Konzern hatte viele Geschäftsbereiche, die in ihren jeweiligen Märkten zurückgefallen waren; das Unternehmen war für die Zukunft nicht günstig positioniert und generell eher ein Gemischtwarenladen als ein einheitliches Unternehmen. Für diese entscheidenden Aufgaben wandte Welch seine Strategie „sanieren, schließen oder verkaufen" an, seine „Drei-Kreise-Strategie" und „Nummer 1, Nummer 2". Dann widmete er sich der Psyche der GE-Mitarbeiter.

Der CEO begann mit dem Work-Out-Programm und stellte klar, dass alles von Ideen und Menschen abhängt. Die Leute sollten nicht mehr den Mund halten müssen, während sie sich mit dem unnötigen Papierkram einer schwerfälligen Bürokratie abquälten. Die soziale Architektur von GE bildete den Kern des Unternehmens, Welchs lernende Organisation stellte eine für ein Großunternehmen ungewohnte, höhere Denkweise dar. Ganz grundsätzlich betrachtet, war die Lernkultur nach der Wissenschaftlichen Methode der nächste Entwicklungsschritt des Managements. Welchs weiche Werte halfen, die lernende Organisation zu schaffen, die über die riesigen Dimensionen des globalen Geschäfts von GE hinweg eine Schlüsselrolle bei der Durchführung von Programmen wie Six Sigma und E-Initiative spielte.

Lektionen aus den weichen Werten von GE

1. **Ideen und Menschen spielen eine Rolle:** Zum dauerhaftesten Teil der Hinterlassenschaft Welchs wird die große Bedeutung gehören, die er den Ideen und dem Einzelnen beimaß. Diese Vorstellung steht in ausgeprägtem Gegensatz zu der mechanistischen Sichtweise des Wissenschaftlichen Managements.
2. **Reißen Sie Grenzen ein:** Um ein grenzenloses Unternehmen zu schaffen, müssen Sie alles ausmerzen, was sich einer zügigen und informellen Kommunikation in den Weg stellt. Vereinfachen Sie die Prozesse und ermächtigen Sie die Menschen, eigene Entscheidungen ohne komplizierte Genehmigungsverfahren zu treffen.
3. **Schaffen Sie eine soziale Architektur, die grenzenloses Verhalten fördert:** Als die Mitarbeiter erst einmal gelernt hatten, dass ihre Ideen eine Rolle spielten, baute Welch eine soziale Architektur auf, die das Lernen umfasste und förderte.
4. **Nutzen Sie das Betriebssystem, um Lernen und Wissen im ganzen Unternehmen durchzusetzen:** GE benutzte seine riesige Organisation, um das Lernen in allen Geschäftsbereichen zu fördern. Das GE-Betriebssystem half dem Unternehmen, „das geistige Potenzial zu globalisieren“.

σσσσσσ

Soziale Architektur

Mit diesem Begriff bezeichnete Welch das hohe Niveau an Engagement und die gesamte Lernkultur von GE. In den letzten Jahren seiner 20-jährigen Amtszeit wurde sehr deutlich, wie stolz der CEO auf die soziale Architektur des Konzerns war. Welch schreibt die hoch entwickelte Kultur des Unternehmens dem Verlangen nach neuen Ideen zu: „Die Kombination der Einbeziehung aller in das Spiel und der Reaktion auf diesen ständigen Strom von Ideen und Informationen verwandelte GE in das, was wir heute sind – ein lernendes Unternehmen." Die soziale Architektur entwickelte sich über viele Jahre hinweg und war das Endergebnis einer Reihe von Welchs wichtigsten Initiativen, darunter auch Work-Out und Grenzenlosigkeit.

Die Entwicklung der sozialen Architektur bei GE

„Ich will eine Revolution", erklärte Welch, „und ich will, dass sie in Crotonville beginnt." Dieses vorausschauende Dekret formulierte Welch bereits 1981, etwa drei Monate, bevor er der achte CEO von GE wurde. Die Wurzeln der Architektur des Konzerns lassen sich bis in die 80er-Jahre zurückverfolgen. Sämtliche Aktionen, die Welch in seinen Anfangsjahren als CEO einleitete, richteten sich darauf, die Bürokratie zu verringern und GE in ein agiles und konkurrenzfähiges Unternehmen zu verwandeln.

Nach der Hardware-Phase machte sich Welch daran, eine kulturelle Revolution einzuleiten, die dem rigiden, auf Befehl und Kontrolle basierenden Managementstil den Garaus machen sollten, der bei GE und anderen Großunternehmen seit Jahrzehnten vorherrschte. Er hatte etwas erkannt, das anderen Unternehmensführern entgangen war: Die Antwort auf die Frage, wie die Produktivität gesteigert und die Wettbewerbsfähigkeit der Organisation verbessert werden könne, lag nicht in irgendeiner neuen Managementmarotte oder -theorie, sondern in den Herzen und Seelen der Menschen im Unternehmen, die die Arbeit erledigten.

1989–1990: Work-Out wird eingeleitet

Auch acht Jahre nach dem Beginn von Welchs Amtszeit und der von ihm ausgerufenen Revolution hatte der CEO sein Ziel noch nicht erreicht, ein agiles, unbürokratisches und konkurrenzfähiges Unternehmen zu schaffen. 1988, nach einem Besuch in Crotonville, wurde Welch klar, dass seine Manager ihren Mitarbeitern noch immer nicht zuhörten (die Fragen, die ihm von GE-Mitarbeitern gestellt wurden, hätten eigentlich längst von den Bereichsleitern der verschiedenen Geschäftsfelder beantwortet werden sollen). Welch entwarf daraufhin das Programm Work-Out, um sicherzustellen, dass die Manager den Leuten zuhörten, die den Kunden und der Alltagsarbeit am nächsten standen. Während der folgenden Jahre wurden hunderte Work-Out-Sitzungen in allen GE-Bereichen durchgeführt. Indem den Beschäftigten aller Ebenen Mitsprache bei den Unternehmensangelegenheiten eingeräumt wurde, sollte in der ganzen Organisation Vertrauen geschaffen werden.

Grenzenlosigkeit: Ein zentraler Bestandteil der sozialen Architektur bei GE

Bei GE wird es dem Work-Out-Programm zugeschrieben, dass das Unternehmen ein von Welch formuliertes Idealziel erreichte: Grenzenlosigkeit. Welchs Vision für GE war eine Gesellschaft, die keine Grenzen und Unterteilungen kennt, ein Unternehmen, in dem Menschen, Ideen und Kreativität frei fließen können. Er war absolut überzeugt, dass jede Grenze eine schlechte Grenze ist, und setzte sich unermüdlich dafür ein, alle hinderlichen Grenzen einzureißen: vertikale (hierarchische), horizontale (zwischen den Funktionen), externe (Kunden und Lieferanten) und geographische (verschiedene Länder).

Der Wert der sozialen Architektur bei GE

Welch glaubt, dass das hohe Engagement und die Kultur der Grenzenlosigkeit bei GE die Lernkultur beförderten, die zu GEs Markenzeichen wurde. Die soziale Architektur des Unternehmens repräsentiert die wichtigsten Werte und ist zugleich die „Software“, die für das im Unternehmen so genannte Betriebssystem zuständig ist.

Spieler

Eine neue Klasse von GE-Mitarbeitern, die durch Welchs Six-Sigma-Initiative geschaffen wurde. Zu den Spielern gehören Black Belts, Master Black Belts, Green Belts und so weiter. Das waren die Akteure, denen Welch zuschrieb, „die DNA des Unternehmens zu verändern“.

Sprungbereitschaft (Pounce Every Day)

Das erwartete Welch von jedem GE-Mitarbeiter, um jede nur denkbare Chance zu nutzen. Die Mitarbeiter haben zwar Handlungsfreiheit, aber nach Welchs Sicht der Dinge darf ein GE-Mitarbeiter nichts unversucht lassen, um zu gewinnen. Welch hält das Internet für ein wertvolles Instrument, das Mitarbeiter befähigen und stimulieren kann. Er empfiehlt, „jeden Prozess zu digitalisieren". Welch warnt, dass zu große Langsamkeit später immer irgendwie bestraft werde. Niemand hat je dem GE-Chairman vorgeworfen, zu langsam gehandelt zu haben, als er versuchte, Honeywell zu kaufen. Als Welch im Oktober 2000 erfuhr, dass der Konzern als Übernahmekandidat gehandelt wurde, brachte er innerhalb von 24 Stunden einen Übernahmeversuch in Gang. Die Übernahme wurde dann zwar von der EU-Kommission untersagt, aber GE hätte überhaupt keine Chance gehabt, Honeywell zu übernehmen, wenn Welch nicht so schnell gehandelt hätte.

Statistische Prozesskontrolle (Statistical Process Control, SPC)

Ein weiteres wichtiges Instrument der Six-Sigma-Initiative. Bei SPC werden statistische Methoden eingesetzt, um Daten zu analysieren und Prozessfähigkeit und Leistungen zu überwachen. Dazu gehören die Messung und Evaluation von Abweichungen in einem Verfahren, ebenso wie Maßnahmen, um die Abweichungen zu begrenzen. SPC hilft Unternehmen und Prozess-Eignern, die potenziellen Probleme oder ungewöhnliche Ereignisse zu erkennen, damit sofort eine Aktion zur Problemlösung eingeleitet werden kann.

Strategische Allianzen

GE ging in vielen seiner Geschäftsfelder strategische Allianzen ein. 1999 hatte der Konzern mehr als 100 Kooperationsallianzen gebildet, darunter eine 50:50-Allianz mit Snecma, einem französischen Triebwerkhersteller. Gemeinsam produzieren sie Flugaggregate, die Maschinen von Airbus, Boing und anderen Firmen antreiben. Die Allianz wurde zu einem nachahmenswerten Modell: In den fast 20 Jahren seit seiner Gründung hat das Joint-Venture mit Triebwerken rund 40 Milliarden Dollar Umsatz erwirtschaftet. Dieser Erfolg machte die Allianz zu einem Modellfall in der Managementliteratur.

Strategische Geschäftseinheit

Als Welch das Steuer von GE übernahm, waren die mehr als 350 GE-Bereiche in 43 Strategische Geschäftseinheiten (Strategic Business Units, SBU) gegliedert. Die Strategischen Geschäftseinheiten waren von einer funktionalen hierarchischen Organisation geprägt. In den meisten Lehrbüchern wird die Gliederung des Konzerns in SBUs als Modell beschrieben, aber Welch verlor keine Zeit und begann mit der Umstrukturierung des Unternehmens, um während der Hardware-Phase in den frühen 80er-Jahren seine „Drei-Kreise-Strategie“ zu verwirklichen (Kern-, Technologie- und Servicebereiche).

Strategischer Planungsstab

Nach kaum zweijähriger Amtszeit als CEO hatte Welch den Strategischen Planungsstab von GE praktisch eliminiert. Dieser Teil des Konzerns passte in keiner Weise zu Welchs Vision von einem schnellen und agilen Unternehmen, das auf globalen Märkten konkurrenzfähig ist und jeglichen Bürokratismus verachtet. Welch schaffte Führungsebenen und Strategieplaner ab und formte GE zu einer verantwortungsbewussten Organisation um; die Verantwortlichkeit für die laufenden Geschäfte wurde den Leuten übertragen, die tatsächlich mit diesen Geschäften befasst waren. Dieses Niveau an Verantwortlichkeit und Vertrauen schuf die Voraussetzungen für Welchs spätere Kreuzzüge, darunter Grenzenlosigkeit und Aufbau einer lernenden Organisation.

σσσσσσ

Stretch und Stretch-Ziele

Den Kern von Welchs Stretch-Strategie bildet die Annahme, dass „nichts unmöglich“ sei. Die Strategie fragt die Beschäftigten: „Wie gut könnt ihr werden?“ Der CEO bestand darauf, dass seine Manager unglaublich aggressive Wachstumsziele setzten. Er war überzeugt, dass zu den Stretch-Zielen „unmögliche Ziele“ gehören sollten. Welch fand die Stellen hinter dem Komma langweilig; er glaubte, sein Team müsse nach den Sternen greifen und sich nicht mit kleinen Wachstumsschritten zufrieden geben. Wenn man einem Stretch-Ziel auch nur nahe komme, sei das schon wert, gefeiert zu werden, erklärte er. Welch glaubte, dass er durch die Formulierung von Stretch-Zielen der Belegschaft von GE Vertrauen einflößen und die bestmögliche Produktivität aus den Mitarbeitern herausholen könne. Auch war er überzeugt, dass es Sache der Manager sei, „in die Leute

Selbstvertrauen hineinzupumpen“, denn das würde den Einzelnen letztlich helfen, Taten zu vollbringen, „die sie selbst nie für möglich gehalten hätten“.

Stretch-Lektionen

1. **Greifen Sie nach dem Unerreichbaren:** Solange Sie von den Mitarbeitern und Managern nicht mehr verlangen, als diese für möglich halten, werden sich Leistung und Ergebnisse nur graduell steigern lassen.
2. **Vergessen Sie Dezimalstellen:** Welch erklärte Stretch gewöhnlich damit, dass das Unternehmen in früheren Zeiten nur „kleine Brötchen gebacken“ habe – von 4,12 auf 5,83 und so weiter. Es sei nicht möglich, auf diese Weise ein Unternehmen zu führen, das grenzenlos agiere und „eine Vorliebe für Schnelligkeit“ habe. Statt auf die Stellen hinter dem Komma zu achten, müssen Sie in viel größeren Zusammenhängen denken und Ziele setzen, die die Firma an die Grenze des Erträglichen treiben.
3. **Bestrafen Sie Mitarbeiter nicht, wenn sie ein Stretch-Ziel nicht erreichen:** Welch warnte seine Manager, dass sie Mitarbeiter nicht bestrafen sollten, wenn diese zwar in die Nähe eines Stretch-Ziels kamen, es aber letztlich nicht erreichten. Wenn man bei 10 stehe, aber auf 20 ziele, könne gefeiert werden, wenn man 18 erreicht habe, empfahl der GE-Chef. Das war ein Schlüssel für die Umsetzung von Stretch in einer lernenden Organisation.

Stumpfsinn

Das Gegenteil dessen, was Welch den GE-Mitarbeitern bieten wollte. Der CEO wünschte sich, dass jeder Beschäftigte mit neuer Energie aufwacht und voll Vorfreude zur Arbeit geht. Er wollte, dass die Mitarbeiter ihre Träume im Unternehmen verwirklichen konnten. Welch hasste den Gedanken, dass ein GE-Mitarbeiter eine stumpfsinnige

Tätigkeit verrichten musste. Diese Einfühlsamkeit beruhte auf eigener Erfahrung: Während der Collegezeit hatte Welch einen „stumpfsinnigen" Job bei Parker Games. Er musste ein Loch in einen Korken bohren und den Korken dann in eine Dose legen (er stellte ein Spiel namens „Dig" her). Das war seine ganze Aufgabe, Stunde um Stunde. Ein endloser, zermürbender Job. Welch sorgte bei GE dafür, dass kein Mitarbeiter einen derartigen Job hatte und dass jeder Beschäftigte Begeisterung für seine Arbeit bei GE empfand: „Ich liebe meine Tätigkeit – ich arbeite wie verrückt und ich will es so."

T

Teamleiter

Teamleiter, auch Projektleiter genannt, sind eine weitere Schlüsselgruppe in einer Six-Sigma-Organisation. Der Teamleiter ist verantwortlich für die Ergebnisse eines Six-Sigma-Projekts; die meisten Teamleiter konzentrieren sich dabei auf Prozessverbesserung oder -design. Eine der wichtigsten Aufgaben des Teamleiters besteht darin sicherzustellen, dass ein Six-Sigma-Projekt nach Plan voranschreitet. Teamleiter können auch weitere entscheidende Funktionen innehaben, beispielsweise die Entwicklung und Aktualisierung der grafischen Darstellung des Projektablaufs, die Unterstützung anderer Mitarbeiter beim Einsatz der Six-Sigma-Instrumente, die Einhaltung des Projektzeitplans und die Dokumentation der Endergebnisse.

Teammitglied

Jeder Mitarbeiter in einem Six-Sigma-Verbesserungsteam ist ein Teammitglied. Die meisten Six-Sigma-Projekte werden von Teams vorangetrieben, deren Mitglieder auch bei Verfahren wie Messen, Analyse und Prozessverbesserungen mitwirken.

Transformationsleitrahmen

Das Paradigma des Wandels, das GE half, sich von einer hierarchischen Bürokratie in eines der weltweit konkurrenzfähigsten Unternehmen zu verwandeln. Der Wandel erfolgte in drei Schritten: Erwecken, Vision entwickeln, Neuaufbau.

Typ A

Der ideale GE-Mitarbeiter. Dieser Typus erreicht seine Ziele (also die vorgegebenen Zahlen und so weiter) und fühlt sich auch den GE-Werten verpflichtet. Welch erklärte, er wolle nur „A"-Spieler bei GE haben, denn das seien Männer und Frauen „mit einer Vision und der Fähigkeit, diese Vision auch zu vermitteln". Es seien Führungspersönlichkeiten mit großer Energie und der Fähigkeit, andere zu Bestleistungen zu motivieren. Sie glichen einem „Coach" mit einem unerbittlichen Siegeswillen.

Typ „A": Welch wollte nur „A"-Spieler bei GE, Führungspersönlichkeiten also, welche die Werte vertreten, ihre Verpflichtungen erfüllen und andere zur Höchstleistung anspornen.

Typ B

Diese Beschäftigten erreichen nicht immer ihre Ziele, vertreten aber die GE-Werte. Welch meinte, dass jeder Mitarbeiter, der sich den GE-Werten verbunden fühlt, eine zweite Chance bekommen sollte, sich zu verbessern – wenn nötig durch Versetzung auf einen anderen Arbeitsplatz.

Typ „B“: Welch bevorzugt zwar die „A“-Spieler, meint aber, dass jedem Mitarbeiter, der sich den GE-Werten verpflichtet fühlt, eine Chance zur Verbesserung gegeben werden sollte.

Typ C

Diese Beschäftigten bekennen sich nicht zu den GE-Werten, auch wenn sie teilweise ihre Planvorgaben (kurzfristige Verpflichtungen) erfüllen. Dennoch ist klar, dass sie bei GE keine Zukunft haben. Welch meint, dass die GE-Manager zu viel Zeit damit verbringen, C-Spieler zu B-Spielern zu machen.

Typ „C“: Welch glaubt, dass das Unternehmen zu viel Zeit mit Versuchen verschwendet, die C-Spieler zu retten.

Typ I

Dieser Manager-Typus war der Vorgänger von Typ A. Festzuhalten ist, dass die Typen I, II und so weiter nichts anderes sind als die ursprünglichen Bezeichnungen für die Typen A, B, C und so weiter. Manager vom Typ I erreichten gewöhnlich ihre finanziellen Ziele (die sie als „Leistungsverpflichtung“ erbrachten) und lebten auch die Kleinunternehmenswerte von GE (so bezeichnete Welch 1995 die Werte).

Typ II

Diese Gruppe von GE-Mitarbeitern hatte keine Zukunft in dem Konzern, denn weder lebten sie die Werte noch erreichten sie ihre Vorgaben. Für Welch waren das die leichtesten Fälle.

Typ III

Vorläufer von Typ B. Diese Gruppe erfüllte nicht immer die „kurzfristigen Verpflichtungen“, lebte aber die Werte. Welch glaubte, dass jeder, der die Unternehmenswerte lebte, noch eine zweite Chance verdiente, und empfahl deshalb häufig, Typ-III-Mitarbeiter auf andere Stellen zu versetzen, für die sie vielleicht besser geeignet waren.

Typ IV

Das war die frühere Version von Welchs Typ C. Gemeint sind GE-Manager, die ihre „Verpflichtungen erfüllen“, sich aber nicht den GE-Werten verbunden fühlen. Welch meinte, der „ultimative Test“ eines Unternehmens bestehe darin, wie es mit diesen Mitarbeitern umgeht. Er glaubte, dass es für Manager keinen Platz gebe, die ihre Ergebnisse erreichen, indem sie „ihre Leute entnerven, ausquetschen und deprimieren“. Welch erklärte, die Entlassung der Typ-IV-Manager sei der „Prüfstein“ für GE gewesen, denn dabei habe das Unternehmen demonstriert, dass es „das tut, was es sagt“.

U & V

Umstrukturierung

Eine der ersten von Welch entwickelten Strategien. Sie bedeutete den Abriss verschiedener Managementebenen und den Aufbau einer Organisation, die maximale Produktivität sicherte. Umstrukturierung spielte während der Hardware-Phase von GE eine herausragende Rolle.

σσσσσσ

Ungezwungenheit

Laut Welch wird in Zusammenhang mit GE meist verschwiegen, dass es dort ungezwungen zugeht. Welch liebt Ungezwungenheit und lebt danach. Nie heißt es Mr. Welch, sondern immer Jack. Handschriftliche Notizen, in denen er seine Anerkennung ausdrückte, waren seine bevorzugte Methode, Mitarbeiter zu guten Leistungen zu beglückwünschen (sie wurden zuerst gefaxt, dann zugestellt). Bei GE regiert die Zwanglosigkeit. Selbst als das Magazin *Time* einen Fotografen schickte, der Welch zum Thema „Wichtige Menschen" verewigen sollte, lehnte Welch es ab, dafür ein Jackett anzuziehen. „Ich will nicht eingebildet aussehen", erklärte er. Auch die Versammlungen des Corporate Executive Council waren informell, es gab keine rigide Tagesordnung und keinen vorgegebenen Zeitplan. Bei einem solchen Meeting fragte Welch einfach all seine Councilmitglieder nach der besten Idee, die sie in den vergangenen 90 Tagen hatten.

Die Bedeutung der Ungezwungenheit

Welch ist der Ansicht, dass sich Mitarbeiter nur in einem ungezwungenen Umfeld wohl genug fühlen, um neue Ideen hervorzubringen. Welch: „Man muss erkennen, wie wichtig es ist, die Art von Ungezwungenheit im Unternehmen zu bewahren, die Seminarteilnehmer für das mittlere Management ermutigt, die Lieblingsidee des Chefs in Frage zu stellen." Für Welch ist eine Lernkultur nur dann eine echte Lernkultur, wenn jeder daran beteiligt ist. Der Kommentar über die „Lieblingsideen des Chefs" bezieht sich darauf, dass ein Managerkurs in Crotonville einen Verbesserungsvorschlag für Welchs langjähriges „Nummer 1, Nummer 2"-Konzept entwickelte.

Ursachenanalyse

Ein weiteres Six-Sigma-Instrument. Die Ursachenanalyse dient dazu, die Gründe von Abweichungen in einem Prozess festzustellen. Es handelt sich um eine visuelle Technik, die dazu dient, die Ursachen eines Problems zu systematisieren und aufzuzeichnen. Die Ursachenanalyse trägt auch dazu bei, ein Problem zu definieren, die Erfordernisse im Hinblick auf die Daten festzustellen, die Ursachen des Problems zu identifizieren und Lösungen zu entwickeln.

Varianz/Variation

Varianz ist jede Abweichung im Prozess, die das Ergebnis verändern kann. Der Begriff wird im Six-Sigma-Programm verwendet. Das Programm wurde entwickelt, um die Varianz von Produkten und Dienstleistungen signifikant zu reduzieren. Welch bezeichnete Variation als „Übel in jedem Prozess, der den Kunden tangiert". GE arbeitete fieberhaft daran sicherzustellen, dass seine Produkte und Dienstleistungen so wenig Varianz wie möglich aufwiesen. Jede Varianz wurde als schlecht betrachtet, da dies bedeutete, dass ein Kunde nicht exakt das Produkt oder den Service bekam, den er bestellt hatte.

Welch erfuhr 1998, dass manche Kunden den Nutzen von Six Sigma nicht spürten. Er führte als Beispiel an, dass trotz des Six-Sigma-Prozesses bei der Bestellung keine kürzeren Lieferzeiten genannt wurden, so dass sich die Kunden zu wundern begannen. Warum überschlug sich GE fast vor Begeisterung über dieses neue Programm, während die Kunden im Hinblick auf die Varianz keinerlei echte Veränderung bemerkten? Dieser Zwischenfall bewog Welch, die Kundenorientierung bei Six Sigma zu verschärfen.

Veränderung der Beziehungen

Nach Welch werden sich mit dem Wachstum des Internets die Beziehungen verändern. Der CEO erklärte, die Beziehungen sowohl zu Kunden als auch zu Lieferanten würden sich in der neuen digitalen Welt verbessern, da beide Zugewinne an Produktivität erwirtschaften könnten, die durch das neue Kommunikationsmedium möglich würden.

Verbesserungskapazitäten

Laut Welch verfügt GE über „unendliche Kapazitäten für umfassende Verbesserungen". Welch startete Initiativen wie Six Sigma und E-Business, um diese Kapazitäten für die Realität zu nutzen. Das Konzept unbegrenzter Fähigkeiten bildete die Grundlage für Welchs Vision von Führung. Work-Out zum Beispiel wurde entwickelt, um das Wissen freizusetzen, das jedem GE-Mitarbeiter innewohnt. Mit dem GE-Betriebssystem sollten Wissen und Ideen bis in den letzten Winkel des Unternehmens verbreitet werden. Für Welch war der Wissensdurst seiner Mitarbeiter ebenso unbegrenzt wie die Fähigkeit von GE, die besten Ideen und Praktiken in die Struktur der Organisation einzubinden.

Vereinfachung

Mitte der 90er-Jahre leitete Welch eine weitere konzernweite Initiative ein, die *Vereinfachung* genannt wurde. Obwohl sie nie den Erfolg seiner anderen Initiativen (wie beispielsweise Work-Out) erreichte, stellte sie doch ein wichtiges Ideal dar. Welchs Ziel war, „alles, was wir bei GE tun und herstellen, so unkompliziert wie möglich zu machen“. Das umfasste viele Verhaltensformen des grenzenlosen Unternehmens, wie die Vereinfachung des Kommunikationsprozesse und die Eliminierung des verwirrenden Fachjargons innerhalb des Unternehmens. Die Ingenieure sollten einfachere Entwürfe mit weniger verwirrenden Grafiken herstellen und die Präsentationen für die Kunden sollten verständlicher werden. Welch glaubte, dass die Vereinfachung dem Unternehmen signifikanten Nutzen bringen würde, darunter größere Schnelligkeit und verbesserte Qualität. Einer der Gründe, warum sich diese Initiative nicht als Kerninitiative durchsetzte, war ihr Timing. Sie wurde 1994 eingeleitet – ein Jahr bevor Six Sigma zu Welchs Leidenschaft wurde.

Vertikale Barrieren

In Welchs grenzenloser Organisation hatten Barrieren keinen Platz. Vertikale Barrieren sind Ebenen, die zusätzliche Bürokratie bedeuten und den Abstand zwischen Managern und Mitarbeitern vergrößern. Als Welch zum CEO ernannt wurde, gab es fast ein Dutzend Ebenen zwischen dem CEO und der Arbeitsebene in der Fabrikhalle. Welch führte ein Delayeringprogramm durch und hackte so lange an der Hochzeitstortenhierarchie herum, bis nur noch vier oder fünf Ebenen übrig waren.

Vertrag

Bei seinem Amtsantritt gab es laut Welch einen „stillschweigenden psychologischen Vertrag“, der allen GE-Mitarbeitern eine lebenslange Beschäftigung garantierte. Welch war der Ansicht, dass ein derartiger Vertrag die Beschäftigten selbstzufrieden und ichbezogen machte, daher schaffte er diese Praxis ab. Stattdessen schuf er eine neue Vertragsform, die besagte, dass GE den besten Arbeitsplatz mit den besten Fortbildungsmöglichkeiten und Ressourcen bot, allerdings nur für diejenigen, die bereit waren, sich jeden Tag dem Wettbewerb zu stellen.

σσσσσσ

Vertrauen

Eine wichtige Komponente der von Welch eingeleiteten Software-Phase. Welchs Vision für GE umfasste immer eine offene, vertrauensvolle Umgebung, in der es jedem Mitarbeiter frei steht, eigene Ideen einzubringen. Nachdem Welch durch seine Work-Out-Initiative erst einmal Vertrauen im Unternehmen etabliert hatte, herrschte bei GE eine viel offenere Atmosphäre. Die Mitarbeiter konnten ihre Meinung frei äußern, und das trug mit dazu bei, dass die Grenzen beseitigt wurden, die seit vielen Jahren bestanden hatten. Mit der Einführung des Prinzips der Grenzenlosigkeit war der Boden bereitet für Welchs höchste Errungenschaft, die Schaffung einer Lernkultur. Ohne eine solide Vertrauensgrundlage wäre keine von Welchs wichtigsten Leistungen möglich gewesen. Six Sigma beispielsweise trug viel dazu bei, das Vertrauen der GE-Mitarbeiter in die Qualität ihrer Produkte und Dienstleistungen zu stärken. Dasselbe galt für die E-Initiative. Zum einen stärkte sie die Überzeugung der Mitarbeiter, dass nicht irgendwelche neu auf den Markt drängende Dotcoms GE Umsätze und Marktanteile streitig machen würden, zum anderen erhöhte sie die Flexibilität der Organisation. „Die Aufgabe eines Managers", erklärte Welch in diesem Zusammenhang, „besteht darin, seinen Mitarbeitern ein Grundvertrauen einzuimpfen. Nur so haben sie den Mut, etwas zu wagen, den Mut, zu träumen, den Mut, über sich hinauszuwachsen und Dinge zu erreichen, die sie selbst niemals für möglich gehalten hätten."

Die Ursprünge von Welchs Vertrauen

Welch sagte, dass er schon früh über ein ausgeprägtes Selbstvertrauen verfügte und das er vor allem seiner Mutter zu verdanken habe. Es kann kein Zweifel daran bestehen, dass seine Mutter ihm einen klaren Realitätssinn mit auf den Weg gegeben hat. Einige Monate vor seinem Rücktritt sprach er davon, wie sie ihm schon früh beibrachte, die Dinge so zu sehen, wie sie sind: „Sieh die Welt niemals so, wie du sie gerne hättest, sondern so, wie sie ist." Mit anderen Worten: „Mach dir nichts vor." Das war ein Satz, den Jack von seiner Mutter häufig zu hören bekam – und seine erste Lektion darin, was es bedeutet, sich der Realität zu stellen.

Welch erzählte Interviewern immer wieder gerne Kindheitsgeschichten über den „Pit". Die „Grube" war der Ort, wo er mit anderen Jungen Sport trieb und Lektionen lernte, die ihn auf die Geschäftswelt vorbereiteten. Ein Journalist nannte diese Grube einmal eine „Art darwinistisches Labor", da „Welch und seine Spielkameraden dort zu gewinnen, zu verlieren, zu kämpfen, sich auf Kompromisse zu einigen und sich Honig ums Maul zu schmieren lernten". Welch sagte oft, dass „Sport alles ist" und dass er seine Führungsqualitäten den Erfahrungen verdankte, die er in seiner Jugend gemacht hatte.

Ein weiterer Faktor, auf den Welch sein Selbstvertrauen zurückführt, ist die Tatsache, dass er nicht an einer prestigeträchtigen Universität wie MIT, sondern an einer staatlichen Universität studierte. „Die Hand der Mutter, der Sport, die Schule, der Kampf um gute Noten und Abschlüsse: Ich bin fest davon überzeugt, dass solche Erfahrungen das Selbstvertrauen stärkten." Nach seinem Bachelor an der University of Massachussetts und einem Master machte er seinen Doktor, bevor er bei General Electric anfing – in einem kleinen Labor, wo er nur einen Kollegen hatte und in dem er sich eher wie in einem „Gemischtwarenladen" als in einem Riesenkonzern vorkam. Bürokratie war dort ein Fremdwort, was zählte, waren allein Leidenschaft und Begeisterungsfähigkeit.

Später, mit 33, wurde ihm als Geschäftsführer des Bereichs Komponenten und Werkstoffe die Verantwortung für einen Umsatz von 1,5 Milliarden US-Dollar übertragen. Auf seinem Weg die Karriereleiter hinauf wurde er mit den Dingen – Bürokratie, Managementebenen, Platzkämpfe und so weiter – konfrontiert, die er später bekämpfte. Eben weil er in seinen ersten Jahren bei GE in einer sehr kleinen Abteilung gearbeitet hatte, wusste er, dass man für ein riesiges Unternehmen arbeiten und es trotzdem wie ein Kleinunternehmen managen kann.

Die Bedeutung von Welchs vertrauensbildenden Maßnahmen

Dass Welch so großen Wert auf Vertrauen legte, half ihm, allen GE-Mitarbeitern ein Gefühl des Stolzes und des Mitbesitzes einzuflößen. Vor Welch hatte sich niemand für die Meinung der Mitarbeiter interessiert – entsprechend wenige von ihnen fühlten sich ernst genommen und entsprechend rar war Vertrauen bei GE gesät. Konsequenterweise war Welch bemüht, Vertrauen zu schaffen, zum Beispiel Anfang der 80er-Jahre, als er die Strategieplaner vor die Tür setzte und die Kontrolle wieder in die Hände der Geschäftsbereichsleiter legte – eine Maßnahme, mit der Welch den Leuten, die die Bereiche managten, sein Vertrauen aussprach. Später, in der Software-Phase, vermittelte er den GE-Mitarbeitern eine weitere wichtige Botschaft: Wir wollen nicht nur hören, was ihr uns zu sagen habt, wir wollen aus General Electric ein engagiertes Unternehmen machen und dazu brauchen wir euch.

Das Prinzip des grenzenlosen Unternehmens und die Konzentration auf die GE-Werte rückten den Einzelnen mehr in den Mittelpunkt und stärkten das Vertrauen in das Unternehmen. Vertrauen gewann für Welch mit der Zeit immer mehr an Bedeutung; seiner Überzeugung nach war nur eine Organisation, in der gegenseitiges Vertrauen herrschte, zu Höchstleistungen in der Lage. Obwohl seiner Meinung nach echtes Vertrauen eine seltene Eigenschaft ist, setzte er sich unermüdlich dafür ein, das Vertrauen der Mitarbeiter in den Konzern zu stärken.

Lektionen für den Aufbau von Vertrauen

1. **Bauen Sie konkurrenzfähige Geschäftsbereiche auf:** Welch verbrachte seine ersten Jahre als CEO damit, das Unternehmens-Portfolio von GE neu zu sortieren. Ihm war klar, dass die Mitarbeiter nur dann Vertrauen entwickeln würden, wenn sie für ein wettbewerbsfähiges und erfolgreiches Unternehmen arbeiten. Die Hardware-Revolution – die Phase, in der Welch starke, eigenständige Geschäftsbereiche aufbaute, die weltweit konkurrenzfähig waren – war eine entscheidende Voraussetzung für die Entstehung des Weltkonzerns, zu dem sich GE in den 90er-Jahren entwickeln sollte.

2. **Lassen Sie Ihre Mitarbeiter wissen, dass Sie ihre Meinung schätzen:** Mit der Umsetzung von Work-Out und der überragenden Bedeutung, die er den GE-Werten in der Unternehmenskultur einräumte, stellte Welch unmissverständlich klar, dass die Dinge sich verändert hatten: GE legte Wert auf die Meinungen und Ideen aller Mitarbeiter. Work-Out sorgte dafür, dass auch ein einfacher Arbeiter Vorschläge einbringen konnte, die Arbeitsabläufe veränderten oder dem Unternehmen halfen, neue Aufträge zu gewinnen. Das war ein wichtiger und folgenreicher Gezeitenwechsel und fast alle von Welchs Initiativen zielten darauf ab, den kollektiven Intellekt der Organisation zu stimulieren und zu nutzen.

3. **Verlagern Sie Entscheidungskompetenzen in der Hierarchie nach unten:** Viele von Welchs Innovationen trugen zum Empowerment der Mitarbeiter bei und bewirkten, dass die eigentlichen „Arbeiter" mehr Autorität erhielten. Bis zur Hardware-Phase wurde GE durch zu viele Hierarchieebenen, langwierige Genehmigungsverfahren und Bürokratismus gelähmt. Nach der organisatorischen Vereinfachung konnten die Leute, die die Arbeit taten, ihr „eigenes Schicksal" kontrollieren. Welch, der von Anfang Wert auf Mitarbeiter legte, die über genug Selbstvertrauen besaßen, ihre eigenen Entscheidungen zu treffen,

überließ dem GE-Managementteam die Gewinn-und-Verlust-Verantwortung für wachsende Geschäftsbereiche und stärkte damit sein Selbstvertrauen.

4. **Mit Lernen Vertrauen aufbauen:** Welchs Kultur des Lernens sorgte für einen steten Strom neuer Ideen und Initiativen. Welch verstand die GE-Geschäftsbereiche als „Business-Laboratorien“. Dies erzeugte eine Atmosphäre, die gute Ideen und Best Practices förderte – eine Kultur der Beteiligung, die das intellektuelle Potenzial des Unternehmens mobilisierte und dadurch auch das Selbstvertrauen stärkte.

Vision

Wurde von Welch seit seinem ersten Tag als CEO artikuliert. Seine Vision für General Electric lautete, aus dem Konzern „das wettbewerbsfähigste Unternehmen“ auf dem Planeten zu machen. Welch glaubte, dass alle Unternehmensführer in der Lage sein müssten, eine Vision zu formulieren und andere zu bewegen, diese Vision Wirklichkeit werden zu lassen. So erklärte Welch: „Sie müssen eine Vision haben, denn Sie müssen die Leute für ein Anliegen motivieren. Ihre Vision sollte nicht kompliziert sein, sie sollte einfach sein und kann gar nicht oft genug wiederholt werden, bis sie Ihnen selbst zum Hals heraushängt.“

Visionierungsprozess

Welchs kreative Methode bei der Neuerfindung von GE. Es handelte sich um einen Prozess, bei dem ein Führungsideal artikuliert wurde, an das dann ständig durch Wiederholungen erinnert wurde. 1982 sprach Welch von einer „schlanken und agilen“ Unternehmung. Ein Jahrzehnt später umfassten Welchs Werte „die Schaffung einer klaren, auf den Kunden fokussierten Vision“, „Verantwortlichkeit lernen“ und „Selbstvertrauen entwickeln“.

W

σσσσσσ

Wachstumsinitiativen

Wie bereits in Teil 1 angesprochen, sprach Welch oft von den vier unternehmensweiten Initiativen, die den Wandel bei GE bewirkten. In seinem Rundbrief an die Aktionäre für das Jahr 2001 schrieb Welch wortgewandt über die Auswirkungen der Initiativen auf das Unternehmen: „... durch die rigorose Umsetzung der vier großen, unternehmensweiten Initiativen ... veränderten wir nicht nur unseren Arbeitsplatz und unsere Produkte, sondern auch unsere Arbeitsweise, unsere Denkweise und den Kundenkontakt." Bei der Aufzählung der vier Initiativen in seinem Brief für 2000 erwähnte er Work-Out nicht, das Programm für die Unternehmenskultur, das er zehn Jahre zuvor umgesetzt hatte. Work-Out zählt nicht zu den „Wachstumsinitiativen", denn es war zwar für den Wandel der Kultur von GE sehr wichtig, spielte Ende der 90er-Jahre nur noch eine untergeordnete Rolle. Die Initiativen, die Mitte und Ende der 90er-Jahre gestartet wurden, darunter Six Sigma und die E-Initiative, wären ohne die früheren Programme und Initiativen gar nicht möglich gewesen.

Die Bedeutung von Work-Out ist im Vergleich zu den späteren Initiativen mittlerweile in den Hintergrund gerückt, vermutlich führte Welch das Programm deswegen nicht in seiner Liste der Schlüsselinitiativen auf. Dennoch betrachtete Welch Work-Out stets als ertragreiches Programm, das für den Erfolg des Unternehmens entscheidend war. Als man ihn 1999 danach fragte, antwortete er, Work-Out bei GE sei „ein Lebensstil".

Die vier Wachstumsinitiativen

Damit sind die vier Initiativen gemeint, die sich laut Welch auf den Kundenkontakt von GE auswirkten: *Globalisierung,* die am längsten bestehende Initiative von GE, die 1987 lanciert wurde. *Six Sigma* und *Produktservice,* die beiden darauf folgenden Wachstumsinitiativen, wurden 1995 ins Leben gerufen. Six Sigma ist die größte Initiative, die je ein Unternehmen in Angriff nahm, daher erfuhr sie in der Presse so viel Aufmerksamkeit. Die letzte große Initiative von Welch ist die *E-Initiative* (die er auch als „Digitalisierung" bezeichnete), die, so versprach er, die Kundenbeziehungen „transformieren" und dazu beitragen würde, dass das Unternehmen das Gebot der Geschwindigkeit einhält. Im Gegensatz zu Work-Out handelt es sich bei den vier Programmen um Wachstumsinitiativen, die direkt auf die zentralen Erfolgskennziffern von GE abzielten, darunter Einnahmen, Gewinn, Lagerumschlag, Qualität und Kundenzufriedenheit. Letztendlich waren die Initiativen wesentlich daran beteiligt, aus GE den globalen Wettbewerber zu machen, der Welch immer vorschwebte.

Die Entwicklung der vier Initiativen

Obwohl Welch immer nur eine Initiative auf einmal plante, zeigen interne GE-Dokumente, dass GE den Wandel und die Initiativen als eine Folge aufeinander aufbauender Phasen betrachtete. Work-Out, das 1989 gestartet wurde, legte den Grundstein für die zukünftigen Programme und Initiativen von Welch. So führte Work-Out zu Best Practices, das wiederum die Grundlage für die kontinuierliche Verbesserung und das Change Acceleration Program bildete. Nachdem sich das Unternehmen bei der kontinuierlichen Verbesserung und beim Wandel profiliert hatte, verfügte es über die geeigneten Instrumente zur Durchführung seiner wichtigsten strategischen Initiativen QMI (Neudefinition der Märkte), NPI (Einführung neuer Produkte) und Globalisierung. Diese Programme für die Unternehmenskultur waren wiederum die Voraussetzung für die ehrgeizigste Initiative von GE: Six Sigma. Six Sigma veränderte die „DNA" des Unternehmens, „verbreitete sich wie ein Lauffeuer" und bereitete so das Unternehmen auf Welchs letzten Plan vor: die E-Initiative. Jedes auf die Unternehmenskultur abzielende Programm bereitete GE auf die nächste Initiative vor.

Wachstumsziel

Schneller wachsen als die Wirtschaft, das war das Wachstumsziel von GE vor Welch. Frühere GE-Führer beurteilten die Performance von GE danach, wie schnell das Unternehmen im Vergleich zur amerikanischen Gesamtwirtschaft wuchs. Solange GE schneller wuchs als die Wirtschaft, war alles gut. Nach diesem Plan hätte es genügt, wenn Welch eine jährliche Wachstumsrate von 4 Prozent erreicht hätte. Welch änderte Modell und Ziel. Er stellte an sich selbst die Forderung, das Unternehmen mit der größten Wertschöpfung der Welt zu schaffen. Indem er sich auf die Wertsteigerung für die Shareholder konzentrierte, erreichte er über einen Zeitraum von 20 Jahren die erstaunliche Wachstumsrate von 15 Prozent.

„Walk the Talk"

Anfang der 90er-Jahre erklärte Welch, GE könne nur Manager brauchen, die auch tatsächlich so handelten, wie es die Werte verlangten. Das bedeutete, dass man Manager loswerden musste, die sich nicht zu den Werten des Unternehmens bekannten, die sich als tyrannische Vorgesetzte aufspielten und die Leute mit Leistungsansprüchen drangsalierten, statt sie zu motivieren. Solche Manager entsprachen nicht Welchs Vision eines grenzenlosen Unternehmens, das Selbstvertrauen einflößt.

Wandel

Die Grundvoraussetzung für Fortschritt. Unternehmen, die Veränderungen als Chance (und nicht als Gefahr, die bekämpft werden muss) begreifen und willkommen heißen, können sich daraus einen Wettbewerbsvorteil erschließen. Die Menschen, sagte Welch einmal, wollen immer wissen, wann der Wandel abgeschlossen ist, wann sie aufhören können, sich zu verändern und sich einfach wieder ihrer Arbeit zuwenden. Die Antwort darauf, erklärte er, muss stets dieselbe sein: „Niemals, der Wandel hat erst begonnen." Das ist eine treffende Zusammenfassung der Ära Welch bei GE, einer Zeit, in der das einzig Beständige der Wandel war. Das kommt auch in den GE-Werten zum Ausdruck, die die GE-Mitarbeiter dazu auffordern, Veränderung als Chance, nicht als Bedrohung zu begreifen. In seinem letzten Jahr als Chairman erklärte Welch, dass es „nicht darum geht, vorhersagen zu können, was passiert, sondern darum, auf Veränderungen zu reagieren, mit dem Wandel mitzugehen. Es geht um Anpassung, nicht um Präzision." Welch war überzeugt, dass diese Fähigkeit den GE-Mitarbeitern im Blut liegt, dass „wir den Wandel jeden Tag atmen, dass die Zeit reif ist, das Spiel zu verändern".

Die Bedeutung von Welch und Wandel

Einer der wichtigsten Beiträge Welchs war, wie er das Thema Veränderung anging. Von seinem ersten Tag als CEO an war ihm klar, dass Wandel nicht nur unvermeidlich, sondern auch dringend geboten war, was einmal mehr beweist, dass er der richtige Führer zur richtigen Zeit war. Ende der 70er- und zu Beginn der 80er-Jahre erkannte kaum ein Unternehmensführer die Notwendigkeit für Veränderungen, eine Haltung, an der selbst eine schwache Konjunktur und die Gefahr neuer globaler Konkurrenten nicht viel änderte. Welch dagegen war sich bewusst, dass nicht nur ein Wandel, sondern ein radikaler Wandel erforderlich war und er machte sich daran, GE mit seinen in 100 Jahren gewachsenen Traditionen praktisch auf den Kopf zu stellen.

Lektionen in Sachen Wandel

1. **Der Wandel ist eine Konstante und dieser Erkenntnis muss sich eine Organisation stellen:** Der legendäre Baseballtrainer Vince Lombardi sagte einmal, dass das „Gewinnen keine einmalige Sache ist". Welch sah das im Hinblick auf Veränderungen ebenso. Er drängte seine Manager nicht nur, mit dem Wandel zu leben, sondern auch, die sich dadurch eröffnenden Möglichkeiten zu ergreifen. Welch wusste beispielsweise, dass der Produktionsbereich allein nicht das Wachstum liefern konnte, das er anstrebte. Also entwarf er einen ehrgeizigen Plan, mit dem er den Dienstleistungsbereich zum Kernstück der GE-Wachstumsmaschine machte. Mit Erfolg: Im Jahr 2000 erwirtschaftete der Servicebereich 70 Prozent des Konzernumsatzes.
2. **Hören Sie niemals auf, das Thema „Veränderung" zu kommunizieren:** Da der Wandel konstant ist, müssen Manager und Mitarbeiter nicht nur lernen, damit zu leben, sondern sie müssen ihn auch willkommen heißen. Soll eine Organisation von Veränderungen profitieren, müssen die Menschen auf den Wandel eingestellt sein. In den 80er-Jahren predigte Welch in Crotonville den Wandel und nutzte andere Elemente des Betriebssystems, um das gesamte Unternehmen auf seine Linie zu bringen – bis er in seinem letzten Jahr als Chairman sagen konnte, dass der Wandel „General Electric im Blut" liegt.
3. **Seien Sie dem Wandel immer einen Schritt voraus:** Einer der Gründe für Welchs Erfolg war seine Fähigkeit zur Vorausschau. Er stellte sich nicht nur der Realität, er sah sie auch lange vor seinen Konkurrenten kommen. Wer Veränderungen vorausschauend meistern will, muss die Konkurrenzbedingungen (beispielsweise Internetauftritte von Wettbewerbern, die globale Wirtschaftsentwicklung und so weiter) studieren, mit Leuten aus allen Teilen der Organisation Kontakt halten und die hierarchieübergreifende Kommunikation fördern.

Wandel genießen

Das muss jeder Manager, wenn er heute auf den immer hektischer werdenden globalen Märkten agieren will. Welch sagt, es genüge nicht, den Wandel nur hinzunehmen, sondern die Manager müssten den Wandel geradezu genießen und seine Macht für ihre Zwecke einspannen. Die Macht des Wandels zu nutzen gehörte immer zu den herausragenden Werten von GE.

σσσσσσ

Werte (oder GE-Werte)

Es gab nicht viel, was für Welch mehr bedeutete als die Werte des Unternehmens. Im Laufe der Jahre redete der CEO mehr über Werte als über Zahlen; er war überzeugt, dass GE vor allem durch seine Bindung an einen Wertekatalog zu einem einzigartigen Unternehmen geworden sei. Der Wertekanon von GE umfasst jene felsenfesten Überzeugungen, von denen Welch glaubte, dass sie untrennbar mit dem Erfolg des Unternehmens zusammenhängen. Welchen Sinn hätte denn eine kundenorientierte, lernende Organisation, wenn die Mitarbeiter nicht daran glaubten? Und entsprechend handelten? Welch verlangte, selbst Manager, die ihre Zielvorgaben erfüllen, zu feuern, wenn sie das Wertesystem des Unternehmens nicht akzeptierten. Dem Chairman war die Frage der Werte so wichtig, dass er darauf bestand, dass alle Mitarbeiter die GE-Wertefibel (eine kleinformatige Karte) ständig mit sich führten.

Welch und GE hörten nie auf, die Werte neu festzulegen. Der Wertekatalog ist ein lebendiges Dokument, das stets das aktuelle Denken des Unternehmens widerspiegelt. In dem Maße, in dem Welch und GE die Selbstverwirklichung anstrebten, rückte der Gedanke des Lernens in den Mittelpunkt der Werte. Welch glaubte, dass die günstige Wettbewerbssituation des Konzerns einer zentralen Idee zu verdanken war: „Das Verlangen und die Fähigkeit einer

Organisation, ständig, überall und aus jeder Quelle zu lernen – und dann die Lernergebnisse schnell umzusetzen."

Die Entwicklung der GE-Werte

Obwohl die Software-Phase bei GE erst in den späten 80er-Jahren auf den Weg gebracht wurde, gibt es reichhaltige Belege, dass Welch schon am Beginn seiner Zeit als Chairman das menschliche Element im Auge gehabt hatte. 1981 sprach er in einer Rede vor Finanzanalysten vom „dritten und letzten Wert", den er dem Element „menschliche Ressource" zuwies. Er erklärte, das menschliche Element sei eine der drei Schlüsselvariablen, die dafür sorgen würden, dass GE „anpassungsfähiger und agiler als die Unternehmen wird, die ein Zwanzigstel oder sogar ein Fünfzigstel unserer Größe haben".

Damit drückte Welch seine Hoffnung aus, dass im Konzern das menschliche Element berücksichtigt und die Leute angefeuert werden, auf ganz außergewöhnlichem Leistungsniveau zu arbeiten: „Wir schaffen ... eine Atmosphäre, in der sich die Menschen trauen, Neues auszuprobieren – in der die Leute das sichere Wissen haben, dass es nur von ihrer eigenen Kreativität und ihrer Energie und ihren Leistungen abhängt, wie weit und wie schnell sie gehen können." Obwohl ihn in den ersten Jahren am Ruder von GE viele andere Dinge beschäftigten, verlor er die Frage der Werte nie völlig aus den Augen. Die Werte wurden schließlich ein herausragendes Element seines Erbes.

Im Jahr 1985 entwickelte GE (in Zusammenarbeit mit Beratern in Crotonville) einen Katalog von fünf Werten, die als Kernelemente des Unternehmenscredos gelten sollten. Welch und seine führenden Manager baten immer wieder um Überarbeitungen. Welch wollte sicher sein, dass sich die Beschäftigten mit dem Dokument verbunden fühlten, da er ihre Beteiligung für entscheidend hielt. Wenn die Mitarbeiter keine Verbundenheit mit dem Dokument empfanden, würden die Werte gerade für jene Menschen bedeutungslos bleiben, die am meisten von ihnen betroffen waren.

Der ursprüngliche Katalog der fünf Werte wurde in den folgenden Monaten und Jahren mehrmals überarbeitet. Es ist jedoch bezeichnend, dass die ursprünglichen Glaubenssätze auch Konzepte umfassten, die im Unternehmen jahrelang Gültigkeit behielten. Die beiden ersten Werte befassten sich mit der Bedeutung der Kundenzufriedenheit und mit der Vorstellung, dass der Wandel eine Konstante ist. Der dritte Wert enthielt bereits den Keim des Konzepts der lernenden Organisation, wobei auch betont wurde, wie wichtig es ist, „Wissen nicht zurückzuhalten, sondern gemeinsam zu nutzen". Der vierte Wert befasste sich mit Paradoxien als Teil des Lebens. Aber vor allem die fünfte und letzte Feststellung sorgte bei GE für Aufsehen. Darin wurde erklärt, dass Mitarbeiter, die sich den GE-Werten nicht verpflichtet fühlten, „sich wahrscheinlich außerhalb der General Electric Company besser entwickeln werden". Diesen Gedanken ließ der Chairman nie wieder fallen: „Wer die Werte nicht Leben kann, hat bei GE nichts verloren."

Die Bedeutung der Werte

Die Werte waren aus vielen Gründen sehr wichtig. Sie trugen dazu bei, dass sich Welch als komplex und vielfältig denkender Konzernführer etablieren konnte, und zerstreuten die Vorstellung, dass er ein eindimensionaler Manager sei, der nur Zahlen im Kopf habe. Obwohl er seine Initiativen (zum Beispiel Downsizing und Drei Kreise) rigoros im Unternehmen durchsetzte, war ihm das „menschliche Element" so wichtig, dass er die Werte im Jahresgeschäftsbericht 1985 erwähnte, woraufhin sie ein Manager als „Jack Welchs Gebote" bezeichnete. Welch sprach später in einer Rede an der Harvard Business School über diesen Prozess der Entwicklung von Unternehmenswerten und wie sich der Konzern dadurch verändert hatte. Er bezeichnete den Prozess als brutal und erklärte, seine Entwicklung hatte sich über zwei oder drei Jahre erstreckt: „... Realität, Offenheit, Integrität und so weiter. Wir haben an jedem Wort gefeilt." Welch erklärte, GE habe sich auch dadurch verändert, dass die Mitarbeiter an den Werten gemessen wurden.

Während all dieser Jahre spiegelte die Arbeit an den Werten des Konzerns genau das wider, was dem Chairman zu einem bestimmten Zeitpunkt durch den Kopf ging. Der Wertekatalog wurde zwar nie völlig neu verfasst, aber Welch und GE überarbeiteten die Werte alle paar Jahre, um die jüngsten Ideen und Initiativen einzubeziehen. Die Werte wurden für GE zu einer Art Verfassung – in ihnen bündelten sich die gesamten Hoffnungen und Träume des Unternehmens. Dennoch wurden alle paar Jahre Ergänzungen erforderlich. In den späten 90er-Jahren umfassten die Werte die Kernsätze der Welch-Revolution. Ganz oben auf der Liste standen die Forderung nach Höchstleistungen und der Hass auf den Bürokratismus. Danach folgten Offenheit für Ideen, gelebte Qualität und Selbstvertrauen. In früheren Versionen der GE-Werte wurden auch die Kunden erwähnt, aber sie bildeten nicht den zentralen Fokus. Das änderte sich nach dem Januar 1999.

1999–2001

Ein Zwischenfall, der mit dem Six-Sigma-Programm zusammenhing, löste eine größere Überarbeitung des GE-Wertekanons aus. Welch hatte erfahren, dass die Kunden die Wirkungen (den Nutzen) von Six Sigma nicht „spürten", und ließ seiner Verärgerung bei einer Besprechung mit seinen leitenden Managern im Januar 1999 freien Lauf. Wenn die Kunden den Nutzen von Six Sigma nicht spürten, wozu nutzte dann das Programm überhaupt? Welch glaubte, dass man bei GE den Nutzen des Programms nur intern untersucht habe und nicht aus der Perspektive der Kunden.

Als Folge dieses Zwischenfalls veränderte Welch nicht nur den Fokus von Six Sigma, sondern formulierte auch den

Kanon der neun Werte von GE um. In der überarbeiteten Version orientierten sich drei der neun Werte am Kunden und der Begriff *Kunde* stand nun ganz oben auf der Liste. Der erste Wert von GE forderte nun nicht mehr „Höchstleistungen" oder den „Hass auf die Bürokratie", sondern „das leidenschaftliche Verfolgen der Kundenzufriedenheit". Der zweite Wert befasste sich mit Six Sigma und forderte, dafür zu sorgen, dass der Kunde immer „der erste Nutznießer" sei. Auch in den übrigen Werten wurde der Kunde noch einmal erwähnt (der siebte Wert verlangte nach einer „kundenzentrierten Vision"). Weitere Werte bezogen sich auf die Verachtung der Bürokratie, die Bedeutung des intellektuellen Kapitals, die Forderung nach grenzenloser Führung und das Konzept E^4 für Führungspersönlichkeiten.

Lektionen zu den Werten

1. **Werte sind eine Antriebskraft, die zur Gestaltung einer Organisationen beiträgt:** Welch machte Ideen und Werte zum Kernbestand seiner sozialen Architektur und nutzte beides, um GE zu verändern. Nutzen Sie Werte, um wesentliche Überzeugungen und Philosophien in die Wissensstruktur des Unternehmens einzupflanzen.
2. **Lassen Sie sich beim Heuern, Feuern und Befördern von Werten leiten:** Welch wich nie von seiner fast fanatischen Haltung ab, dass seine Manager den GE-Werten entsprechend leben sollten. Er erklärte, dass GE keine Manager tolerieren durfte, die ihre Kollegen nicht anspornten, sondern sie durch tyrannisches Verhalten und Schikane drangsalierten.

3. **Sorgen Sie dafür, dass jeder im Unternehmen die Werte kennt:** Solange die Mitarbeiter und Manager die Werte nicht kennen, könnten sie die Werte auch nicht praktizieren. Sorgen Sie dafür, dass die Werte regelmäßig vermittelt werden und dass alle wissen, dass sich das Unternehmen mit den Werten identifiziert.
4. **Überarbeiten Sie die Werte alle paar Jahre, um Veränderungen und den Lernfortschritt zu berücksichtigen:** Bei GE wurden die Werte alle paar Jahre überarbeitet, um das neueste Denken in den Lernkodex des Unternehmens einzubeziehen. Betrachten Sie die Werte als „Verfassung" des Unternehmens. Es ist durchaus akzeptabel, Ergänzungen hinzuzufügen, wenn es die Umstände erfordern.
5. **Unterschätzen Sie nie den Wert der Werte:** Welch schrieb den dauerhaften Erfolg von GE den Werten zu. Er bezeichnete Verhalten und Kultur als „Treibstoff" für das GE-Modell des dauerhaften Wachstums.

Wettbewerbsfähigheit

Von Anfang an lautete Welchs Mantra, das wettbewerbsfähigste Unternehmen der Welt zu erschaffen. GE besaß seiner Überzeugung nach eine „unerschöpfliche Fähigkeit", besser zu werden, und noch Mitte der 90er-Jahre erklärte er, dass der Konzern „gerade erst an der Oberfläche gekratzt" habe. Wettbewerbsfähigkeit bedeutete für Welch, den „Ozean an Kreativität" anzuzapfen, der in den Mitarbeitern schlummert. Diese Erkenntnis bildete den Kern seiner Schlüsselstrategien und -initiativen. Angefangen von Work-Out über Six Sigma bis hin zur E-Initiative zielten Welchs Programme ausnahmslos darauf ab, den unternehmerischen Geist und die grenzenlosen Fähigkeiten aller GE-Mitarbeiter und -Manager zu aktivieren. Dabei war das GE-Betriebssystem das primäre Werkzeug zur Förderung des Lernprozesses und damit zur Förderung der Produktivität und Konkurrenzfähigkeit.

Wissenschaftliche Methode

Dieser Managementansatz verlangt den Einsatz wissenschaftlicher Methoden zur effizienten Analyse von Arbeitsvorgängen und abgeschlossenen Produktionsaufgaben. Als Welch seine zahlreichen Revolutionen einleitete, wurde diese Managementmethode in vielerlei Hinsicht bei GE verdrängt. Als Welch CEO wurde, hatte sich das bei GE vorherrschende Managementmodell im Wesentlichen seit Jahrzehnten nicht mehr verändert. Die Wissenschaftliche Methode, die von Frederick Taylor Anfang des 20. Jahrhunderts entwickelt worden war, behandelte die Arbeitnehmer lediglich als Rädchen in einem Getriebe; ihre Hauptfunktion bestand darin, bestimmte Aufgaben auszuführen. Zuständigkeiten und der Platz des Einzelnen im Unternehmen wurden durch die hierarchische Organisation vorgegeben. Viele Jahre lang hatte dieses Managementmodell dazu beigetragen, dass expandierende Unternehmen wie General Motors (unter Sloan) besser organisiert werden konnten und daher besser in der Lage waren, mit ihrer eindrucksvollen Größe umzugehen.

In den späten 70er-Jahren, als amerikanische Unternehmen in der Folge einer Wirtschaftsflaute und des schärfer werdenden globalen Wettbewerbs ins Wanken gerieten, wurde jedoch deutlich, dass dieses Organisationsmodell an seine Grenzen gestoßen war. Das Management verlangte nach neuen Denkansätzen und Jack Welch war der erste CEO eines Großunternehmens, dem das klar wurde. Er veränderte die Paradigmen; er ermutigte die Mitarbeiter, mitzureden und auch bei den Entscheidungsprozessen mitzuwirken. Durch den Abbau von Führungsebenen und andere Maßnahmen wurde die Organisationsstruktur flacher gestaltet. Welch bemühte sich auch, den Bürokratismus abzubauen, der sich im gesamten Gewebe von GE festgesetzt hatte. In der Software-Phase bereitete er den Boden für die grenzenlose Organisation, und das trug dazu bei, dass eine sich selbst erneuernde Organisation entstehen konnte, in der Lernen und Ideen Vorrang vor Hierarchie und Konventionen erhielten.

Während Welchs Amtszeit waren (der jährlichen GE-Umfrage zufolge) mehr als 80 Prozent der GE-Mitarbeiter davon überzeugt, dass ihre Ideen für das Management wichtig waren. In einer von Taylorismus und der Wissenschaftlichen Methode geprägten Struktur hätte dieser Anteil wahrscheinlich nicht über 10 Prozent gelegen. Das Ergebnis zeigte, dass sich im Vergleich zu der Zeit vor Welch die Einstellungen der Arbeitnehmer gegenüber dem Management – und gegenüber der Arbeit selbst – gewaltig verändert hatten.

Wie wichtig es ist, die Wissenschaftliche Methode abzuschaffen

Ein dauerhafter Aspekt des Erbes, das Welch dem Unternehmen hinterlässt, wird wahrscheinlich sein, wie er mit seinen Ideen und Methoden dazu beitrug, viele Ideen auszulöschen, die mit der Wissenschaftlichen Managementmethode zusammenhingen. Die Entwicklung seines Denkens und die Strategien und Initiativen, die er bei seiner Suche nach Veränderungen im Unternehmen entwarf, trugen mit dazu bei, den Taylorismus bei GE auszumerzen. Mit jeder neuen Phase vergrößerte Welch die Distanz zu den alten Methoden (Mitarbeiter als Rädchen in einer Maschine) und entwickelte seine neue Vision einer Organisation weiter, die von geistiger Kompetenz und Lernfähigkeit angetrieben wurde. Er machte Denken und Ideen zum Kern des Unternehmens und schuf ein neues Führungsideal, das auch andere Unternehmen nachahmen konnten.

Working-Capital-Kennzahl

Ein weiterer wichtiger Maßstab für Produktivität und zugleich ein Maßstab für Welchs Erfolg, GE in ein gesundes Unternehmen zu verwandeln. Mit Programmen wie Six Sigma gelang es, die Working-Capital-Kennzahl von etwas über 3 Anfang der 80er-Jahre auf knapp 10 im Jahr 1998 zu steigern.

σσσσσσ

Work-Out

Welchs zweite große konzernweite Initiative (nach Globalisierung) stellte die Hierarchie auf den Kopf. Unter Welchs fünf Initiativen war Work-Out die einzige kulturelle Initiative und im Hinblick auf die Veränderung der Einstellungen und Verhaltensweisen bei GE die wirkungsvollste. Work-Out sorgte dafür, dass die Manager ihren Mitarbeitern zuhörten und ihnen ein Mitspracherecht bei Entscheidungen einräumten. Welch schrieb es der Work-Out-Initiative zu, dass die Kultur der Grenzenlosigkeit Fuß fassen konnte, die wiederum dazu beitrug, GE in eine „Lernmaschine“ zu verwandeln. Work-Out war ein Programm, das die Wissenschaftliche Managementmethode verdrängen sollte, die bei GE und anderen Großunternehmen seit Jahrzehnten vorgeherrscht hatte. Welch erklärte: „Bei Work-Out ging es eigentlich um nichts Komplizierteres, als Leute aller Ränge und Funktionen – Manager, Sekretärinnen, Ingenieure, Fließbandarbeiter und manchmal auch Kunden und Lieferanten – in einem Raum zusammenzubringen und zu veranlassen, sich mit einem Problem zu befassen ... und dann schnell und entschlossen die besten dort entwickelten Ideen umzusetzen, gleichgültig, woher sie stammten.“

Die Entwicklung von Work-Out

Work-Out entstand bei einer Besprechung im September 1988 in Crotonville. Während des Helikopter-Flugs zurück nach Fairfield brachte Welch seine Verärgerung darüber zum Ausdruck, dass die Manager offenbar einfach nicht mit den Mitarbeitern redeten (das hatte er aus den Fragen gefolgert, die ihm von Mitarbeitern gestellt worden waren). Das war die Initialzündung für Welchs Idee, eine unternehmensweite Initiative durchzuführen, um ein Forum zu schaffen, auf dem die Manager ihren Mitarbeitern zuhören und ihre Vorschläge aufgreifen konnten.

Vier Ziele von Work-Out

Die vier Ziele von Work-Out waren: Aufbau von Vertrauen, Ermächtigung der Mitarbeiter, Abschaffung unnötiger Arbeiten, Schaffung eines grenzenlosen Unternehmens.

1. **Aufbau von Vertrauen:** Welch bewies den Mitarbeitern, dass GE wirklich an ihren Ideen interessiert war, und machte sich daran, die Grundlagen für Vertrauen im Unternehmen zu legen.
2. **Ermächtigung der Mitarbeiter:** Work-Out trug wirklich zur Ermächtigung der Mitarbeiter bei, da sich ihre Entscheidungen im Rahmen der Initiative gewöhnlich durchsetzten. In einem hundertjährigen Unternehmen, das seine Mitarbeiter bislang nicht ermutigt hatte, sich frei zu äußern, stellte dies eine grundlegende Wende dar.
3. **Abschaffung unnötiger Arbeiten:** Durch Work-Out konnten viele der sinnlosen Praktiken eliminiert werden, über die sich die Mitarbeiter seit Jahren geärgert hatten. Dadurch konnte GE auch viele seiner Verfahrensweisen effektiver gestalten.
4. **Schaffung eines grenzenlosen Unternehmens:** Welch benutzte Work-Out, um die Mauern einzureißen, die seit Jahren bestanden hatten: Die Mauern zwischen Managern und Mitarbeitern, die zwischen den einzelnen Funktionen im Unternehmen (zum Beispiel zwischen Marketing und Fertigung). Er beseitigte damit auch die Barrieren, die GE daran hinderten, ein schnelles, konkurrenzfähiges Unternehmen zu werden.

Wie Work-Out funktioniert

Bei einer Work-Out-Sitzung kommen Mitarbeiter und Manager zusammen, um gemeinsam ein Problem zu identifizieren – wie „niedrig hängende Früchte“ (leichtes Problem) und „harte Nüsse“ (schwierigeres Problem). Die Mitarbeiter erklären ihren Chefs, wie sich die Angelegenheit verbessern ließe. Die Manager müssen entweder sofort zustimmen oder sich innerhalb einer festgelegten Zeit wieder mit den Mitarbeitern in Verbindung setzen. Bei GE wurde darauf bestanden, dass jedes dieser Treffen „umsetzbare Ergebnisse“ hervorbringt, die sofort eine Aktion auslösen.

Sobald der Termin einer Sitzung festgelegt war, wurden Einladungen an die Teilnehmenden verschickt. Als Modell dienten die Town Meetings in Neuengland, bei denen Bürger zusammenkommen, um sich mit bestimmten wichtigen Fragen zu befassen. Die Sitzungen dauerten gewöhnlich drei Tage und umfassten 30 bis 100 Teilnehmer. Am ersten Tag wurden die wichtigsten Themen und Probleme bestimmt; Vorgesetzte durften an den Diskussionen nicht teilnehmen. Am letzten Tag kehrten dann die Manager in die Gruppe zurück, hörten sich das Problem an und trafen auf der Stelle eine Entscheidung. Von fünf Vorschlägen wurden gewöhnlich vier mit Ja oder Nein erledigt. Bei Fragen, die nicht sofort entschieden wurden, erhielten die Manager eine Frist, innerhalb deren sie der Gruppe eine Antwort zukommen lassen mussten. Manager, die sich den Werten des Work-Out-Systems und dem partizipativen Managementstil nicht verpflichtet fühlten, hatten im Konzern keine Zukunft.

Die Bedeutung von Work-Out

Welch vermittelte mit der Einbeziehung aller Mitarbeiter in die Entscheidungsprozesse eine überzeugende Botschaft: Im Grunde erklärte er damit, dass diejenigen, die der Arbeit und den Kunden am nächsten stünden, wertvolle Ideen hervorbrächten. Wenn der Konzern keine Möglichkeit finde, dieses Wissen für sich zu nutzen, werde er niemals sein volles Potenzial entfalten können. Heute mag das zwar nicht als besonders umwälzende Idee erscheinen, aber gerade Ende der 80er-Jahre war es tatsächlich revolutionär. Bei GE hatte sich das hierarchische Managementmodell im Laufe der Jahre kaum verändert. Work-Out war das entscheidende Instrument, mit dem sich die Führung des Unternehmens verändern ließ.

Work-Out wurde eingeleitet, nachdem Welch die Downsizing- und Umstrukturierungsmaßnahmen abgeschlossen hatte. Die Initiative stieß zunächst auf Skepsis (manche Mitarbeiter sahen darin nur eine neue Methode, Entlassungen vorzunehmen). Aber schon Mitte 1992 hatten bereits über 200.000 GE-Mitarbeiter an mindestens einer Work-Out-Sitzung teilgenommen (etwa 20 Prozent der Gesamtbelegschaft). Die Initiative zeigte dem Unternehmen auch, dass Jack Welch mehr zu bieten hatte als nur Rhetorik. Er setzte seine Reden auch um und beharrte darauf, dass die Manager sich ebenso verhielten – oder sich einen anderen Arbeitsplatz suchten.

Lektionen von Work-Out

1. **Hören Sie allen zu:** Den Kern der Work-Out-Initiative bildet die Annahme, dass die Mitarbeiter, die den Kunden am nächsten stehen, die besten Ideen haben, wie sich das Unternehmen verbessern lässt.
2. **Nutzen Sie Work-Out zur Abschaffung von Bürokratismus:** Alle Organisationen haben Bürokratien und andere negative Nebenprodukte von Kommando- und Kontrollstrukturen, wie zum Beispiel ausufernde Berichte, Richtlinien und so weiter.
3. **Nutzen Sie Work-Out, um Verfahrensweisen zu flexibilisieren, Mitarbeiter zu ermächtigen und Mauern einzureißen:** Work-Out kann zur Verbesserung von Arbeitsabläufen beitragen und den Mitarbeitern mehr Selbstvertrauen und Selbstbewusstsein vermitteln.
4. **Nutzen Sie Work-Out, um Allianzen mit Kunden und anderen wichtigen Bezugsgruppen aufzubauen:** Welch bezog Kunden und Verkäufer in das Work-Out mit ein. Er erkannte, dass sich damit Kundenbeziehungen verbessern ließen.

X – Z

X und Y

Algebra wird manchmal benutzt, um die Umsetzung von Six Sigma zu verdeutlichen [zum Beispiel y = f(x)]. „X" steht dabei für die Variablen, beispielsweise für die wichtigsten Einflüsse, die sich auf die Zufriedenheit der Kunden auswirken, oder die wichtigsten Aktivitäten, um strategische Ziele zu erreichen. „Y" kennzeichnet die Ergebnisse, zum Beispiel Gewinne, ein strategisches Ziel oder die Kundenzufriedenheit. Viele Manager müssen die Beziehungen zwischen ihren eigenen X- und Y-Werten besser verstehen lernen.

Zehn-Prozent-Regel

In seinem letzten Jahr als GE-CEO geriet Welch aufgrund der GE-Regel, alljährlich nach der Bewertung aller Mitarbeiter „die schlechtesten 10 Prozent" der Belegschaft zu feuern, ins Kreuzfeuer der Kritik. Wie konnte Welch, fragten die Medien, der Verfechter der Menschen und Ideen, es rechtfertigen, jedes Jahr 10 Prozent der GE-Mitarbeiter auf die Straße zu setzen? War das nicht ein herzloser Akt, der allem Hohn sprach, wofür er kämpfte? Vielen fiel es schwer, den Champion der Lernkultur in dem pragmatischen Unternehmensführer wiederzuerkennen, der nur die besten Leute in seinem Team haben wollte. Als Entgegnung auf die Vorwürfe griff der GE-Chef einmal mehr eine Metapher aus der Welt des Sports auf (Sie erinnern sich, *Sport ist alles*): Jedes professionelle Sportteam, erklärte er, trennt sich von den 10 Prozent, die am wenigsten Leistung bringen. Zudem hielt er es für seine Pflicht den Betroffenen gegenüber: „Mit das Grausamste, was man meiner Meinung nach jemandem antun kann, ist, ihm etwas vorzuspielen ..., ihn ohne Anlass zu loben. Das ist falsche Freundlichkeit. Eine Kündigung sollte niemals eine Überraschung sein."

Die Bedeutung von Welchs 10-Prozent-Regel

Es dürfte Welch kaum entgangen sein, dass in seinen letzten Monaten im Amt, nachdem er mit einem Superlativ nach dem anderen (wie „Der beste Manager aller Zeiten") ausgezeichnet worden war, dieselbe Art Kritik an ihm geübt wurde, die ihm bereits seine ersten Jahre als GE-Chairman schwer gemacht hatten. Auch während der Hardware-Phase, der Zeit des Downsizing und der Verschlankung, war er als herzloser Führer gebrandmarkt worden. Aber Welch hatte seinen Kritikern eine Antwort entgegenzusetzen. Schon immer hatte er die Sportwelt als eine passende Metapher für die Geschäftswelt betrachtet und keine Probleme damit gehabt, dieselben schwierigen Entscheidungen zu treffen, wie sie ein Profitrainer tagtäglich treffen muss. Welch wollte nur „A"-Spieler in seinem Team haben und fand es völlig in Ordnung, dass er von allen GE-Mitarbeitern verlangte, einen bestimmten Leistungsstandard zu erfüllen.

Zitronensaft

Welch hat oft gesagt, die Zitrone habe unbegrenzt Saft, und damit das unendliche Potenzial gemeint, das in den Mitarbeitern schlummert. Warum sollte man Kreativität und Produktivität beschränken? Welch war von der Kraft des Einzelnen überzeugt und verwendete viel Zeit auf die Entwicklung von Programmen und Initiativen, mit denen die Kreativität seiner Mitarbeiter freigesetzt wurde.

Zweistelliges Wachstum

Welch machte das zweistellige Wachstum bei GE zur Voraussetzung. Damit setzte er einen Standard, den heute die meisten Unternehmen übernommen haben. Im Jahr 2000 schrieb er die zweistelligen Zuwachszahlen von GE seinen vier wichtigsten Wachstumsinitiativen zu: Globalisierung, Produktservice, Six Sigma und E-Business.

Bibliographie/Anmerkungen

Entwicklung einer Führungspersönlichkeit

John Byrne, „How Jack Welch Runs GE". *Business Week,* 8. Juni 1998 (© McGraw-Hill). Verschiedene Ideen und Zitate stammen aus dieser Titelgeschichte, darunter die Kommentare zu „Ungezwungenheit" und die Feststellung, dass „der Fluss der Ideen, der dem menschlichen Geist entspringt, absolut unerschöpflich ist".

Geoffrey Colvin „The Ultimate Manager". *Fortune*, 22. November 1999. Dieser Artikel liefert Informationen zu GE Anfang der 80er Jahre, sowie Kontext zum Zustand von GE in den 70er und 80er Jahren. Ferner wird Welchs Beitrag als Unternehmensführer gewürdigt. Der CEO wird als „der ultimative Manager" und „Manager des Jahrhunderts" bezeichnet.

Das Jack Welch-Führungs-Lexikon

Ken Auletta, *Three Blind Mice: How the TV Networks Lost their Way.* New York 1991, S. 398.

Best Practices, LLC, Building Six Sigma Excellence. Das Buch bietet einen Überblick über die zahlreichen Führungskräfte, die bei der Umsetzung des Six-Sigma-Programms von GE beteiligt waren.

The Charles F. Dolan Inaugural Lecture: A Conversation with Jack Welch, unterstützt von der Charles F. Dolan School of Business, 9. April 2001. Aus diesem Gespräch, das von Geoffrey Colvin von *Fortune* moderiert wurde, stammen zahlreiche Zitate, die unter den Stichworten „Vision", „Belohnungen" „Kunde" und „Führung" genannt werden.

Geoffrey Colvin, „Changing of the Guard". *Fortune*, 8. Januar 2001, S. 84. Aus diesem Artikel stammt ein Zitat zu Welchs Auswahl eines Nachfolgers, das unter dem Eintrag „Nachfolgeplanung" angeführt wird.

Geoffrey Colvin. „The Jack and Herb Show". *Fortune*, 11. Januar 1999, S. 163. Aus dem Interview wurde ein Zitat zu den ersten Jahren von Welch in der Sparte Kunststoffe verwendet (das Zitat steht unter dem Stichwort „Bürokratie").

Day, Jr. und LaBarre, „GE: Just Your Average Everyday $60 Billion Family Grocery Store". *Industry Week*, 2. Mai 1994.

„Five Questions for John F. Welch, Jr. Dominate Markets but Cast a Wide Net", *New York Times*, 18. März 2001. Ein Zitat zur Bedeutung der Ungezwungenheit im gleichnamigen Eintrag wurde diesem Artikel entnommen.

Marshall Loeb, „Jack Welch Lets Fly on Budgets, Bonuses and Buddy Boards". *Fortune*, Mai 1995. Der Artikel lieferte Materialien zu Welchs Abneigung gegen Budgets.

Janet Lowe, *Jack Welch hat das Wort: Ansichten und Einsichten eines Business-Genies*. Landsberg/Lech 1999. Informationen über Welchs Frühzeit bei GE (unter „Vertrauen").

Daniel McGinn, Interview, „Jack Welch Goes Surfing: Nearing Retirement, GE's Chief Has Become a Net Evangelist". *Newsweek*, 25. Dezember 2000. Der Artikel bietet Informationen über Welchs Wandlung zum überzeugten Internet-Anhänger und trug zu den Einträgen „DYB" (Destroy Your Business) und „E-Initiative" bei.

Pamela L. Moore, „GE–Honeywell: How Jack Stumbled". *Business Week*, 16. April 2001, S. 122–123. Der Artikel liefert Informationen über die ersten Anzeichen für Probleme bei der Übernahme von Honeywell.

Pamela L. Moore, „GE Can't Waste Time Mourning Honeywell", Kommentar, *Business Week*, 2. Juli 2001. Informationen für das Stichwort „Honeywell".

Betsy Morris mit Joe McGowan, „Robert Goizueta and Jack Welch: The Wealth Builders". *Fortune*, 11. Dezember 1995.

Peter S. Pande, Robert P. Neuman, Roland R. Cavanagh, *Six Sigma erfolgreich einsetzen: Marktanteile gewinnen, Produktivität steigern, Kosten reduzieren.* Landsberg/Lech 2001. [*The Six*

Sigma Way.] Das Buch liefert Hintergrundinformationen über Six Sigma und die damit verbundenen Begriffe, darunter „Six Sigma Road Map“, „Implementierungsführer“, „Black Belts“ und „X und Y“.

Howard Rudnitsky, „Changing the Corporate DNA“. *Forbes* Global, 24. Juli 2000. Der Artikel lieferte ein Zitat zu Welchs e-Initiative: „ Dabei darf man sich nicht zögerlich verhalten ...“

Mohanbir Sawhney und Jeff Zabin, *The Seven Steps to Nirvana.* New York 2001. Das Buch wurde für die Einträge „DYB“ (Destroy your Business) und „GYB“ (Grow Your Business) genutzt. Vor allem diente es als Quelle für die Beschreibung der zweiten Phase der Strategie (GYB).

„An Interview mit GE's Eighth Chief Executive Officer“. *Monogram,* September/Oktober 1981. Das Interview bietet Einblick in Welchs frühe Pläne für das Unternehmen und seine „Nummer 1, Nummer 2“-Strategie. Ein Zitat zu Nummer 1, Nummer 2 stammt aus dem Interview.

Eine Bemerkung zu den Büchern von Robert Slater: Wie bereits in der Danksagung und im Prolog erwähnt, lieferte mir die Arbeit an seinen vier Büchern über Jack Welch (fünf, wenn man die zweite Auflage von *Get Better or Get Beaten* dazuzählt) tiefen Einblick in die Arbeit des CEO. Nachfolgend die Titel in chronologischer Reihenfolge:

Robert Slater, *The New GE: How Jack Welch Revived an American Institution.* New York 1993. Dieses Buch ist das erste Buch über Jack Welch und liefert Informationen über die frühen Welch-Jahre wie zum Beispiel die Nachfolgeregelung (Welchs Wahl zum CEO) und die erste Darstellung der grundlegenden Welch-Strategien/Konzepte wie Nummer 1, Nummer 2, Drei Kreise, etc.

Robert Slater, *Wer führt, muss nicht managen: die unschlagbaren Erfolgsstrategien von Jack Welch.* Landsberg/Lech 1999. *[Jack Welch and the GE Way.]* Das Buch ist eine der umfassendsten Arbeiten zu Welchs Führungsmethoden.

Robert Slater, *Das Jack-Welch-Strategiebuch: die Praxisanleitung für Ihren Unternehmenserfolg.* Landsberg/Lech 2000. *[The GE Way Fieldbook.]* Dieser praktische Management-Leitfaden ist das anschaulichste der Bücher über Welch. Das Schaubild des „Authentischen Führungsmodells“ wurde für das gleichnamige Stichwort genutzt.

Robert Slater, *Business is simple: Die 31 Erfolgsgeheimnisse von Jack Welch.* 3. Auflage, Landsberg/Lech 1997. Deutsche Übersetzung von „Get better or get beaten“.

Robert Slater, *Get Better or Get Beaten.* 2. Aufl., New York 2001. Die aktuelle Auflage bietet Einblick in die E-Initiative, die Welch 1999 startete.

Thomas Stewart, „See Jack. See Jack Run Europe“, *Fortune,* 27. September 1999. Der Artikel bot Hintergrundinformationen für den Eintrag „Akquisitionsstrategie“. Das Zitat zum Gebot der Schnelligkeit beim Akquisitionsprozess („macht es schneller!“) wurde aus dem Artikel übernommen.

Frank Swoboda, „A Late Realization Draws General Electric Into the Net: Chairman Welch Lauds ‘Sea Change’ in Business Dealings“. *Washington Post,* 5. April 2000, G17.

„People Who Mattered“. *Time,* Dezember 2000. Das Zitat von Welch, als er sich weigerte, ein Jackett anzuziehen, stammt aus diesem Artikel (Zitat im Eintrag „Ungezwungenheit“).

Noel M. Tichy und Stratford Sherman, *Control Your Destiny or Someone Else Will.* New York 1993. Noel Tichy wirkte von 1985 bis 1987 als Leiter von Crotonville. Das Buch bietet ausführliche Informationen über Welch und die frühen 80er-Jahre, darunter die Hardware-Jahre (und den Verkauf bestimmter Geschäftsbereiche wie GE Haushaltsgeräte). Außerdem werden die Geschichte von Crotonville und der Zweck des Schulungszentrums erläutert, die Entwicklung der GE-Werte wird ausführlich geschildert, die versteckten Vorteile der integrierten Diversifikation und des Global Leadership Program unter Tichys Federführung werden genannt.

Terry Vavra, *Improving Your Measurement of Customer Satisfaction.* Milwaukee, Wisconsin 1997, S. 270-273. Das Buch wurde für die Artikel „Pareto-Analyse“ und „Ursachenanalyse“ hinzugezogen.

Jack Welch, Interview mit Charlie Rose, gesendet am 16. März 2001, PBS, New York. Aus diesem Interview stammen die Überlegungen, dass Ideen Vorrang vor der Zahl der „Streifen auf der Schulter“ haben und dass „jeder Mensch zählt“. Außerdem nannte Welch seine Kriterien für eine Übernahme und sprach über zahlreiche Themen, von seiner Frühzeit bei GE bis zur Wahl seines Nachfolgers.

Ein Hinweis zu Jack Welchs Aktionärsbriefen: Jedes Jahr verbringt Welch Wochen mit der eigenhändigen Abfassung des Briefs an die Aktionäre. Mit diesen Briefen müssen sich die Aktionärsbriefe aller CEOs messen lassen. Sie beschreiben die neueste Strategie oder Initiative und bieten Einblick in Welchs Meinung zu zahlreichen aktuellen Fragen. Wer die Entwicklung von Welchs Gedankengängen verfolgen will, hat mit den Briefen eine ideale Richtschnur.

Jack Welch, Brief an die Aktionäre, General Electric Jahresbericht 1994.

Jack Welch, Brief an die Aktionäre, General Electric Jahresbericht 1995. Dieser Brief zeigt die Entwicklung von Welchs Denken über Manager vom Typ I, II und III.

Jack Welch, Brief an die Aktionäre, General Electric Jahresbericht 1996.

Jack Welch, Brief an die Aktionäre, General Electric Jahresbericht 1997.

Jack Welch, Brief an die Aktionäre, General Electric Jahresbericht 1998.

Jack Welch, Brief an die Aktionäre, General Electric Jahresbericht 1999. Dieser Bericht enthält ein Zitat über die Vorteile einer lernenden Organisation, das unter dem Stichwort „Lernende Organisation" angeführt wird. Ferner liefert er Informationen über die Auswirkungen von Six Sigma auf die GE-Produkte (Brustscanner).

Jack Welch, Brief an die Aktionäre, General Electric Jahresbericht 2000.

Jack Welch, Rede vor Finanzanalysten, 8. Dezember 1981, Pierre Hotel, New York City. In der heute berühmten Rede stellte Welch seine „Nummer 1, Nummer 2“-Strategie vor und verkündete, dass eine Strategie kein detaillierter Handlungsplan sei. Welch zitierte in dieser Rede General von Clausewitz und erklärte damit, warum eine Strategie nicht auf eine Formel reduziert werden kann.

Jack Welch, Rede auf der Jahreshauptversammlung von General Electric, Charlotte, North Carolina, 23. April 1997. Dieser Rede entstammt ein Zitat zu Work-Out im gleichnamigen Eintrag.

Jack Welch, Rede, 92nd Street Y, März 1999. Informationen zu Welchs Außen-innen-Perspektive.

Jack Welch, Rede vor Aktionären auf der Jahreshauptversammlung von General Electric, Greenville, South Carolina, 26. April 1989. Diese Rede beinhaltete Welchs Vision von Schnelligkeit, Einfachheit und Selbstvertrauen. Ein Zitat zur Schnelligkeit wurde für das Lexikon verwendet.

Jack Welch, Rede vor Aktionären auf der Jahreshauptversammlung von General Electric, Atlanta, Georgia, 25. April 2001. In dieser Rede definierte Welch eine lernende Organisation, die für den gleichnamigen Eintrag übernommen wurde.